Werner Krum

Hong Kong und Macau

Werner Krum

Hong Kong

und

Macau

Prestel-Verlag
München

Passavia Druckerei GmbH Passau
ISBN 3-7913-0862-9

Inhalt

Für Stefanie

Vorwort

Dunkel, fast drohend erhebt sich das felsige Eiland Hong Kongs aus den opaleszierend jadegrünen Wassern des Südchinesischen Meeres. Erinnerungen an ein schon fast vergangenes Empire steigen aus diesen Wassern, der Stolz der erfolgreichen Kaufherren, die sich von Kulis in einer Rikscha in ihr Kontor bringen ließen. Wir sehen in Gedanken die Rahsegler mit ihrem schwarzweiß gestreiften Rumpf und drohenden Kanonenpforten auf Reede dümpeln, Tee, Baumwolle, Indigo und leider auch Opium in ihren Laderäumen. Die große Bewegung des Welthandels hatte wie nie zuvor den Erdball umfangen, nachdem der Suezkanal eröffnet worden war und ganz Europa sich kurz vor dem Desaster des Ersten Weltkriegs in einem Taumel von Erfolg und Macht wiegte. Erinnerungen auch an eine bunte, geheimnisvolle fernöstliche Welt, das Gewimmel der Chinesen, Thais, Birmesen, Inder, Japaner, Indonesier, der Geruch nach Räucherhölzern in den Straßentempeln, das eilige Beladen und Ausladen der Schiffe, die Güterstapel unmittelbar am Rand der Hafenstraßen. Das ist das alte Hong Kong. Finden wir es heute noch?

Schimmernd folgt die helle, fast blendend weiße Skyline Victorias dem Auf und Ab der steil ansteigenden Bergkonturen, trennt das hellgrüne Wasser des Hafens vom dunkelgrünen Bewuchs der Berge. Künstlich vom Menschen Geschaffenes und gewachsen Natürliches paaren sich, dem Meere entstiegen, zu einer der größten Handelsmetropolen der Neuzeit, deren Schiffe zu Hunderten die weite Reede bis zum Horizont säumen. Wenn in der Nacht die lichterglitzernde Silhouette der Wolkenkratzer wie eine Traumkulisse die Bucht von Victoria verzaubert, dann ist dies das heutige Hong Kong, Teil unserer eigenen Welt – aber auch in dieser Form von vielen Chinesen und ihren entzückenden Frauen geschätzt, die wir allenthalben in Hotels und Restaurants treffen. Das ist das westliche, moderne und erfolgreiche Hong Kong, weit mehr amerikanisch denn britisch auf uns wirkend.

Eilfertig queren die Fähren der Star Ferry die schmale Wasserstraße zwischen Kow Loon und Victoria, in ihren grünweißen Farben nehmen sie die Harmonie von Meer und Wolken auf. Unbewegten Gesichts steht der chinesische Matrose im blauen Tuch an der Fallbrücke, über die täglich Zehntausende gehen, hat er das Festmachetau ordentlich nach Art der britischen Navy an Deck aufgerollt, geht er in der Pause der Überfahrt in seinen Schapp, einen grünen Tee trinkend und eine Partie Mahjong mit dem Kollegen spielend. Das Westliche und das Östliche sind hier eine jener stillen Ehen eingegangen, die weniger vom Gefühl als vom Verstand geformt sind.

Doch ungewöhnliches Aufblühen in den Nachkriegsjahren und ein ungewisses Schicksal sind in Hong Kong eng verknüpft. Der nicht abreißende Strom der Rotchinaflüchtlinge hat die nach dem Kriege eher ermattete Stadt in den fünfziger und sechziger Jahren überschwemmt, zur Leistung angespornt und geprägt. Statt zu einer permanenten Katastrophe zu werden, wie die Flüchtlingslager sonst in der Welt, ist die Aufnahme dieser Flüchtlinge Hong Kong zum Vorteil geraten, hat jenen Schub an Fleiß und Überlebenwollen ausgelöst, den auch wir angesichts des Nachkriegselends und der Flüchtlinge aus dem Osten erleben konnten. Die ein normales und freies, aber sicher nicht bequemes Leben, dem Rigorismus ständiger Kulturrevolutionen vorzogen, sie haben die Stadt, die eigentlich ein Konglomerat vieler Städte ist und 1945 noch ganze sechshunderttausend halbverhungerte Einwohner hatte, mit fünf Millionen Menschen überfüllt, gefördert mit englischer Zurückhaltung und zunehmender Nichteinmischung und unter dem Auge eines wachen Gesetzes. Von der Welt akzeptiert und in ihrem Fleiß honoriert, ist eine Gemeinschaft enstanden, die in wenigen Jahren in die Hände derjenigen zurückkehren soll, vor denen man einst floh. Welch eine Situation für die chinesische Bevölkerung, die nicht wie die zwei oder drei Prozent Weißen ihren Koffer nehmen kann; welcher Zwiespalt des Gefühls: die allen Chinesen eigene Liebe zum Reich der Mitte, in dem ihr Wesen wurzelt, und die den Hong Kong-Chinesen zugewachsene bittere Ungewißheit: Hat sich das Mutterland China geändert?

Wir gehen durch die engen alten Chinesengassen, die es auf der Insel *Hong Kong* noch gibt, ständig bedroht vom Abrißbagger. In Jardine's Bazaar umgeben uns unbeschreibliche Marktgerüche in den Gemüse-, Obst-, Fleisch- und Fischständen. Orient und Okzident drängen sich hart aneinander, fremd sind viele Produkte, die Gewürze und Landeserzeugnisse, die hart feilschenden Hausfrauen in ihren Pumphosen und Kitteln, die laut schreienden Verkäufer, die unbekümmert durch die Menge stapfenden Träger mit ihrer wippenden Bambusstange, an der Körbe mit zappelnden Fischen hängen, die Dim-Sum-Buden, wo auf offener Straße mitten im Gewühl alte Männer am Boden sitzen und aus einer riesigen Schüssel gekochten Reis zu kleinen Bällchen formen und reihum in einer Pfanne anordnen. Gleich daneben werden auf petroleumqualmendem Feuer Krabben gesotten. Shrimps und Haarkrabben machen einen letzten Fluchtversuch aus dem tödlichen Sud, unbeeindruckt sitzen die Marktbesucher auf Holzschemeln und Kisten, brechen die Krebsschalen auf, essen ihren Reis in unglaublichem Tempo mit den Stäbchen; Säuglinge, auf dem Rücken oder vor der Brust der Mütter in einem Netz schaukelnd, halten sich wie kleine Äffchen fest und bekommen gelegentlich einen Finger mit süßem Mus in den Mund gesteckt. Das ist das fernöstliche Hong Kong, das es immer noch gibt, in sich ruhend, seit Jahrhunderten nur oberflächlich verändert.

In *Kow Loon* halten die Inder und Thais die Passanten am Ärmel fest: »Suits, two pieces, one thousand dollar, this evening ready!« Die Chinesen sind viel zurückhaltender, wohl auch etablierter. Der Uhrmacher und der Optiker, den ich mit meiner Tochter besuche, sind ihr vertraut wie der Bäcker zu Hause. Würden wir sagen: »Wir zahlen das nächste Mal«, so würde man es freundlich akzeptieren. Dieser neue chinesische Mittelstand ist selbstbewußt und höflich, man lächelt verständnisvoll bei Schwierigkeiten, die ganze Familie hilft mit, der Sohn und die Töchter, eine neue Generation, von feiner Höflichkeit und

Bescheidenheit und kaum angekränkelt von Wohlstandsüberdruß und Gesellschaftskritik. Oder ist es eine uralte Kaufmannsschicht, die nach langen Jahren des Kämpfens ums Überleben, von Mao beschimpft als stinkende neunte Kategorie, wieder ihre wahres Gesicht gefunden hat?

Fahrt mit der Trambahn. Quietschend und schaukelnd zukkeln die offenen Doppeldecker durch *Wan Chai* und *Victoria*. Es ist eng, aber nie zeigen die Gesichter Ungeduld, Hast, Ungehaltensein und Aggression. Der Hafenarbeiter, der ganz im Westen einsteigt, wo in den offenen Kontorhallen sich die Reisballen stapeln und die Kunden in kleinen Schälchen kundig den Reis prüfen, ist glücklich über seinen Feierabend; freilich drei Straßen weiter ist er bereits übermüdet eingeschlafen. Er verläßt sich darauf, daß man ihn wecken wird, er wird irgendwo in den bienenwabenartigen Häusern der Causeway Bay wohnen, die von außen verkrustet sind von Bambusstäben, Balkons, Blattpflanzen und Vogelbauern, und in denen bis in die Nacht die Lichter nicht ausgehen beim Hemdennähen, Montieren, Bemalen oder Korbflechten.

Beim Aussteigen bleibe ich mit dem Absatz am Trittbrett hängen. Bevor ich noch stolpern kann, greifen hilfreiche Arme nach mir, lächelnd und ohne viel Worte. Hong Kong ist trotz der drangvollen Enge eine viel höflichere und tolerantere Stadt als die unseren.

Fahrt zu einem alten buddhistischen Kloster in den Bergen der stillen *Insel Lantau*, langnadelige Kiefernwälder vor schimmernden Seen, die an alte chinesische Tuschzeichnungen erinnern, gelbglasurbedachte Tempelanlagen, der dumpfe Schlag der Gongs und die helle Antwort der Zymbeln, bläulicher fremd-betäubender Rauch der Opferhölzer, die rotgewandeten Mönche, inmitten der Menge der Gläubigen ihre auf- und abschwellenden Sutren singend. Dann eine lange, aber wohltuende Wanderung an den Flanken des Berges hinab nach einem tief unten liegenden Küstenort.

Der Blick schweift weit über die spiegelnde See vor der chinesischen Festlandküste. Auch das ist Hong Kong, viel einsamer, ursprünglicher und grüner als wir dies in den Schluchten der Bankpaläste und Bürohochhäuser ahnen.

Eine südeuropäische Hafenstadt, deren Straßennamen auf blauweißen Azulejos ›Travessa do Padre Narciso‹ oder ›Avenida da Praia‹ heißen, in deren alten, mediterran rundbogigen Lagergewölben der rote chinesische Drache sich zur Austreibung der Geister ringelt und Kinder ihre Kracher loslassen, auf deren alten granitenen Forts, moosüberwachsen, Dutzende von Kanonen ihre schartigen Mäuler immer noch dem alten Erbfeind, den Holländern, entgegenrecken. Eine Stadt, in deren verwinkelten Altstadtgassen die Substanz schöner portugiesischer Palazzi in ihren zarten Pastellfarben überkrustet ist von Fernsehantennen und Vogelbauern, Gassen, in denen eine bunte chinesische Menge sich schiebt und drängt, eine Menge, deren Kinder aber immer noch in braven Schuluniformen die von Nonnen geleiteten portugiesischen Schulen besuchen. Eine Stadt der Vergangenheit, der Kirchen, die an Lissabon und die Algarve erinnern würden, wenn nicht auf ihren Fassaden sich chinesische Drachen unter lautenschlagenden Engeln winden würden, während segelgeschwellte Naõs reiche Fracht herbeiführen, eine Stadt auch des Vinho branco, denn irgendwo müssen die Einnahmen aus dem albernen Casino und der Crazy Horse Show angelegt werden. *Das ist Macau*, Gegenpol romanisch-katholischer Welt, südlichen Ambientes und Charmes zum angelsächsisch-protestantischen Effizienzdenken und zur modernen, den Atem nehmenden Schönheit Hong Kongs.

Dies alles ist Hong Kong und Macau und noch viel mehr. Es dem Leser zu erzählen, ist mein Wunsch, ein Wunsch, den man wohl am besten erfüllen kann, wenn man vom Erlebten berichtet. Und so ist dieses Buch eine Mischung von Reisebuch und Landschaftsbuch – und aus beidem mag der Leser einen Reiseführer machen.

Die Transkription der chinesischen Namen und Begriffe erfolgte in der Pinyin-Umschrift.

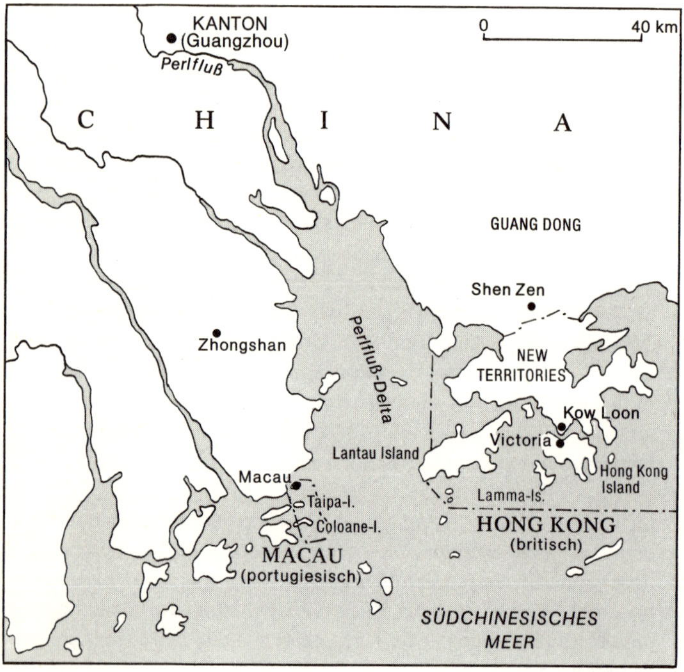
KANTON
(Guangzhou)
0
40 km
Perlfluß
C H I N A
GUANG DONG
Shen Zen
Zhongshan
Perlfluß-Delta
NEW
TERRITORIES
Kow Loon
Victoria
Lantau Island
Macau
Taipa-I.
Coloane-I.
Lamma-Is.
Hong Kong
Island
HONG KONG
(britisch)
MACAU
(portugiesisch)
SÜDCHINESISCHES
MEER

Einführung

Die kolonialen Stadtgründungen Hong Kong und Macau, beide im breiten Delta des Perlflusses gelegen, unweit des chinesischen Festlands der Provinz Guangdong, deren Hauptstadt Kanton oder nach neuerer Schreibweise Guangzhou ist, teilen nicht nur geographische Nähe, sondern gemeinsame geschichtliche Grundlinien im Wollen ihrer europäischen Gründungsmächte. Daran ändert nichts, daß Macau bereits 1553 und Hong Kong erst 1841 entstanden ist. Der bereits erwähnte Gegensatz des portugiesischen Macau mit seinem katholischen, ja fast mittelalterlichen Hintergrund zu dem von den Engländern im Bewußtsein puritanisch-kalvinistischer Geschäftsethik auf dem Höhepunkt ihrer Macht in einem weltumspannenden Empire verankerten Hong Kong könnte nicht größer sein: Hong Kong auf seinem Felsen, reich und blühend, berstend von Energie, modern und hart in seinen Umrissen, britisch kühl und amerikanisch effizient – Macau im lagunenartigen Schwemmland des Perlflusses, alt und malerisch, überhaucht von Erinnerungen an eine große Zeit, stolz und menschlich anrührend wie die Saudade des Portugals der Fadosänger.

Die folgende Einführung beginnt mit Hong Kong als dem vermutlich ersten Reiseziel, und soweit es sich um klimatische Fakten handelt, gelten diese auch für das nur eine Schiffstunde entfernte Macau.

Blick auf Hong Kong

Massiv und langgestreckt erhebt sich die felsige Insel Hong Kong aus dem blaugrünen Wasser des Meeresarmes, der sie vom Festland trennt. Ihre landschaftliche Lage, die Bergsilhouette des *Victoria Peak* mit 554 Metern, ihre unmißverständliche und einst drohende Position vor der Küste geben ihr eine gewisse Ähnlichkeit in Form und Bedeutung mit Gibraltar. Entsprechend militant ist die Geschichte Hong Kongs, das 1841 von Großbritannien in Besitz genommen wurde. Bald wurden einige Nachbarinseln hinzugefügt und 1898 die New Territories in Pacht genommen.

Vom Peak aus gewinnt man einen weiten Rundblick auf die topographische Situation der Kolonie. Es ist in Wahrheit ein Inselarchipel, weit ins grüne Meer gestreut, der in geologischen Urzeiten zusammen mit der Halbinsel Kow Loon Teil des Festlandes war, später teilweise ins Meer abgesunken ist, so daß nur noch die Bergspitzen, die heutigen Inseln, herausschauen. Westlich von Hong Kong liegt, eine Dampferstunde entfernt, die weit größere *Insel Lantau,* im Gegensatz zum quirlenden Hong Kong eine stille, beschauliche Oase der Bauern, Fischer und Mönche, hinter der die Mündung des Perlflusses mit Macau und Kanton liegt. Rings um Lantau liegt ein halbes Dutzend kleiner, meist unbewohnter Inselchen, bei Sturm von den Seeleuten gefürchtet. Schweift unser Blick nach Südwesten, so sehen wir die Fischerinseln *Cheung Chau* und Lamma Island, die wir bereits beim Landeanflug sahen, beide getrennt durch die Hauptwasserstraße nach Victoria, den West Lamma Channel. Östlich davon und zwischen Lamma Island und Hong Kong bietet der East Lamma Channel auch tiefgehenden Schiffen einen bequemen Zuweg. So sind diese beiden Wasserstraßen eher tief ins alte Festland schneidende Meeresbuchten, auch stets gefüllt mit vor Anker liegenden oder sie durchfahrenden Schiffen aller Größen. Überraschend ist immer noch der große Anteil der hölzernen braunen Dschunken, die freilich heute kaum mehr unter rostbraunen Drachensegeln stehen, sondern mit einem Dieselantrieb ausgerüstet sind.

Im Südosten schweift unser Blick über die vorspringenden vielfingrigen Landzungen der Insel Hong Kong, zwischen denen die Deep Water Bay, Repulse Bay, dann die Bucht von Stanley mit dem charakteristischen Promontorio und schließlich die Tai Tam Wan-Bucht liegen, einst die bevorzugten Häfen der Segelschiffe, die den starken Strömungen zwischen Hong Kong und Kow Loon auswichen. Auch waren diese Buchten die einzigen, in denen es Frischwasser gab. Das hatten natürlich auch die zahllosen Piraten des Südchinesischen Meeres längst erkannt. Vor allem *Aberdeen* an der Südküste war ein berüchtigter Piratenschlupfwinkel, scheint es noch heute zu sein, auch wenn die Opfer gewechselt haben. Fern am südöstlichen Horizont gleißen die Inseln der Po Tai-Gruppe im Gegenlicht, noch ferner die Lema-Inseln, und gegen Osten schwimmen ganze Schwärme von Eilanden in der See, führen uns den amphibischen Charakter dieser Landschaft vor Augen.

Das alluviale Schwemmland, das Kow Loons Granitsockel umgibt, ist durch den Tat Hong Channel von Hong Kong getrennt, kommt ihm in der engen, einst gefürchteten Lei Yue Mun-Passage sehr nahe, dem alten Schiffsweg nach dem Osten,

Victoria mit dem Peak im Hintergrund

nach der Formosastraße, Shanghai und Japan. Diese Meerenge bildet den östlichen Abschluß von *Victoria Harbour.* Aus dem jenseitigen Flachland erheben sich, Kow Loon deutlich einschnürend, die Berge um den *Lion Rock,* den Löwenfelsen, und dahinter türmt sich die *Tai Mo Shan-Gruppe* mit dem gleichnamigen 957 Meter hohen Gipfel. Hier beginnt das Reich der sagenhaften Neun Drachen – denn das bedeutet der Name Kow Loon –, die einst die Stadt als kleine Fischersiedlung schützten, die gegen 1640, am Ende der Ming-Dynastie, ein letztes Reduit der Ming-Kaiser war, wie auch Lantau bereits 1285 eine vergebliche Hoffnung des geflüchteten letzten Kaisers der Sung-Dynastie.

Hong Kong ist, wie wir sahen, strenggenommen der Name der Insel Hong Kong, er bedeutet ›duftender Hafen‹. Neben diesem geographischen Begriff wird der Name Hong Kong politisch und verwaltungsmäßig für die gesamte britische Kronkolonie einschließlich der gepachteten New Territories benutzt. Es ist darum zweckmäßig, wenn man nur die Insel meint, dies auch auszudrücken. Der Name der Stadt *Victoria* auf Hong Kong Island gerät immer mehr ins Abseits und wird wenig benutzt. Das hat sicher mit dem Mentalitätswandel zu tun, der sich der viktorianischen Zeit nur noch unter Vorbehalt erinnert. Der Central District, und das ist Victoria, hat sich über Wan Chai nach der Causeway Bay mit ihrem dschunkenreichen Taifun-Schutzhafen ausgedehnt, die Wolkenkratzer steigen die Hänge fast bis zum Peak hoch, alles geht ineinander über und verdrängt damit auch den Charakter des alten, britisch gefärbten Victoria.

Der Übergang von Kow Loon zu den *New Territories* ist fließend. Hügelauf und ab schwingen sich neue Wohnzentren und Flüchtlingssiedlungen. Dennoch sind große Teile dieses Landes noch sehr usprünglich, manchmal zu Landschaftsschutzparks erklärt. Große Wasserreservoire dienen der Versorgung Hong Kongs und sind zugleich landschaftliche Schönheiten, an denen Ibisse, Herons und Reiher brüten, dichtes Schilf die Ufer säumt. Die fischreichen Seen dienen vielen Fischern auf ihren pfahlbauartigen Häusern als Erwerbsquell. Die kleinen Städtchen quellen zwar langsam über, haben aber meist einen reizvoll farbigen, quadratischen chinesischen Markt in ihrer Mitte und liegen umgeben von weiten Ententeichen, auf denen sich Tausende schneeweißer Schnatterenten vergnügen – ein kurzes Vergnügen, denn die Orangen sind schon reif, mit denen zusammen man sie schmoren wird.

Karpfenteiche liegen verträumt unter Weiden, weite Gemüsefelder dehnen sich zwischen kieferbestandenen Bergen, in denen einzelne kleine Tempel liegen. Schwarzgekleidete Hakkafrauen mit ihrem breiten, schwarz berandeten Strohhut ziehen fleißig neue Furchen, hier und da sieht man noch einen Wasserbüffel durch eines der letzten Reisfelder ziehen, doch für Reis ist dieses stadtnahe Land zu wertvoll geworden. Einige Kapitel des Buches von Pearl S. Buck ›Die gute Erde‹ spielen in dieser Landschaft.

Geborgter Ort auf bemessene Zeit

Die englische Geschichte Hong Kongs ist kaum 150 Jahre alt, und dennoch stellt sie ein bedeutendes Kapitel der Kolonialgeschichte des Empire dar. Diese Geschichte hier aufzurollen, mit all dem komplizierten Wechselspiel mit anderen europäischen Mächten und den nicht minder komplizierten Verhältnissen des alt und starr gewordenen China unter den letzten Mandschu-Kaisern, würde den Rahmen einer Einführung sprengen. Es soll darum nur kurz ein Abriß gegeben werden und alle – weit interessanteren – Details dort erzählt werden, wo der passende Rahmen sich von selbst ergibt.

1841 hißte der schon legendäre Captain Elliot R.N. an der Stelle, wo heute die Possession Street liegt, den Union Jack. 1842 wurde diese Abtretung ›auf alle Zeiten‹ nach dem ersten Chinesisch-Englischen Krieg, dem Opiumkrieg, im Frieden von Nanking festgeschrieben. Hierin waren auch Lantau, Lamma Island und andere Inseln eingeschlossen. 1860 folgte nach weiteren Auseinandersetzungen in der Peking-Konvention die Abtretung von Kow Loon und Stonecutters Island. 1898 führte die Erkenntnis, daß Hong Kong eines Hinterlandes zur landwirtschaftlichen und Trinkwasser-Versorgung bedarf, zu einer weiteren Konvention, die das relativ große Gebiet der New Territories auf 99 Jahre an England verpachtete. Die Rückgabe dieses Pachtgeländes ist der ursprüngliche Gegenstand des 1984 zwischen Peking und London ausgehandelten Abkommens, das diese Rückgabe für den 1. Juli 1997 vorsieht.

Es war bald klargeworden, daß Peking darüber hinaus auf der Rückgabe der gesamten Kronkolonie besteht, diese als chinesisches Territorium ansieht, das einst, teils mit Gewalt, teils unter Ausnutzung der Zeitumstände, erworben worden war. Interessanterweise sieht die Regierung in Beijing – wie man heute Peking in der Pinying-Umschrift schreiben sollte – dies aber nicht im Zusammenhang mit der UN-Deklaration von 1972 zur ›Herstellung der Unabhängigkeit von Ländern mit kolonialem Status.‹ Beijing erblickt in Hong Kong also keine Kolonie, die im neunzehnten Jahrhundert in einem nur von Eingeborenen bewohnten staatsrechtlichen ›Niemandsland‹ gegründet wurde. Beijing betrachtet China, natürlich zu Recht, als eine alte Kulturnation, der ein Teil ihres Besitzes widerrechtlich in einem Augenblick der Schwäche genommen wurde, und will die UN-Deklaration nicht angewendet wissen. In dem folgenden jahrelangen diplomatischen Ringen, in dem Downing Street nicht immer eine kluge und geschickte Position einnahm, auch die chinesische Mentalität von der Premierministerin nicht richtig eingeschätzt wurde, ging es um die Frage, wie der chinesische Wunsch nach Herstellung der Souveränität mit dem beidseitigen Wunsch nach Erhaltung eines lebensfähigen und wirtschaftsfreudigen Hong Kong zu verbinden sei. Das Ergebnis war das ›Agreement between the Government of the United Kingdom of Great Britain and Northern Ireland and the Government of the People's Republic of China on the future of Hong Kong‹ vom 26. September 1984.

In diesem Dokument, das viele Schwächen und Entschuldigungen der englischen Seite offenbart, wird der gesamte Besitz der Kronkolonie Hong Kong am 1. Juli 1997 chinesischer Verantwortung übergeben – gleichzeitig aber auch festgehalten, daß Hong Kong für fünfzig Jahre einen Sonderstatus unter einem von Beijing ernannten Gouverneur, eigenem Münzwesen, eigener lokaler Gesetzgebung und Rechtsprechung in Fortführung englischen Rechts, englischer Tradition und Lebensstils behalten soll. Wie dies unter der Oberhoheit eines kommunistischen und von vielen Problemen belasteten Riesenreiches, das in den letzten neunzig Jahren aus externen wie internen Gründen von einer Katastrophe in die nächste geraten ist, auch angesichts eines so scheuen Wildes wie es Kapital und Marktwirtschaft darstellen, geschehen soll, das ist die Frage, sagte Hamlet, und schaute gedankenvoll zum Festland hinüber ...

Von Geologie, Taifunen und Monsunen

Die geologische Bildung und der Aufbau Hong Kongs ist nicht isoliert, sondern als Teil des chinesischen Festlandsockels zwischen Korea im Osten und Vietnam im Westen zu verstehen. Insbesondere der südchinesische Festlandsockel mit dem gewaltigen Küstenbogen zwischen Shanghai und Kanton, wie ihn erstmals Ferdinand von Richthofen kurz vor der Jahrhundertwende erforscht und 1901 beschrieben hat, stellt eine sehr alte Auffaltung variskischer und kaledonischer Formationen aus dem Paläozoikum dar, die etwa 300 Millionen Jahre alt sind. Kaledonien ist der alte Name Schottlands, in dem sich dieser Gebirgstypus findet. Da der riesige Inselbogen, zu dem Taiwan, die japanischen Ryukyu-Inseln und die japanischen Hauptinseln selbst gehören, nicht aber Hong Kong, sich dem Festlandsockel anzuschmiegen scheint, und die dazwischenliegenden Meere: das Japanische Meer und die Ost- und Südchinesischen Meere, relativ flach sind, so schien das Ganze Teil eines einst weit größeren Festlandes zu sein, dessen meerseitige Gebiete abgesunken sind, so daß nur noch eine hohe Bergkette aus dem Wasser ragt, die die heutigen Inseln bildet.

Diese Meinung mußte später korrigiert werden. Die Absenkung eines Teiles des chinesischen Festlandes, dessen Küste früher fünfhundert Kilometer weiter östlich verlief, hatte zunächst einen flachen Meeresboden hinterlassen, auf dem erst in der Folge die genannten Inselketten als Teil junger alpidischer Auffaltung der Erde vom Meeresboden anstiegen. Die alpidische Auffaltung der Erdkruste, die uns von den Alpen über die

Gebirge Jugoslawiens und des Balkans, die Türkei, das Hochland von Persien bis zum Himalaya von eigenem Ansehen oder Namen vertraut ist, stammt aus dem Mesozoikum und ist ca. 80 Millionen Jahre alt. Nahezu alle alpidischen Auffaltungen sind unruhige tektonische Verwerfungszonen der Erdkruste und ihrer häufigen Erdbeben, aber auch Vulkanausbrüche wegen regional gefürchtet. Man erinnere sich der Erdbeben in Friaul, Skopje, der Türkei und in Persien. Das gilt auch für Formosa, die Ryukyus und Japan, den Kurilen-Kamtschatkabogen und die schon zu Amerika gehörenden Aleuten.

Die flachen chinesischen Küstenmeere einschließlich des bisher nicht genannten Gelben Meeres, die, wie wir hörten, durch Einbruch eines Teiles des Küstenbogens entstanden, sind bei den Seefahrern zu allen Zeiten gefürchtet worden. Daran haben nicht nur die *Taifune* als tropische Wirbelstürme schuld, die in dem oft nur kaum hundert Meter tiefen Wasser zu gefährlichen Grundseen aufsteilen und küstennahe Schiffe, wie in der flachen Nordsee, in Gefahr bringen. Es sind vor allem die *Tsunamis*, wie die Japaner sie tauften, äußerst heimtückische Wellenzüge, die mit ungeheurer Geschwindigkeit über die Meere wandern und im flachen Küstenschelf zu gewaltigen, bis zu zwanzig Meter hohen Wasserwänden anwachsen, die alles zerschlagen – auf dem Meer wie auf dem küstennahen Land.

Die Ursache eines Tsunamis sind Seebeben, die an unterseeischen Verwerfungszonen stattfinden und zunächst kaum bemerkt werden. Die geringe Kompressibilität des Wassers leitet die Schockwellen solcher Beben an der bewegungsfreien Meeresoberfläche mit der fabelhaften Geschwindigkeit von 2000 bis 5000 Seemeilen in der Stunde fort. Die Wellen durcheilen also in wenigen Stunden ganze Ozeane und erscheinen, von Bord eines Schiffes gesehen, mit zwanzig oder dreißig Zentimetern Wellenhöhe, völlig unbedeutend – ihre Energie steckt in der Geschwindigkeit. Erreichen diese Wellen das flache Küstenwasser über dem Kontinentalsockel, dem sogenannten Schelf, so wird die Geschwindigkeit gebremst und die Energie setzt sich um in Wellenhöhen von zehn und zwanzig Metern, die fast urplötzlich aus der See herauswachsen und selbst großen Schiffen das Ende bereiten können. So hat der Ausbruch des

Krakatau 1883 in der javanischen Sundastraße Tsunamis ausgelöst, die einige zehntausend Menschen das Leben kosteten und noch in der Biskaya als schwache Pegelschwankungen bemerkt wurden.

Hong Kong und Macau sind geologisch weit älter als die nachbarliche, aber den Gesamtraum bestimmende alpidische Auffaltung. Sowohl die Insel Hong Kong als auch Lantau, Kow Loon und Macau bestehen weitgehend aus granitenen Tiefengesteinen und porphyrischen Ergußgesteinen sowie im Westen von Lantau und im Osten der New Territories aus pyroklastischer und saurer Lava, also aus dunklem Vulkangestein. Das letztere verleiht dem Victoria Peak seine abweisenden und steilen Flanken, die vom Wasser aus dunkel und drohend wirken.

Doch kehren wir noch einen Augenblick an die Küsten zurück. Von Richthofen hat die chinesische Festlandküste eine Rias-Küste genannt. Ria ist im Spanischen der Ausdruck für den Mündungstrichter eines Rio, eines Flusses, ins Meer. Und in der Tat, die Küste zwischen Hong Kong und Shanghai ist zersägt von unzähligen Rias.

Richthofen beschreibt sie: »Der glatten, fast buchtlosen, inselfreien, unwirthlichen, vom Verkehr gemiedenen, den Zugang nach dem Inland abschließenden tungusischen [d. i. nördlichen] Küste gegenüber ... besitzt Südchina, wenn man von den Fjordküsten höherer Breiten absieht, die zugleich buchten- und inselreichste Küste von größerer Ausdehnung auf der Erde; zugleich ist sie in allen Theilen bis zum Rand des Meeres stark besiedelt, ein Schauplatz wimmelnden schwimmenden Kleinverkehrs, an vielen Punkten, welche leichten Einlaß nach dem Inneren geben, ein Ziel des Großverkehrs, und einige Punkte sind Sammelplätze des Weltverkehrs.«

Dem ist nur hinzuzufügen, daß solche Vorzüge bemerkt werden. Die gefürchteten chinesischen Piraten in ihren Kriegsdschunken nutzten mehr die kleinen versteckten Buchten als Unterschlupf für ihre Raubzüge; die größeren und mächtigeren Herren setzten sich an den Mündungstrichtern etwa des Perlflusses, in Kanton, Macau und Hong Kong, oder des Yang Tse, des Großen Flusses, in Shanghai fest und gründeten britische, portugiesische, französische und deutsche Niederlassungen.

Klimatisch ist dieser Raum durch die *Monsune* gekennzeichnet und ihre gelegentlichen Erzeugnisse, die Taifune als tropische Wirbelstürme. In den Sommermonaten bilden sich beständige Südwest-Monsune heraus, mäßig starke und sehr feuchte Winde, die, wie ihr Name sagt, von Südwesten aus der Tiefe des Indischen Ozeans kommen. Sie bringen intensive Niederschläge, so daß der Raum von Indien bis Hong Kong mit 400 Millimetern Regen im Juli zu den niederschlagreichsten der Erde zählt. Zumal in Indien ist der Große Monsun das herausragende Ereignis des Jahres. Ist er zu schwach, so wird die Ernte kümmerlich, ist er zu stark, so ertrinkt das flache Land, zumal in Bengalen, und wird fast ins Meer gespült. Ende Oktober beginnt der Wind zu drehen, und der nun einsetzende Nordost-Monsun führt kühle und trockene kontinentale Luft heran. Die auf Seite 27 angeführte Klimatabelle zeigt das Ergebnis, das für unsere Reiseplanung entscheidend ist. Auch die Reiseplanung früherer Jahrhunderte war sehr von den Monsunen abhängig. Die Portugiesen in Macau nutzten den Südwest-Monsun, um in seinem Wind von Macau nach Nagasaki in Japan zu gelangen, dort ihre Waren auszutauschen und im Spätjahr mit dem Nordost-Monsun zurückzukehren. Wir fühlen uns dabei erinnert an die großen jährlichen Geleitzüge der Spanier, die regelmäßig mit dem äquatornahen Nordost-Passat im frühen Jahr nach Amerika segelten und mit Hilfe des Golfstroms und der von Südwesten wehenden Winde nördlich des Äquators im Herbst nach Europa zurückkehrten.

Gehören die Monsunwinde, den atlantischen Passaten verwandt, zu jenen beständigen jahreszeitlichen Winden, die aus der verschiedenen Entfernung der Erde von der Sonne, ihrer Ekliptik und der durch die Erdrotation ausgelösten Corioliskraft, die man auch Kreiselkraft nennen könnte, sich erklären, so sind die *Taifune* eher sporadische Irrläufer. Ähnlich den atlantischen Hurricanes entstehen sie durch eine punktuelle Aufheizung von Luftpaketen, die durch darüberliegende Luftschichten am Aufsteigen gehindert sind, sich allmählich einen Kanal ›durchbohren‹, in den kreisend und mit gewaltiger Kraft der ganze warme Luftstau wirbelnd hineingerissen wird und entweicht. Diese Vorgänge spielen sich, für das Auge nicht wahrnehmbar, wohl aber für die Satellitenkamera, im Umkreis von etwa hundert Kilometern ab und wandern dann mit einem schwer bestimmbaren Kurs durch die Meere. Ein solcher Taifun hat wie der Hurricane ein Zentrum, in dem es fast windstill ist und das man als Auge bezeichnet. Dieses Auge wandert eher gemächlich mit zwanzig oder dreißig Kilometern in der Stunde seinen Weg, aber die es umkreisenden Winde erreichen Geschwindigkeiten von hundert bis zweihundert Kilometern in der Stunde, deren zerstörende Kraft selbst heute zu fürchten ist, die den Luftverkehr lahmlegt, kleine Schiffe und Dschunken in ihre Typhoon Shelters treibt und alles Leben lähmt.

Früher waren diese Wirbelstürme das nahezu sichere Ende eines Segelschiffes, das in ihren Weg geriet. Hunderte von kleineren Fahrzeugen zerschellten in Küstennähe, und hölzerne oder aus Lehmziegel errichtete Gebäude wurden in ganzen Schneisen umgemäht. Die Geschichte Hong Kongs und des älteren Macau ist voller solcher Katastrophen. Die heutige Massivbauweise bietet im allgemeinen Schutz, doch sollte man, sobald das Zentrum des Taifuns sich nähert, exponierte Räume meiden. Die Telefonbücher Hong Kongs geben Hinweise auf sinnvolles Verhalten.

Hong Kong – Reiseziel oder Zwischenstop

Die meisten Reisenden werden Hong Kong als einen Aufenthalt unter mehreren im Verlauf einer größeren Reise sehen. Der Kombinationsmöglichkeiten auf dem Wege zum Fernen Osten gibt es gar viele: Bombay, Kalkutta, Neu Delhi, Bangkok, Singapore, Peking, Taiwan, Tokio und Osaka. Doch ist es wie beim Kombinieren eines Menüs: alles paßt nicht zusammen, es verdirbt den Magen und belastet unser Aufnahmevermögen in unerträglicher Weise. Ich denke, daß Japan eine Sache für sich ist, deutlich geschieden aus vielen Gründen von Indien, China und Indonesien. Eine interessante Kombination ist natürlich China in sich: Hong Kong, Peking und Taiwan. Hier die freie westliche Ausprägung chinesischen Lebensstils, dort die alte Lebensform – freilich in den letzten neunzig Jahren chinesischer

Geschichte oft bis zur Unkenntlichkeit deformiert –, und in Taiwan das ländliche Pendant zum städtischen Hong Kong.

Auch die Kombination von Indiens Kalkutta mit Singapore oder Bangkok und Hong Kong ist sehr reizvoll im Übergang des östlichsten indogermanischen Kulturvolks zu den malayischen und chinesischen Spielformen asiatischer Lebensart. Was uns zu Hause so ähnlich erscheint, scheinbar durch buddhistische Glaubensformen zusammengehalten, ist in Wahrheit eine unwahrscheinliche Abfolge des variantenreichen Themas Mensch. Und schließlich ist Hong Kong und Macau auch für sich selbst besehen eine Reise wohl wert. Die klimatischen Belastungen sind dabei außerordentlich, was vor allem den schon etwas älteren Reisenden davon abhalten sollte, zuviel in das Gepäck seiner Wünsche zu packen – er könnte sonst vielleicht feststellen, daß weniger mehr gewesen wäre.

In Verbindung mit einer solchen Hong Kong-Reise ergeben sich praktische Ausflugsmöglichkeiten nach Kanton und dem überaus reizvollen Flußtal um Guilin mit seiner pittoresken kegelförmigen Berglandschaft. Diese Reisen sind sowohl von Hong Kong via Schiff nach Kanton zu bewältigen, als auch mit dem Omnibus von Macau aus, wo man in herkömmlichster Weise ganz einfach durch ein Tor nach China hinein fährt.

Für einen ersten und interessanten Eindruck von Hong Kong genügen drei bis vier Tage. Will man, was unbedingt zu empfehlen ist, dem britisch-kolonialen und von protestantischer Arbeitsethik wie chinesischem Fleiß durchglühten Hong Kong das weit ältere portugiesisch-koloniale Ambiente entgegenstellen, erfüllt von einer katholisch-mediterranen Vergangenheit, so sollte man Macau miteinbeziehen und hierfür zwei weitere Tage im Minimum ansetzen. Eine etwas gründlichere Erkundung, die auch Ausflüge auf einige reizvolle Inseln im südchinesischen Meer einschließt, benötigt für Hong Kong etwa sieben und für Macau drei Tage. Ein Ausflug ins nahe China der Volksrepublik ist mit weiteren drei Tagen anzusetzen, so daß vierzehn Tage für das volle in diesem Buch behandelte ›Pensum‹ gerade ausreichen, drei Wochen besser wären.

Klima, Reisezeit und Hotelwahl

Gelegen im Einzugsgebiet der die chinesische Küste südwärts streifenden Monsune und Taifune, empfiehlt sich als beste Jahreszeit Ende Oktober und November bis Mitte Dezember. Die übrigen Jahreszeiten, wie die beigefügte Charakterisierung zeigt, können sehr regnerisch sein oder von einer Kreislauf wie Wohlbefinden belastenden Schwüle und Luftfeuchtigkeit bei meist diesigem Himmel. Man überschätze nicht die eigene Fähigkeit, bei 30 Grad Celsius und 90 Prozent Luftfeuchtigkeit den ganzen Tag auf den Beinen zu sein. Auch sind die Klimaanlagen der Hotels, mancher Reisebusse und Schiffe ein sehr zweischneidiges Vergnügen und geben häufig Veranlassung zu hartnäckigen Sommererkältungen, die unsere Unternehmungsfreudigkeit empfindlich einschränken können.

Frühling (März bis Mitte Mai) mit 21 °C im Durchschnitt, ca. 85% Luftfeuchtigkeit und 7-18 Tagen Regen im Monat.

Sommer = Monsunzeit (Später Mai bis Ende September) mit Temperaturen um 30 bis 32 °C, Luftfeuchtigkeit von 85 bis 90% (!), 12 bis 18 Tage Regen im Monat.

Herbst (Anfang Oktober bis Dezember) mit Temperaturen um 25 °C und 75% Luftfeuchtigkeit sowie 3-5 Tagen Regen im Monat.

Winter (Ende Dezember bis Ende Februar) mit Temperaturen um 15 °C, nachts gelegentlich an die Frostgrenze absinkend und 75% Luftfeuchtigkeit sowie 5-7 Tagen Regen im Monat.

Wollen wir auf Hong Kong Island oder in Kow Loon wohnen? Auch das ist die Frage. Die Stadt Victoria auf der Insel Hong Kong ist älter als Kow Loon, birgt das Gros der Sehenswürdigkeiten und die alten chinesischen Quartiere an der Ladder Street und Jardine's Bazaar. Die Zone um den Peak bietet kühlere Luft bei Wanderungen mit interessanten Weitblicken über die Inselwelt des Archipels. Britisches Flair vereint sich mit chinesisch Volkstümlichem.

Kow Loon ist moderner, noch irrer in seiner Motorik der durcheinander quirlenden Menschenmassen und Gewerbe.

Kow Loon ist das typische Traumziel der Einkaufsbesessenen, denn hier bietet der chinesische Mittelstand eine sagenhafte Palette an Gütern feil. America's delight and dream. In Victoria dagegen liegen eher die feinen Geschäftsadressen, die wir aber ebensogut in Paris und Rom finden. Obwohl Kow Loon mit Ausnahme des Peninsula-Hotels und des wie verloren dastehenden Uhrturms der Hong Kong-Kanton-Eisenbahn kaum noch englische Erinnerungen zeigt – auch die alten Chinesenviertel fehlen –, hat es doch einen großen Vorzug: von seinem Ufer aus bietet sich die imposante Skyline Hong Kong Islands in ihrer ganzen Schönheit. Zumal bei Nacht und von den Bars und Restaurants auf den oberen Etagen der Kow Looner Hotels – soweit sie am Wasser liegen – erleben wir ein traumhaftes Bild, gegen das Manhattan nicht ankommt. Kow Loon ist im übrigen eine Nachtschönheit mit seinen vielfarbenen Leuchtreklamen in bizarrer chinesischer Kalligraphie.

Gesehen unter den eben genannten Aspekten möchte ich bei etwas längerem Aufenthalt empfehlen, zunächst einige Tage in Kow Loon zu bleiben, dann vielleicht drei Tage nach Macau zu gehen, eine Entscheidung für einen Ausflug nach China zu treffen, was in Hong Kong viel praktischer als zuhause in Gang gesetzt werden kann, und schließlich den Rest der Zeit in Victoria zu verbringen.

In *Kow Loon* – der Stadtteil nennt sich Tsim Sha Tsui – empfiehlt sich das Sheraton, Holiday Inn Harbour View, das neue Hyatt am Hafen, das sehr teuere und noble Regent und als Krönung The Peninsula als vornehmste Stätte aristokratisch-kolonialer Vergangenheit. Weitere große Hotels sind als solche nicht schlechter, doch liegen sie nicht an der Wasserseite, sondern im Gedränge der Geschäftsviertel, zumal der Nathan Road, oder in Flughafennähe. Die genannten Hotels in Tsim Sha Tsui liegen relativ nahe der Star Ferry und lagen 1986 preislich bei 200 bis 350 DM pro Tag und Doppelzimmer. Doch muß ich dem Leser gleich sagen, daß es nur wenige Häuser unterhalb dieser Kategorie gibt und Budget-Hotels nicht zu empfehlen sind, wenn der Leser nicht morgens neben seinem Bett die possierlichen Kakerlaken laufen sehen will. Die Hong Kong Tourist Association mit ihrem deutschen Büro (Wiesenau 1,

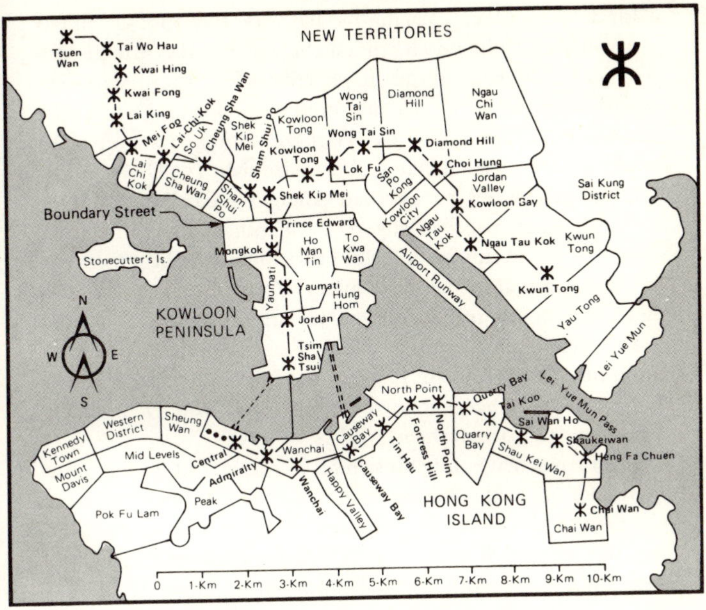

Stadtviertel und U-Bahn-Netz

6000 Frankfurt 1, Telefon 069-722841) informiert und übersendet auf Wunsch Hotelführer und Broschüren.

Auf *Hong Kong Island* ist nach meiner Meinung das Hilton im Central District nach Preis, Lage und Ausstattung das Empfehlenswerteste. Als vornehmer gilt das Mandarin und das Furama, doch konnte ich den Grund nicht erkennen. Preise zwischen 200 und 350 DM pro Tag und Doppelzimmer. Bei den Preisvergleichen sollte man aber immer sehen, daß in einer Großstadt 50 oder 100 DM weniger meist mit langen Anmarschwegen und Kosten verbunden sind. Das Klima Hong Kongs wird uns auch nicht erlauben, den ganzen Tag zwischen Frühstück und Abendessen auf den Beinen zu sein – und nichts ist angenehmer, als sich in der heißen Mittagszeit zwei, drei Stunden ins nahe und klimatisierte Hotel zurückzuziehen, zu duschen und auszuspannen.

Im Bereich Wan Chai und Causeway Bay gibt es einige preiswertere, einheimisch-chinesische Hotels, die infolge der geschickten Verkehrsmittel einschließlich der pittoresken Straßenbahn günstig nach Lage und Preis plaziert sind. Dazu gehören das Luk Kwok und das Harbour Hotel, das von einer rotchinesischen Gesellschaft geführt wird. Mit 150 DM pro Tag und Doppelzimmer, bei internationalem Standard von Zimmer mit Bad, kann man bei längerem Aufenthalt hier Erhebliches sparen, auch ein intimeres Gefühl für chinesische Lebensart gewinnen – zumal in den rein chinesisch geführten Restaurants dieser Häuser mit großer Auswahl und interessantem Publikum.

Die Telefonnummern in Hong Kong beginnen für Kow Loon mit einer **3** und auf Hong Kong Island mit einer **5**. Beide Nummernbereiche gehören zum Ortsnetz. Von Deutschland aus ist 008 52 vorzuwählen.

Zum Anziehen empfiehlt sich bis in den Herbst leichte Sommerkleidung, luftig und nur Baumwolle. Der Winter entspricht unserem Herbst. Die Hotels führen alle einen sehr guten Laundry Service zum Waschen oder Reinigen, denn der Wäschekonsum ist außerordentlich, oft benötigt man zweimal am Tag frische Sachen. Im November, der besten Reisezeit, empfiehlt sich für Dampferfahrten oder die Abendstunden ein Sweater oder Wollschal. Schuhwerk sollte samt seinem Träger gehfreudig sein. In den Hotelrestaurants empfiehlt sich abends Jacket mit Krawatte oder Kleid; wir werden überrascht sein, wie auch tagsüber die geschäftliche Welt Hong Kongs auf korrekte Formen Wert legt.

Blick auf Macau

Die Halbinsel Macau erhebt sich relativ flach auf einem alluvialen Schwemmland, das sich um wenige granitene Hügel in der verlandenden Mündung des Perlflusses erstreckt. Das eigentliche Macau ist durch Brücken mit den Inseln Taipa und Coloane verbunden, die aber nur wenig touristisches Interesse beanspruchen, es sei denn, man will einige Tage am sauberen Südstrand von Coloane in einem türkisfarbenen Meer baden. Auch Macau selbst, wenn wir uns dem äußeren Hafen zu Schiff nähern, wirkt zunächst wie eine Insel. Dieser landschaftliche Eindruck findet sehr rasch seine Entsprechung im Charakter einer atlantisch-mediterranen Oase, die wie verloren nach Zeit und Raum im Südchinesischen Meer liegt und über der immer noch die grünrote Flagge Portugals weht. Der leicht erblindete Renaissance-Spiegel, der das Bild alten kolonialen Reichtums und katholischer Lebensformen zurückwirft, der leichtere Gang portugiesischen Wesens, die Melancholie über vergangene Größe, an der Chinesen wie Portugiesen gleichermaßen Freude wie Nutzen hatten und die den härteren Konkurrenten aus Holland und England ein Dorn im Auge war: Das alles liegt über dem sich zusammenschachtelnden Gewirr der Altstadt und den wunderschönen Villen in ihren pastellenen Rosa- und Gelbtönen inmitten prächtiger tropischer Gärten. Und wie es immer ist, wenn eine Stadt vom Fluß der großen Entwicklung abgetrennt wird, sie erhält sich ihr altes Ambiente, mag es auch bröckeln. So ist Macau der letzte Ort an der chinesischen Küste, an dem wir jene alte Zeit der Ostasienfahrer, der Kaufherren und Missionare nachempfinden können – in Hong Kong hat der Bagger ihre Hinterlassenschaft längst weggerissen.

Da die Geschichte Macaus an so vielen Stellen noch sichtbar ist, in Palästen und Herrenhäusern, in malerischen Altstadtwinkeln und kanonenbestückten Forts, in zahlreichen Kirchen, aber auch östlichen Tempeln, sollten wir sie an den Schauplätzen erleben und uns hier auf die wesentlichen Fakten beschränken.

Im Gegensatz zum erst hundertfünfzig Jahre alten Hong Kong, dessen Wappenschild zwei Dschunken zeigt, flankiert von einem stolzen gekrönten Löwen und einem grauslichen Drachen, zeigt Macaus Wappen die Insignien Portugals, flankiert von zwei knienden geflügelten Engeln, deren einer das Kreuz und der andere die Weltkugel auf dem Kopf trägt, solchermaßen die beiden Prinzipien deutlich machend, unter denen die Portugiesen vor etwa 450 Jahren hier seßhaft wurden.

Macau lebte mit den Mandarinen am Unterlauf des Perlflusses in friedlichen Beziehungen, der Handel nutzte beiden, und schließlich wurde Macau im Gegensatz zu Hong Kong auch eine Stätte geistiger Begegnung zwischen dem Reich der Mitte und dem Abendland, Ausgangspunkt zahlreicher Missionsreisen, in der Mitte des 16. Jahrhunderts für Jahre Wohnsitz des großen portugiesischen Dichters Luis de Camões, der hier sein Epos der ›Lusiaden‹ schrieb, das Nationalepos der Portugiesen. Die Holländer haben mehrfach und vergeblich versucht, ihrem Kolonialreich Macau einzuverleiben. Der Niedergang der Stadt im 19. Jahrhundert ist letztlich eine Folge des Aufblühens der englischen East India Company gewesen, der aggressivere Handelssinn im Verein mit der beherrschend gewordenen englischen Seemacht verwies Macau in eine stille Ecke der Weltgeschichte. Doch 1941 kommt noch einmal eine große, eine sehr menschliche Stunde im Leben Macaus, als es über dreihunderttausend chinesische und englische Flüchtlinge aus Hong Kong aufnimmt und ihnen die Drangsale der japanischen Besetzung oder die Internierung in Stanley Camp erspart.

Die Stadt muß damals fast geborsten sein vor Menschen, abgeschnürt von China, dessen Küste ebenfalls von Japan besetzt war, abgeschnitten von aller Zufuhr, umgeben von argwöhnisch patrouillierenden Kriegsschiffen des Tenno, dessen heutiges freundliches Lächeln nicht den Blick auf eine brutale Zeit verstellen kann, auf nichts gestellt als auf Gottvertrauen und die schmale Hoffnung, die Neutralität Portugals würde respektiert werden. Noch einmal bestätigt sich Macaus Wappenspruch NAO HA OUTRA MAIS LEAL – ›Es gibt keine Treuere‹ – der sich einst bezog auf die Zeit von 1580 bis 1640, als die spanischen

Philippen, wie Heinrich Heine sie spöttisch nennt, auch den portugiesischen Thron durch Erbfolge vereinnahmten, das stolze Macau aber sechzig Jahre der Weltgeschichte einfach nicht zur Kenntnis nahm und stets die portugiesische Flagge zeigte.

Hotels in Macau und Verbindung zu Hong Kong

Nach Macau gelangen wir vom Macau Pier in Hong Kong mit sehr verschiedenen Schiffen, Hydrofoils und Jetfoils oder der High Speed Ferry, die zwischen siebzig Minuten und knapp zwei Stunden benötigen. Taxis sind in Macau sehr billig, wie überhaupt die Preise in macanesischen Patacas, die grob dem Hong Kong Dollar entsprechen, der überall ›als Pataca‹ akzeptiert wird, erstaunlich niedrig liegen, noch einer anderen Zeit entstammen. Die Hotels Estoril, Mondial, Metropole und Holiday liegen alle in lärmreichen Zonen der Stadt und sind nicht sehr einladend. Lisboa, The Oriental und Presidente sind die vielstöckigen Hotelburgen an der Praia Grande, sie haben allen Komfort und die Uniformität des internationalen Tourismus mit überwiegend amerikanischem Publikum. Das Hyatt Regency liegt auf Taipa Island sehr einsam. Doch es gibt, wenn man geduldig ist und etwas vorausplanen kann, sehr gute Alternativen. Die Pousada de Sao Tiago (F 78 111, alle Vorwahlen von Europa und Hong Kong 008 53) liegt an der westlichsten Ecke von Macau, bildschön in die Granitgewölbe des alten Barra Forts eingebaut, bietet angenehmste Räume und eine sehr schöne, baulich interessante Mischung aus portugiesisch-kolonialer Architektur und dem chinesischen Ambiente Macaus. Der Preis ist mit 600 Patacas für Macau hoch, doch sind diese 150 DM weit weniger als der Preis gleichwertiger Häuser in Hong Kong. Pataca und Hong Kong-Dollar sind fast wertgleich und der HK-Dollar wird überall in Macau akzeptiert (aber nicht umgekehrt). Die Pousada de Coloane, den spanischen Paradors ähnlich, liegt an der Praia de Cheoc Van, einem schönen Badestrand der Insel Coloane (F 08144). Neben den billigen Taxis empfiehlt sich, hier ein Mini-Moke, einen mit Sonnenverdeck versehenen lustigen Klein-Jeep zum Selbstfahren, zu mieten, mit dem man überall bequem herumkommt.

Als dritte Alternative bleibt das Bela Vista Hotel, wunderschön auf aussichtsreichem Fels an Stelle des Bom Parto Forts gegen 1850 errichtet. (F 573 821). Das zweistöckige Haus mit seinen weißen säulenumstandenen Loggien könnte das Nonplusultra Macaus sein, wenn es nicht, leider, mit den Jahren recht vernachlässigt worden wäre. Obwohl alle Zimmer Bäder und Loggien mit Meerblick haben, entspricht der Zustand einem 1945 noch einmal davongekommenen Haus. Mit 140 Patacas wohnt man sehr preiswert, sobald man sich an die chinesisch-südliche Lässigkeit gewöhnt hat. Das Restaurant in der Loggia des Erdgeschosses ist vor allem abends sehr besucht, erlaubt die Dämmerung zwischen den Inseln zu erleben und einen angenehmen und preiswerten portugiesischen Landwein zur portugiesisch-atlantischen oder brasilianisch-chinesisch-kolonialen Küche zu genießen.

Für Informationen sorgt das Portugiesische Touristikamt (Kaiserstr. 66, 6000 Frankfurt 1, F 069/23 40 94) und, falls wir bereits in Hong Kong sind, das Macau Tourist Information Bureau (1729 Star House, Salisbury Road, Kow Loon, F 3-67 77 47).

Hong Kong

Flug über das Dach der Welt

Start am späten Abend in Frankfurt. Lichter, Menschen, die übliche Unruhe bis jeder und alles an Bord seinen Platz gefunden hat, sich nach dem Abendessen nach Igelmanier zusammengerollt einem unruhigen und nicht allzu bequemen Schlaf hingibt.

Im ersten Frühlicht nach dem Erwachen, jäh durch die Kabinenfenster blitzend, erscheinen die braungrauen Bergketten Afghanistans, da wollten wir eigentlich gar nicht hin. Karge Bergplateaus, hier und da eine brauntrockene Oase mit schütterer Vegetation, über hundert Kilometer zieht eine dünne mäandernde Piste staubig dahin, zitternde Spur menschlicher Existenz in einer von unbarmherziger Helligkeit durchpulsten Landschaft. Trockentäler tun sich auf, baumlos, steinig, die faltigen Ausläufer des *Hindukusch* steigen zu fernen karstigen Gebirgskämmen an, einer hinter dem anderen, diesig blau im Frühdunst. Irgendwo zwischen Hindukusch im Norden und dem Suleimangebirge im Süden muß der berühmt-berüchtigte Khaiberpaß liegen, das Tor nach Pakistan, einst wie heute umstritten.

Während wir bereits über dem breiten Gangestal fliegen, das, aus der Flughöhe gesehen, sich von Horizont zu Horizont erstreckt, tauchen neue gewaltige Gebirge zur Linken auf, die Ketten des *Himalaya,* dunstverhangen und schneebedeckt, gelegentlich funkelt ein Eisfeld auf, das Dach der Welt. Magere Feldwirtschaft im Tal unter uns, das eigentlich gar kein Tal ist, sondern eine riesige, sich fast zweitausend Kilometer hinziehende Urstromlandschaft, irgendwo zwischen Delhi und Calcutta, eine der Wiegen der Menschheit wie das Zweistromland in Mesopotamien oder die Nilsenke. Lehmige Nebenflüsse begrenzen scheinbar spärliche Vegetationsspuren. Die Sonne steigt unheimlich rasch, indem wir ihr entgegenfliegen. Bald taucht das Gangesdelta auf und der *Golf von Bengalen,* wasserreich in tausend Arme aufgefächert, dann heben wieder zwei- bis dreitausend Meter hohe Bergketten an. Plötzlich sind wir über dem nördlichen Birma: endlose Wellen einer unendlich einsamen Berglandschaft, dichtbewaldet im wuchernden Tropengrün, eines der unzugänglichsten Gebiete der Erde. Rostrote Flüßchen bahnen ihren Weg durch den Urwald, plötzlich in einem Wasserfall in ein tieferes Tal stürzend.

Irgendwo bei Cheng Chung queren wir die Grenze zu *China*. Gewaltige Flußsysteme drängen sich hier auf engstem Raum. Sie führen die Wasser des östlichen Himalaya konkurrierend nach Südosten: Irawadi, Saleun, dann der mächtige Mekong und sein Rivale der Yang tse kiang, den die Chinesen Ta kiang nennen, den Großen Fluß. Nach der langen Monsunzeit ist er angeschwollen, rostrot von Eisenoxiden wie seine Vettern, treiben seine Wassermassen dem Pazifik zu, den er freilich erst bei Shanghai und nach vielen tausend Kilometern erreicht. Bei diesen Entfernungen fragen wir uns, wo unser Vogel denn seine Benzinvorräte versteckt hat, um solche Strecken, etwa 12000 Kilometer, im Nonstop-Flug zu bewältigen. Den Gedanken an eine Zwischenlandung im tropischen Bergwald verdrängen wir eilig bei einer Flasche Mosel.

Südlich von Kun Ming, südwestlich von Chung Chin, wohin die Japaner Chiang Kai Schek im nahezu endlosen Japanisch-Chinesischen Krieg abgedrängt hatten, biegen wir südwärts. Das Großartige der Landschaft mildert sich zu weiten Anbaugebieten am Südrand des Roten Beckens. Es ist die fruchtbare Aue zwischen den Provinzen *Szechuan* und *Yünan*. Reisfelder breiten sich aus, eine reizvoll reduzierte Kalligraphie von Menschenhand formt wohltuend das Bild nach soviel Bergen, Wüsten und Wäldern. Schmale, hin- und herziehende Straßen werden sichtbar, Bahnlinien, größere Ortschaften, doch schon schiebt sich wieder das Südchinesische Bergland dazwischen, wir ahnen am Silberstreif des Horizonts die Küstennähe.

Träge seine Schleifen ziehend taucht der berühmte *Perlfluß* auf, dessen Mündungsdelta an den Gestaden des Südchinesischen Meeres wir zustreben. Breit und mächtig führt er seine lehmgelben Wasser auf Kanton zu, dem heutigen Guang Zhou. Mögen sich Namen auch ändern, die Landschaft macht einen uralten Eindruck, es fehlen die Signaturen westlicher Länder: schnurgerade breite Autobahnen, unbeirrt und gerade ziehende Eisenbahnlinien und Kanäle, die ordentlich geometrischen Raster der

Städte und die feinsäuberlichen Muster des Feldbaus wie in Holland. Weite Maulbeerkulturen säumen den Perlfluß in Küstennähe, hoffentlich waren die spinnfreudigen Raupen im vergangenen Jahr fleißig, damit die Damen an Bord das Ergebnis bald in leuchtenden Farben in den Geschäften Hong Kongs bewundern und kaufen können.

Die südchinesische Küste ist stark gegliedert und schärenartig zerfressen. Tausend Inseln und Inselchen säumen das Festland, und breit zieht die lehmgelbe Schleppe des Perlflusses hinaus auf die See, noch auf hundert Kilometer zu verfolgen. Stand über Afghanistan die Sonne im Osten und strichen ihre Strahlen flach über die Gipfel des Hindukusch, so haben wir der Zeit inzwischen ein Schnippchen geschlagen. Die nach Osten rollende Erdkugel hat uns dem Abend nahegebracht, und die Sonne steht nun bereits tief im Südwesten, ein verwirrendes Spiel. In ebenso gewaltiger wie eleganter Schleife legt der Captain die große Lufthansamaschine auf Ostkurs, im Gewirr der kleinen Inseln vor der Küste leuchtet das *Südchinesische Meer* tiefblau wie matte Seide, im Abendlicht erscheint bald unser Ziel: die Insel Hong Kong, getrennt durch eine Wasserstraße vom Festland und Kow Loon.

Der Landeanflug im warmen, klaren Abendlicht ist außerordentlich schön. Aus der tropisch türkisgrünen See ragt dunkelgrün und kiefernbewachsen die Insel Lantau; wir wollen sie noch besuchen. Im schrägen Licht erscheinen ihre Konturen unter der leicht drehenden Maschine mit ihrer abgekippten linken Tragfläche ungemein plastisch, im spiegelnden Gegenlicht schimmert die windgerippte See und enthüllt im Gleißen die Insel Cheung Chau, umwimmelt von Dschunken aller Art. Wir steuern wieder das Festland an, rechts liegt nun dunkel und etwas drohend *Hong Kong Island* mit dem Peak. Zwischen der Stadt Victoria auf der Insel und dem festländischen Kow Loon muß gerade eine Flottenparade stattfinden, Hunderte von Frachtern liegen schnurgerade ausgerichtet auf Reede, als ob sich das Fernostgeschwader der Königin Victoria wieder eingefunden hätte; doch das ist lange vorbei. Dann taucht die Skyline von Kow Loon auf, nicht sehr hoch, aber ungemein massig und kubisch wirkend, und während der Pilot bereits unbehaglich dicht über die Häuser hinwegstreift, um den Flughafen Kai Tak zu erreichen, der wie das Deck eines Flugzeugträgers ins Meer hinausgebaut ist, kommt im Süden die unvergleichliche Skyline von Hong Kong Island ins Blickfeld, im späten warmen Abendlicht vor dunklem Fels leuchtend, ein großes Bild.

Hong Kong bei Tag und Nacht

1 *Blick vom Peak auf Victoria, Hafen und Kow Loon*

2 *Star Ferries vor der Skyline von Victoria*

3 *In den Schluchten der Hennessy Road, Wan Chai*

4 *Markt in Russell Street, Causeway Bay*

5 *Nachts auf Des Voeux Road*

6 *Abend über Victoria, im Vordergrund*
Typhoon Shelter und Causeway Bay

HYF

QUARTZ
CAMUS
家樂牌雞精
鷹粟粉
AEG 德律風根
海運商
中國
PAK KUNG
龍記飯店
150
134
喜利香煙
hi-lite
海鷗
BU 199
L CO.

中國聯合銀
安銀行
行
新藝洋服
易家宜皮膚
張金儀婦科
張金儀
Rainbow Color
櫻花彩色 Sakura
洋服
得光眼鏡
SUN NGAI TAILOR

ROLEX
原

Erster Abend in Kow Loon

Die Nacht fällt in den Tropen plötzlich ein. Als wir aus dem Hotel kommen, stehen wir in der lichterfüllten Reklamewelt der **Nathan Road**, dem Zentrum, der Hauptschlagader Kow Loons. Kaskaden von Licht, feurig rot, giftig grün, beruhigend blau, grell gelb, fallen auf uns herab, man weicht unwillkürlich in den Schutz der Hauswände zurück, wenn da nicht die Eingänge zu den Geschäften wären, rührige Hände und einladendes Lächeln uns hineinziehen wollten. Dieses Babylon des Kommerz, des völlig ungenierten chinesischen Kaufmannsgeistes wird aber gemildert, erträglich gemacht durch die Schönheit der Kalligraphie, den ungemeinen Reiz, den die leuchtenden chinesischen Schriftzeichen ausstrahlen, und die Wärme und Freundlichkeit der meisten Chinesen in den Geschäften. Freudig werden wir in einem Optikerladen begrüßt, erstaunlich wie in diesem Menschengewühl individuelle Erinnerung bewahrt wird. Bereitwillig wird auf eine kleine Reklamation eingegangen.

Von der Nathan Road zweigen vor allem nach rechts die interessanten Nebenstraßen ab: Middle Road, Mody Road, über der wahre Girlanden von Reklamen hängen, Carnarvon und Cameron Road. Schmal sind die Geschäfte, sie drängen sich tief wie Höhlen in das Innere der Gebäude, dazwischen Obst- und Gemüsestände, auch in der Nacht geöffnet, in Torwegen hausen die Standbesitzer und bieten auf Klapptischen an, Lust und Last des Orients treffen sich mit denen des Okzidents, Entzücken der einen, Entsetzen der anderen. Night Clubs locken ihr Publikum, doch sind es eher bescheidene ›Oben-ohne-Bars‹ und Floorshows, in denen man nachprüfen kann, daß die Anatomie auch in Asien die gleiche ist. Obwohl das Erotische in China angeblich eine große Rolle spielt, vielerlei Aphrodisiaka uns in den Herbalist Shops begegnen, auch angeblich luststeigernde Mittel, die bei uns die Polizei auf den Plan rufen würden, so erscheint doch die Kühle und Unbewegtheit der chinesischen Gesichter

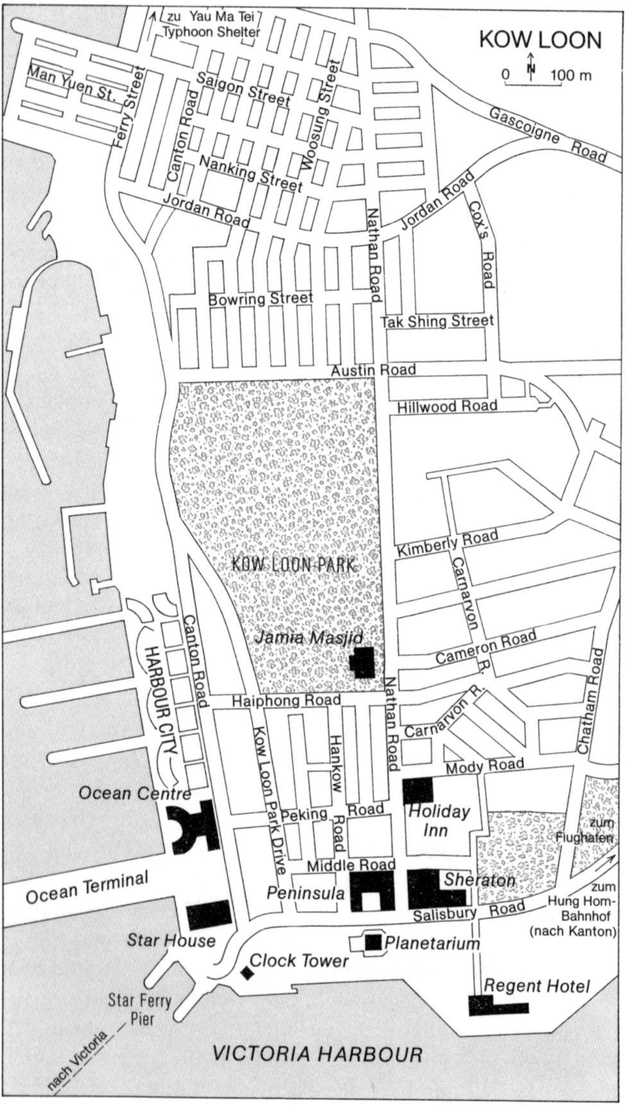

KOW LOON
0 N 100 m
zu Yau Ma Tei Typhoon Shelter
Man Yuen St.
Ferry Street
Canton Road
Saigon Street
Woosung Street
Nanking Street
Jordan Road
Gascoigne Road
Cox's Road
Nathan Road
Bowring Street
Tak Shing Street
Austin Road
Hillwood Road
KOW LOON PARK
Kimberly Road
Carnarvon R.
Cameron Road
Chatham Road
Jamia Masjid
HARBOUR CITY
Haiphong Road
Kow Loon Park Drive
Hankow Road
Mody Road
Ocean Centre
Peking Road
Holiday Inn
Middle Road
zum Flughafen
Ocean Terminal
Peninsula
Sheraton
Salisbury Road
zum Hung Hom-Bahnhof (nach Kanton)
Star House
Planetarium
Clock Tower
Regent Hotel
Star Ferry Pier
nach Victoria
VICTORIA HARBOUR

von all dem unberührt. Ist es anerzogene Beherrschung oder ist es jene Gelassenheit, die den Chinesen alle Dinge des Lebens einordnen läßt in dem Strom des Natürlichen, dessen man sich bedient oder dem man einfach unterworfen ist? Die ständige Reflexion Europas und Amerikas findet hier nicht statt.

In einem der Hauseingänge sitzt ein bildschönes Mädchen von feinem, edlem Gesichtsschnitt und verkauft billigen Tand und Schmuck, ein Suzie-Wong-Schicksal, aber auch eine Suzie-Wong-Chance – wird sie sie ergreifen? Ihre mandelförmigen braunen Augen betrachten die Vorbeigehenden wie Majestät, die ein Defilée langweiliger Gratulanten beim Neujahrsempfang ertragen muß. Ist dies echt, ist dies alles so ganz anders als bei uns? Die Augen geben keine Antwort auf solche Fragen.

Am Anfang des Kow Loon-Parks erhebt sich schneeweiß und lichtumflutet die Jamia (Verballhornung von Çami oder Dschami = Moschee) Masjid, eine Moschee der Pakistani und anderer Mohammedaner, ein Fremdkörper, nicht anders als westliche Hotelpaläste. Wir wenden uns nach Westen, dem **Ocean Terminal** zu, der Geruch der See nach Tang und Teer steigert sich, Ocean Centre und Star House sind durchtunnelt von weiten, glitzernden Passagen, die Menge schiebt und drängt, die Lichter des bunten, die Schaufenster füllenden Weihnachtsschmucks spiegeln sich rot und blau in den Augen, entzückte Blicke verweilen an üppigen Pelzen, – aber wieso denn Weihnachten?

Zurück im Sheraton finden wir uns in der Sky Lounge bei einem EAST INDIA- oder BAMBOO-Cocktail wieder, die schwarze Decke mit den sternförmigen Lichtern gleitet unmerkbar in den nachtdunklen Himmel über, unter dem jenseits des spiegelnden Meerarmes die phantastische Silhouette Hong Kong Islands herüberleuchtet, eine feenhafte, fast unwirkliche Szenerie. Manhattan kommt uns in den Sinn, aber es ist nur kleine Münze gemessen an der Schönheit der auf- und absteigenden, lichtfunkelnden und den Bergkonturen folgenden Skyline Hong Kongs.

Mit der Fähre von Kow Loon nach Victoria

Einsam reckt sich der **Uhrturm** der Kowloon–Canton Railway KCR am Star Ferry Pier, dem Fähranleger nach Hong Kong. Der Turm hat es zwar überlebt, doch nicht verschmerzt, daß die einst bedeutende Bahnlinie, erbaut vor der Jahrhundertwende, über lange Jahrzehnte bedeutungslos war, nostalgische Erinnerung an jene Zeit, in der Herren im grauen Flanell und Damen im Rohseidenen, umgeben von Koffergebirge schleppenden schlitzäugigen Kulis, im Schatten des Uhrturms in einen plüschigen Pullmanwagen mit Fensterstores stiegen, um, zumal in den Taifunmonaten, sicher und nach zehn Tagen in Merry Old England anzukommen. Heute wiederbelebt durch den Zwang, die neuen Trabantenstädte der New Territories mit Kow Loon zu verbinden, und ein wenig von der Hoffnung, Hong Kong und China 1997 fester zusammenzubinden, fertigt der neue *Bahnhof Hung Hom* im Osten der Festlandspitze von Tsim Sha Tsui die Züge nach Kanton (Guangzhou) ab.

Die Deutsche Bundesbahn war etwas irritiert, als ich sie, wieder zu Hause, fragte, ob man noch immer eine Fahrkarte Hong Kong–London und zurück lösen könnte. Thomas Cooks International Timetable brachte es dann an den Tag: Man kann!

Kow Loon ab 14.35 (Dienstag)
Kanton an 17.35
Kanton ab 18.45
Peking an 6.00 (Mittwoch)
Peking ab 7.40 über Ulan Bator in der Mongolei
Moskau an 15.05 (Montag der folgenden Woche)
Moskau ab 17.25
Berlin Ostbahnhof an 20.07 (Dienstag)
Berlin Ostbahnhof ab 22.20
Hannover an 3.11 (Mittwoch)
Hannover ab 4.12 über Hoek van Holland
London Liverpool Station an 19.18 (Mittwoch)

Soweit wollen wir heute aber gar nicht. Ein frischer Morgenwind hat die Meeresstraße zwischen Kow Loon und Hong Kong freigefegt, glasklar hebt sich die kristallin wirkende Skyline am jenseitigen Ufer vom weicheren Umriß der dunklen Berge ab, die Seebrise bewegt das Wasser. Wir stehen am **Star Ferry Pier.** Mit schäumender Bugwelle kommt unsere Fähre von drüben an, während die gerade ablegende das fahlgrüne Wasser aufquirlt, um vom Pier freizukommen. Irgendetwas, wir wissen noch nicht was, erinnert uns an die Fähranleger an Venedigs Markusplatz, eigentlich ganz unsinnig ...

Es ist Rush Hour. Tausende queren mit dem nostalgisch rundlichen grünweißen Dampfer den Hafen – die Dampferroute pendelt zwischen den beiden strategisch wichtigsten Punkten, an denen Hong Kong und Kow Loon wie durch die Kraftlinien eines Magnetfeldes zusammengehalten werden. Die See riecht nach Tang und Teer, mit dem die Taue und Gangplanken konserviert sind, ein wenig nach Dieselöl und all den Gerüchen, die einen Hafen ausmachen. Eine schnarrende Hupe blockiert die Zuspätgekommenen, die Rampe wird hochgehievt, und knarrend quetscht der Schiffsrumpf die Dückdalben, um freizukommen.

Ein Gewimmel von Schiffen quert unseren Weg, zahlreiche Dschunken mit rotbraunem Rumpf und hochgezogenem Heck, an den Tauen flattert die Wäsche, tutende gedrungene Schlepper mit allerlei Bauprähmen im Schlepp, manche mit rotbemalter und gedrechselter Reeling und Drachensymbolen am Kajütdach. Die großen Seeschiffe liegen draußen auf Reede, von hier mehr zu ahnen als zu sehen. Schaukelnd im Wellengang der Größeren sucht ein Sampan seinen Weg, eine jener den Hafen bedienenden Kleindschunken mit Sonnenverdeck, oft von einer älteren Frau mit breitem Strohhut mutig durch das Tuten der Dickschiffe gesteuert.

Hart tritt nun die kantige, im Frühlicht hell schimmernde Architektur der Hochhäuser auf **Hong Kong Island** auf uns zu. Das Aufsteilende der in der Sonne blitzenden Glaswände, das Ineinander von Kuben, Pfeilern, hochkant gestellten Quadern, Säulen und auf Stelzen balancierenden Traumgebilden, lichtspiegelnd weiß, serpentingrün und granitrot vom Wettbewerb

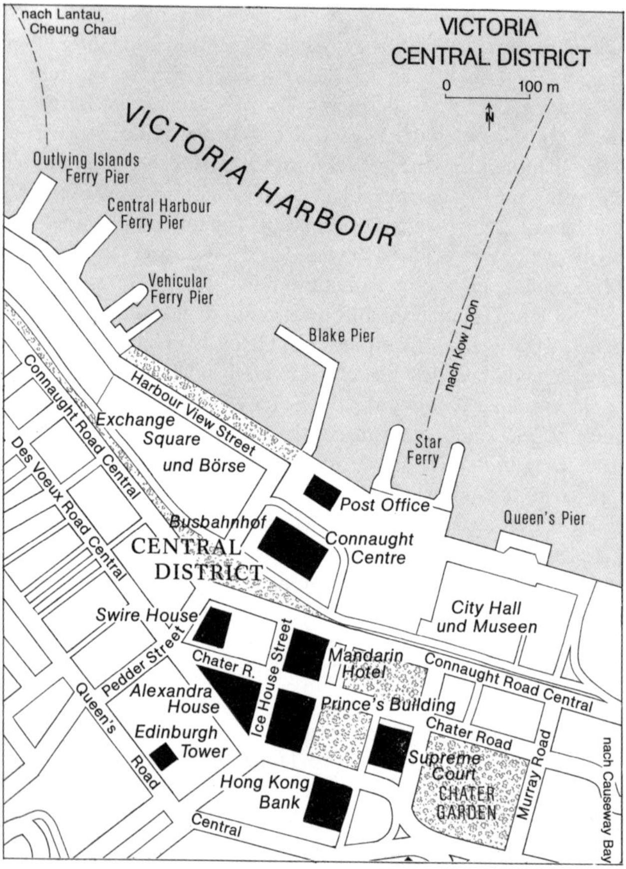

ihrer Besitzer kündend, könnte als Drohgebärde verstanden werden. Doch rasch verfliegt dieser Eindruck unter dem Geschiebe der von Deck Eilenden, die letzten hastig ihren Frühstücksreis noch im Gehen mit Stäbchen – ja, wie sagt man da – in den Mund schiebend.

Mitten in diesem Gewühl sitzen am Kai einige alte Männer auf ihren roten Rikschas. Phlegmatisch genießen sie die morgendliche Siesta – warum den Tag in Hast beginnen. Gelegentlich kommen einige Touristen und lassen sich mal eben um die Ecke fahren, eigentlich nur, um ein Photo zu machen, – dann sinkt wieder alles zurück ins dolce far niente, hört den Big-Ben-Schlag der Turmuhr, die Stunden anzeigt, die den Alten, die mit ihren dünnen Barthaaren Stichen des 19. Jahrhunderts entsprungen scheinen, nichts mehr bedeuten.

Die Gesichter der von Bord Drängenden stehen in ungeheuerem Kontrast hierzu. Angespannte Energie, Lebenwollen, Eifer zeichnen die Gesichter der Tätigen, aber selten Ungeduld und Ärgerlichkeit. Dieser Menschenschub aus den Suburbs der New Territories, von Yau Ma Tei oder Sha Tin, dieses aus seinen engen Wohnwaben eilende Millionenheer, sauber und ordentlich gekleidet, die Männer oft in korrekten Anzügen mit Krawatte, die Frauen mit frischgewaschenem, wippendem schwarzen Haar im Bubikopfschnitt, sie sind mir immer wie ein Symbol des heißen Lebenswillens erschienen, eine Explosion von Kraft und Willen, der diese Stadt beherrscht, gezügelt jedoch durch uralte Verhaltensnormen, die bei uns zunehmend als old-fashioned, altfränkisch oder wie auch immer abgestempelt werden, in Wahrheit aber jenes nur dem Menschen eigene Elixier darstellen, mit dessen Hilfe er die Enge unter seinesgleichen aushalten kann, im Gegensatz zum Tier, das unter solchen Umständen aggressiv bis zur Selbstzerstörung werden würde, wie es Konrad Lorenz beschrieben hat.

Plötzlich hat uns der Menschenschwall westwärts an den Rand getrieben, stehen wir fast allein zwischen dem Post Office und dem Connaught Centre, von dem die Omnibusse nach allen Richtungen ausschwärmen. Wir wählen, wie es sich meistens empfiehlt, die ufernahe **Harbour View Street** und gehen in Richtung Macau Ferry. Zur Rechten das Panorama des Hafens, zur Linken **Exchange Square** mit seinen gläsernen Türmen und der Hong Kong Börse, die neben der Hong Kong and Shanghai Banking Corporation so etwas wie das wirtschaftliche Herz ist dieser vom Geldumlauf, aber nicht nur von diesem, beherrschten Stadt. In dem Maße, in dem die verwahrten oder gehandelten Geldbeträge ansteigen, werden die Menschenmengen kleiner, die dünnbärtigen Greise verschwinden ebenso wie die Dim Sum essenden Jungen. Nun herrscht der Zwang von ›tie and jacket‹, den die jungen hübschen Chinesinnen mit ihrer gekonnten Mischung von dunkelblauem Kostüm und phantasievollen roten Krawattenschleifen aufzulockern verstehen. Wenn es uns erlaubt wird, werfen wir einen Blick in die Gold- und Silberbörse, in der Berufenere in roten Westen wie in einer Ordenstracht agieren, wild gestikulierend und schreiend wie in allen Börsen der Welt. Hoch droben residiert der ›American Club‹ mit wunderschöner Aussicht auf Kow Loon. Der Club ist das nicht frei zugängliche Gegenstück zum ›Pink Giraff‹ Restaurant im Sheraton Hotel jenseits der Meerenge.

Doch nur wenige Meter weiter schlägt das Bild erneut um. Zum **Outlying Islands Ferry Pier**, dem Fähranleger nach Lantau und Cheung Chau, den wir uns gleich merken wollen, strömt das Fischer- und Landvolk, bepackt mit den Wundern der großen Stadt, von denen viele freilich aus schockierend buntem Plastik sind. Am Straßenrand stehen erneut die Dim-Sum-Buden, es dampft, und die Nudelsuppe mit Hühnerfleisch oder Krabben wird stehend konsumiert, das Schälchen eng an den Mund genommen, mehr getrunken als gegessen. Zeitungsverkäufer verkünden das Neueste, die South China Morning Post geht von Hand zu Hand, schon etwas fettig vom vielen Gebrauch, doch Kleenex gehört in die feine Welt der Büros. Rußfauchende Lastwagen drängen am **Vehicular Ferry Pier** auf die Lastenfähren, schrille Stimmen fordern freie Bahn, grunzende rosige Schweine drängen ihre Schnauzen zwischen die Seitenbretter, – ein wenig will auch ein Schwein von der großen Welt sehen, auch wenn es ein Abschiedsblick ist. Melancholisch muhen die schwarzgrauen Rinder, die Wasserbüffel aus den Ebenen Chinas, ganze Hühnervölker gackern uns an. Doch dann kommt ein Lastwagen voll mit Tintenfischen, Körben prall von Shrimps, Kisten mit Gelbschwänzen, es platscht und spritzt von der Ladepritsche herunter, alles flüchtet, und der Fahrer lacht mit seinem breiten Gesicht und den gelben lückenhaften Zähnen, die schmalen Augen glänzen voller Schadenfreude.

Wir wenden uns auf unserem kleinen Spaziergang wieder stadteinwärts, erreichen, an stadtnahen Speichern und menschenumwimmelten Lagerhäusern vorbei, die **Des Voeux Road** und gehen wieder ostwärts, zurück zum Regierungsviertel. Dies ist das Herzstück des heutigen Central District, eigentlich der alten Kolonialstadt Victoria, die sich offenbar inzwischen dieses Namens irgendwie schämt. Hat sie Grund dazu? Sir Thomas Jackson, der mit 35 Jahren 1876 Chief Manager der Hong Kong and Shanghai Banking Corporation wurde, steht immer noch stolz in Bronze auf seinem Sockel, dreht uns Zweifelsüchtigen verächtlich den Rücken zu und faßt klaren Blickes das Gebäude des Obersten Gerichtshofes als letzte Zuversicht britischen Lebensstils ins Auge. Ihre Majestät die Königin ging bei ihrem letzten Besuch in Hong Kong still hinter seinem Rücken zur Bank, da hat irgendjemand vom Protokoll nicht aufgepaßt, Sir Thomas hätte das mißbilligt!

Indem wir der Des Voeux Road nach Osten folgen, wandelt sich die Szene bemerkenswert. Die Mittelklassegeschäfte, Lebensmittelhandlungen, die engen Seitengassen mit ihren von Textilien fast verstopften Durchgängen weichen den eleganten Geschäften. Amerikanische Touristen durchstreifen die Straßen in buntgewandeter Aufmachung und in schreiendem Kontrast zu der Eleganz der Luxusgeschäfte, die einen Hauch von Paris, Rom, München und London nach Hong Kong bringen. Luis Vuitton, Arpège, Armani, Bally und Bogner bestimmen das Bild, weniger in den Straßen als im Inneren der luxuriösen Gebäude: Alexandra House, Swire House, Prince's Building, Edinburgh Tower und Landmark, in dessen 6. Stock sich übrigens das *Lufthansa* Stadtbüro findet (Eingang Ice House Street 12, separater Aufzug). Wir sollten einfach hineingehen und uns auf die in mehreren Etagen angeordneten Shopping Malls tragen lassen. Es flimmert um weite Atriumhöfe in Gold und Marmor, Springbrunnen rauschen, elegante Coffee Shops laden zum Imbiß, unversehens führen uns verglaste Brücken über die Ice House Street und Chater Road ins *Mandarin Hotel*. Sehen und gesehen werden, lautet auch hier die Parole. Verschwenderisch dekorierende Juweliere machen uns trunken, elegante Men's Outfitters lassen auch die Männer innehalten, ob ihnen nicht ein seidenes Dinnerjacket gut zu Gesicht stünde. Prachtvolle Jagdwaffen locken – doch was jagt man in Hong Kong außer dem Dollar? Ganz zu schweigen von den Versuchungen, denen die Damen ausgesetzt sind ... In der Nähe haben sich einige englische Pubs niedergelassen: Das ›Galley‹ im Connaught Centre, der ›Jockey‹ im Swire House und ›The Bull and Bear‹ im Hutchinson House. Zur Happy Hour kann man hier gelegentlich heimwehkranke Schotten und Engländer sehen, wie sie mit einem Ale-Glas in der Hand tiefbewegt singen: »We are sailing the stormy waves, we are sailing to be free ...« –, dann ist alles in Hochstimmung, ein Stück Empire wiedergefunden.

Angesichts des säulenumstandenen palladianischen Gebäudes des **Supreme Court**, des obersten Gerichts der Kronkolonie, dehnen sich zwischen Chater Road, Connaught Road und Des Voeux Road Grünanlagen mit kühlenden Wasserteichen. Es ist gegen Mittag und Hunderte von Schülern in ihren ordentlichen blauweißen Schuluniformen belagern die Bänke. Fast nur chinesische Gesichter, eine neue Generation, die Ansprüche stellt, eine Zukunftsperspektive in dieser Stadt erblickt, und zum ersten Mal drängt sich die Frage auf, was wird 1997, wenn China diese Stadt übernimmt?

Das steil aufragende Hochhaus der Hong Kong Bank lassen wir rechts liegen – wir werden auf diese erzbritische Institution noch zurückkommen – und kommen gerade zum Lunch im *Hong Kong Hilton* zurecht, in dessen Coffee Shop man angenehm sitzt und nach all den Gerüchen und Farben des Fernen Ostens den sparsam klassizistischen Dekor und einen höflichen Service genießt.

Rückkehr nach Kow Loon

Später am Nachmittag sieht uns die **Star Ferry** wieder. Ich fürchte, unsere Hände sind mit Paketen beschäftigt und wir haben Schwierigkeiten, die siebzig Cents hervorzukramen, die ein sperriger Automat von uns erheischt. Man kann auch für fünfzig Cents fahren. Worin der Unterschied besteht – vom Bewußtsein, erster Klasse zu fahren, einmal abgesehen –, bleibt unerfindlich. Aber das ist eben das Englische, gewisse Dinge tut man einfach nicht.

Nun liegt **Kow Loon** im grellen Sonnenlicht, es wirkt flach, die Silhouette der Berge fehlt, die gewaltigen Geschäftsblocks am Hafen wirken undifferenzierter, klotziger. Seitlich am Fähranleger hat eine Prunkdschunke festgemacht, eine Fliegenfalle für Touristen, prächtig bemalt in Rot und Grün, vergoldet vom Bug bis zum verschnörkelten, gedrechselten Heck. Angesichts der untergehenden Sonne kann man hier zu einer Rundfahrt samt Abendessen aufbrechen.

Wir haben uns den Appetit, den die Meerbrise macht, für Besseres aufgehoben und gingen in Richtung Ocean Centre, stießen dabei auf ein italienisches Lokal mit dem Namen San Marco, nahmen einen Espresso und erinnerten uns dunkel, daß wir schon am Morgen irgendetwas mit Venedig im Sinn hatten. Doch erst als wir uns eine Weile am Swimming Pool auf dem Dach des Sheraton entspannt hatten, die Abendmaschinen mit leise singenden Triebwerken von Westen hereinkamen und die Lichter und phantastisch bunten Leuchtreklamen der Hong Kong Skyline aus der Dämmerung auftauchten, klärten sich diese Gedanken.

Vielleicht war an diesem machtvollen Drängen des Unterbewußtseins ein Erlebnis schuld, das wir zwei Wochen vor der Reise nach Hong Kong auf dem Markusplatz hatten. Verworren sind manchmal unsere Erinnerungen, mehr von Ahnungen als vom Wissen geführt, denn nichts verband in unserer Vorstellung ausgerechnet Venedig mit Hong Kong. Da flatterte denn vor der Markuskirche ein rotes Banner mit der Aufschrift ›Cina a Venezia‹, und eine Ausstellung im Dogenpalast brachte uns die Reisen von Marco Polo und die engen Beziehungen Venedigs mit dem Osten in Erinnerung. Was wir aber in Venedig noch nicht wußten, was uns erst im Laufe der Reise nach Hong Kong bewußt wurde, das ist die ungewöhnliche Parallele im Schicksal dieser beiden Meeresstädte. Beide waren Kunstgebilde des Handels, die ohne Kommerz kaum erwarten konnten, mehr zu werden als armselige Fischerdörfer, an denen es weder an der Adria noch auf den Inseln des Südchinesischen Meeres mangelte. Äußere Zwänge und Umstände brachten beide Siedlungen in eine einzigartige Lage: Eine Randlage zwischen zwei Kulturen mit ungewöhnlich verschiedenartigem Warenangebot. Venedig lieferte Glas, Salz, Wolltuche und empfing zur Weitervermarktung in Europa Gewürze, Seide, Juwelen (aber auch Sklaven). Hong Kong lieferte Metallwaren, Farben und Industriegüter (aber auch Opium aus Indien) und empfing zur Vermarktung in Europa Seide, edle Porzellane, Tee und Gewürze.

Ein feines Gespür für Geld und Güter entwickelte sich an beiden Handelsplätzen, war doch weder Venedig noch Hong Kong eine Bedrohung für den Handelspartner, eine Grundvoraussetzung für florierenden Handel. Beide Handelsstädte dem Meere zugewandt, auf ferne Horizonte ausgerichtet und beide seemännisch, navigatorisch und kaufmännisch ihrem östlichen Partner überlegen. Mit einiger Überspitzung könnte man sagen: War Venedig das Tor Europas für den Handel mit dem Nahen Osten, der seinerseits über die Seidenstraße und arabische Dhaus auch das Tor für den Fernen Osten war, so übernahm Hong Kong diese Rolle für den Fernen Osten mit dem Niedergang der Bedeutung des Mittelmeeres und der technisch größeren Reichweite frachtbeladener Handelsflotten.

Kunstgebilde, die sie beide waren, war ihr Schicksal in empfindlicher Weise abhängig von äußeren Faktoren. Als Handelskontore zwischen Ost und West lebten sie vom Impuls des zueinander drängenden Warenaustausches in einer Zeit, in der gegenseitige Fremdheit, Entfernung und Berührungsangst den breiten und direkten Austausch nicht erlaubten, den Tausch zu einer Domäne sprachenkundiger, warenkundiger und damit hochspezialisierter Kaufherren machte. Diese Zeit war für Venedig mit der Ausweitung des Handels auf den großen Weltmeeren vorbei. Bei den heutigen Kommunikations- und Transportmöglichkeiten wird sie zunehmend auch Hong Kong in Frage stellen.

Noch aber ist es ein Einkaufsparadies. Hier am **Star Ferry Pier von Kow Loon** lockt uns gleich im Star House das rotchinesische Kaufhaus ›Chinese Arts & Crafts‹. Ähnlich dem ›China Products‹ nahe Jardine's Bazaar auf Hong Kong Island bietet hier die Volksrepublik China ihre Erzeugnisse feil, günstig und zu festen Preisen. Vor allem Seidenstoffe, chinesisches Spielzeug, Jadeschnitzereien und Arbeiten in Lapislazuli, Kampferholztruhen, Porzellan und Lackarbeiten sind äußerst preiswert. Die Bedienung versteht kaum Englisch, aber eine Aufseherin wird es können, und stets können wir sicher sein, keine Fälschung zu erwerben. Mögen die fertigen Gewänder, Blusen und Kimonos in ihrer Buntheit nicht immer unseren Geschmack treffen, die Auswahl an Seidenstoffen in Meterware ist enorm und ihr Preis liegt im Rahmen billiger europäischer Kunstseide.

Jade im besonderen wird manchen Käufer faszinieren. Sein chinesischer Name Yue ist seit uralten Zeiten ein Synonym für Adel, Schönheit und Reinheit. Jade galt und gilt dem Chinesen mehr als Gold, an das sich vorderasiatische und europäische Vorstellungen von Reinheit, herrscherlicher Pracht und Treue banden. Jade hat die gesamte chinesische Geschichte in Form kostbarer Kunstwerke begleitet, und vieles davon hat sich erhalten, da Jade nicht wie Gold durch Umschmelzen irgendeinem Geschmack angepaßt werden konnte. Seltsam sind die Namen, die man im Reich der Mitte besonders begehrten Farbvarianten gab. Der schimmernd weißlich-opale Yang chih heißt in unserer so prosaischen Sprache ›dickes Hammelfett‹, der tief dunkelgrüne seltene Pi yü erinnert an Bergwälder und der noch seltenere Chi tan huang heißt einfach ›Eidottergelb‹.

Was als Jade in den Handel kommt, kann dreierlei sein: Jadeit, Nephrit oder Fälschung. *Jadeit*, chinesisch yü, ist ein feinkristallines Natrium-Aluminium-Silikat, dessen Zusammensetzung dem Feldspat nicht unähnlich ist. Eingebettete Metallsilikate geben ihm eine breite Skala von Weißgelb über Gelb und Smaragdgrün bis zum eigentlichen Jadegrün und zu einem sehr dunklen Grünschwarz. Der kristalline Charakter entscheidet, ob der Jadeit fast durchscheinend ist, milchig-trüb opalesziert oder völlig undurchsichtig. Jadeit dient meistens als Schmuckstein.

Nephrit, chinesisch fei ts'ui, ist ein Calcium-Magnesium-Silikat von feinster faseriger Struktur, der er seine gute Schnitzbarkeit verdankt. Farblich und im Aussehen dem Jadeit täuschend ähnlich, finden wir ihn in den zahlreichen kunstvollen und zierlichen Stein-Schnitzereien, die man vielleicht besser Schleif- und Bohrarbeiten nennen sollte. Fälschungen sind häufig aus Serpentin oder Bowenit gefertigt, die in China an vielen Orten vorkommen. Die häufigste und dreist-plumpe Fälschung ist aus schwerem Bleiglas, dem man raffiniert Farbe und Trübe zugemischt hat.

Auch der meist tiefblaue *Lapislazuli*, ein hochkomplexes Natrium-Schwefel-Aluminium-Silikat, wird häufig angeboten.

Die alten Maler kannten ihn feinst vermahlen als Ultramarin. Er kommt aus Afghanistan und Zentralasien und wurde von Marco Polo dort auf den Märkten entdeckt – wiewohl im alten Rom schon lange bekannt und noch heute in Venedig sehr geliebt. Lapislazuli wird noch häufiger gefälscht als Jade, doch erkennt man den echten Stein an den kleinen, aber deutlichen goldflimmernden Einsprengseln aus Pyrit. Man scheue sich nicht, eine Lupe zu verlangen. Die Fälschung zeigt wasserhelle quarzartige Einsprengsel und stammt – honi soi qui mal y pense – meist als gefärbter Hornstein aus Deutschland.

So ein chinesisches Kaufhaus gibt auch ohne Lupe reichlich Gelegenheit zur Beobachtung. Zielstrebige Frauen aus europäischen und amerikanischen Städten prüfen Stoffe mit sensibler Hand, kritischen Blickes wird Schmuck gemustert, während der oft etwas gequält wirkende Blick des Ehemanns die hundertste Vase begutachtet. Godown nennen die Chinesen solche Paradiese – eine jener vertrackten malayisch-englisch-chinesischen Verballhornungen, die niemand mehr deuten kann, aber was wäre das Paradies ohne die Gwai-lo's und Gwai-paw's, die man einst mit diesen Worten als ›weiße fremde Teufel‹ beschimpfte. Heute ist das kein Schimpfwort mehr, auch die kleinen Hausgötter haben listig grinsend mit den weißen Teufeln Frieden geschlossen, wissen sie doch, daß das rotchinesische Personal sie längst weggeräumt hätte, würden die Fremden sie nicht so malerisch finden.

Inselumrundung – Berge, Buchten und Strände

Der *Bus No. 6* startet am zentralen Omnibusbahnhof westlich der Star Ferry zur Inselumrundung. Die Rush Hour ist vorbei, Hong Kong Island hat seinen vormittäglichen Rhythmus gefunden, Schulkinder in blauen Uniformen, Hausfrauen quellen aus der Fähre von Kow Loon, die Rikscha-Alten haben es sich wieder bequem gemacht mit ihren handgedrehten Zigaretten. Der Bus kurvt an der Admiralty vorbei, Baumaschinen rattern, wo rattern sie nicht in Hong Kong? Quietschend biegt die Straßenbahn in die Hennessy Road, der Bus entgeht ihr mit knapper Not und kurvt die steilen Rampen zu den Bergen hoch. Verwegene Aussichten öffnen sich in bewaldete Schluchten, vorbei an Hochhäusern, die sich kühn in die Felsen krallen. Die hellen Betonfarben, dunkle tropische Grüns, begleitende Gelbs der Chrysanthemen und das mit der erreichten Höhe intensiver werdende Grünblau der Meeresstraße zwischen Hong Kong und Kow Loon offerieren blitzschnell wechselnde Bilder großer Schönheit. An der Stubbs Road liegt altrot und mit schimmernd grünem Dach das malerische Chinese Mansion und schaut etwas verachtungsvoll auf die betonquellende Unterstadt an der Causeway Bay. Unser Fahrer ist entweder ein gottesfürchtiger Mann oder einer, den die Hölle nicht schreckt. Wild zieht er den schwankenden Doppeldecker nach Londoner Machart um die Kurven, man kann die Zweige der Bäume vom Oberdeck aus greifen.

Wir passieren den kleinen Paß von **Wong Nai Chung Gap.** Der Blick schweift nun weit über das endlos schimmernde Südchinesische Meer, begrenzt jenseits des Horizonts von den Philippinen und den indonesischen Inseln. Die aufgewühlten jadegrünen und milchig-trüben Wasser des Victoria-Hafens weichen zarten, pastellen durchsichtigen Türkistönen, die uns an die Karibik erinnern. Das kontinentale, von den Gebirgen bestimmte Bild der New Territories wandelt sich zum amphibisch verschwimmenden Charakter südlicher Inseln, die Hong Kong Island vorgelagert sind. Langgestreckte Buchten kerben

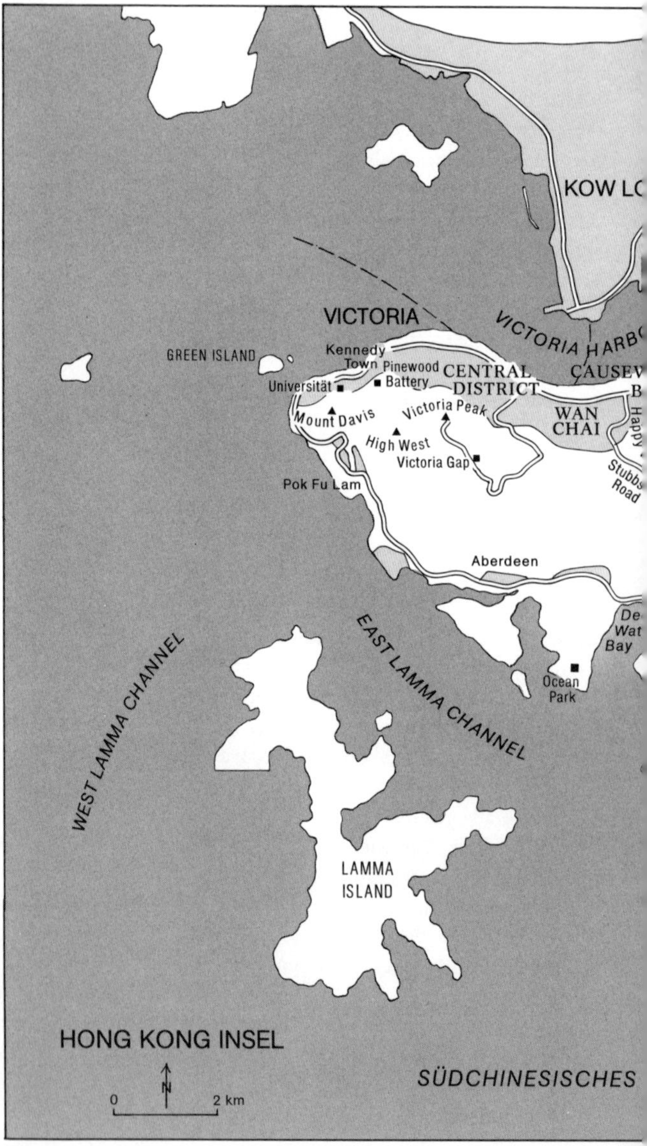
KOWLO
VICTORIA
VICTORIA HARBO
CAUSEW
GREEN ISLAND
Kennedy Town
Pinewood Battery
CENTRAL DISTRICT
Universität
Mount Davis
Victoria Peak
High West
Victoria Gap
WAN CHAI
Happy
Stubbs Road
Pok Fu Lam
Aberdeen
Dee Wat Bay
Ocean Park
EAST LAMMA CHANNEL
WEST LAMMA CHANNEL
LAMMA ISLAND
HONG KONG INSEL
N
0
2 km
SÜDCHINESISCHES

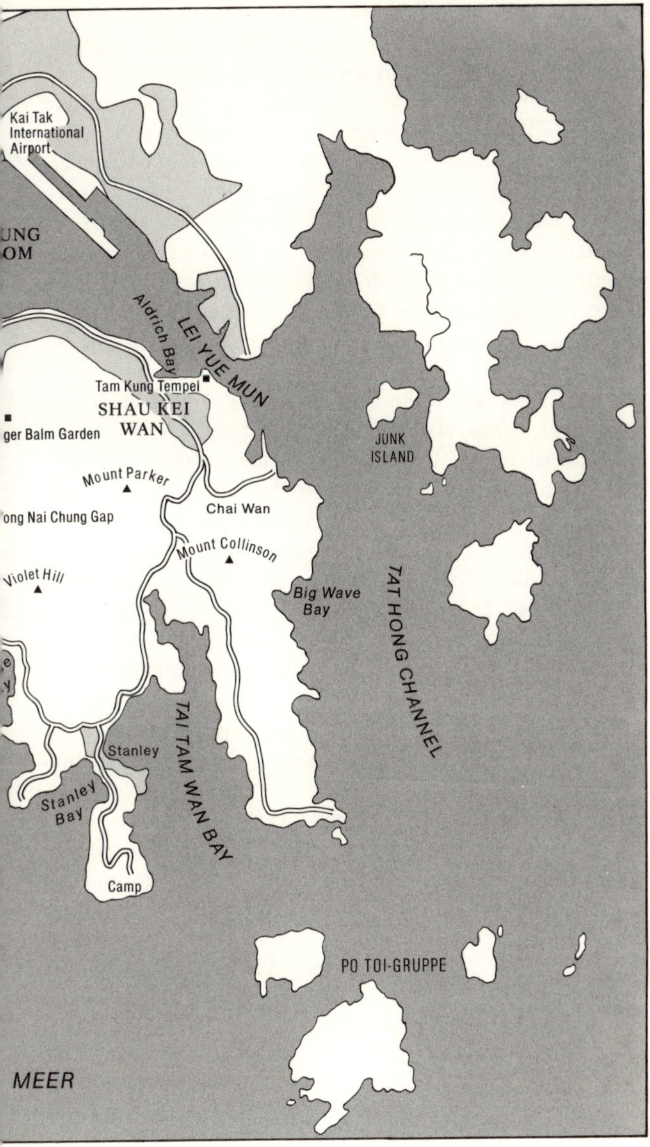
Kai Tak
International
Airport
UNG
OM
Aldrich Bay
LEI YUE MUN
Tam Kung Tempel
SHAU KEI
WAN
ger Balm Garden
JUNK
ISLAND
Mount Parker
Chai Wan
ong Nai Chung Gap
Mount Collinson
Violet Hill
Big Wave
Bay
TAT HONG CHANNEL
TAI TAM WAN BAY
Stanley
Stanley
Bay
Camp
PO TOI-GRUPPE
MEER

sich tief in die Flanken des **Violet Hill**, sie reißen die Straßen gewaltsam hinab zum Meer, wir stürzen ihm förmlich entgegen, ein Bus kommt im Linksverkehr entgegen, Augen zu.

Als wir sie wieder aufmachen, schimmert uns tiefblau und friedlich die **Repulse Bay** entgegen; die ganze Hochhauswelt der Banken und Geschäfte an der Nordküste, der Wohnquartiere und übereinander kurvenden Straßen, sie ist verschwunden. Wir sind unversehens in den Tropen, weit südlich des Wendekreises des Krebses. Die Macht der Sonne, von den Hängen reflektiert, wird plötzlich spürbar, das Meer flimmert im starken Licht und wunderschöne Privathäuser verbergen schamhaft ihre eleganten Formen im üppigen Grün.

Repulse Bay war die Bühne des letzten Aktes in dem Drama der japanischen Eroberung Hong Kongs 1941. Die Engländer hatten die japanische Entschlossenheit unterschätzt, in einem Krieg, der nach Pearl Harbour eigentlich den USA galt, auch britischen Besitz ungeachtet früherer freundlicher Beziehungen nicht zu schonen. Wie ein Sturmwind waren sie über die Philippinen hergefallen, hatten Birma und Singapore eingenommen, das holländische Indonesien kassiert. China lag ohnehin nach der Einnahme und dem Massaker von Shanghai in ihrer Hand, und die Royal Navy erlitt durch Kamikaze-Flieger unersetzbare Verluste. Das britische Schlachtschiff ›Repulse‹ und sein modernes Schwesterschiff, die ›Prince of Wales‹, wurden eilends unter Admiral Sir Tom Philipps nach Fernost in Marsch gesetzt, um ›east of Aden‹ den Japanern eine gewisse Präsenz entgegenzusetzen. Die amerikanische Flotte in Pearl Harbour sollte am 7. Dezember versinken, nachdem am 6. Dezember 1941 bereits die beiden britischen Schlachtschiffe im Inferno der Bomben- und Torpedoangriffe östlich von Birma untergegangen waren. In einer Stunde und dreiunddreißig Minuten war alles vorbei, ›east of Suez and Aden‹. Ende 1941, das war die Stunde der Weltgeschichte, in der sowohl England als auch Amerika unter den Schlägen in Europa und Fernost einen Moment Zweifel hatten, ob sie dieser Herausforderung gewachsen seien. Eine andere ›Repulse‹ hatte vor achtzig Jahren als besegelte Fregatte erfolgreich die chinesischen Piraten in ihren Kriegsdschunken aus der nach ihr benannten Repulse Bay vertrieben, da schien die Welt noch in Ordnung.

An Weihnachten 1941 zogen sich die Engländer hierher zurück, die Japaner griffen vom Festland aus an und überschritten den Paß, den wir eben gefahren sind. Die Chancen waren gleich Null, und am 25. Dezember 1941 kapitulierten die englischen Truppen und wanderten mit der Zivilbevölkerung in Gefangenschaft, perfiderweise ausgerechnet nach Stanley Camp, dem erst 1937 erbauten sicheren Gefängnis auf der nahen Halbinsel von Stanley. Die Ironie des Schicksals wollte es, daß die Briten anstelle ihrer ersten Jahrhundertfeier auf Hong Kong (1941) nun die japanische Siegesfeier und Plünderung erlebten.

Die Engländer zu Hause verdrängten lange die Niederlage in Fernost. Erst am 13. Januar 1943 traf sich der Privy Council im Buckingham Palace, ›present THE KINGS MOST EXCELLENT MAJESTY IN COUNCIL‹, und beschloß unter vielem anderen »and whereas circumstances have arisen in the Colony which make it expedient that for the time being the Head Office of the Hong Kong Bank should be transferred to the United Kingdom«. Kein Wort von Krieg und Niederlage, Japaner – das Wort kennen wir nicht, es sind nur einfach ›Umstände‹ eingetreten.

Heute erhebt sich das *Repulse Bay Hotel* an blauen Wassern, wir nehmen in entspannter Atmosphäre unseren Lunch, die tristen Zeiten sind vergessen, aber immer noch ist spürbar, wie selten man Japaner in Hong Kong sieht, mag sich auch sonst ganz Asien dort ein Stelldichein geben.

Die nahe Halbinsel Stanley streckt sich weit in die See vor, nur ein schmaler Isthmus verbindet sie mit dem Festland, das selbst Insel ist. Der alte Fischerort **Stanley** liegt malerisch an einer von langnadeligen australischen Kasuarinen bestandenen feinen Sandbucht. In den engen Gassen hat sich ein einheimischer Textilmarkt breitgemacht, den zu durchstreifen sich durchaus lohnt. In dem engen Gewimmel der Budenstraßen schieben sich feiertäglich gestimmte Chinesenmütter mit ihren Kindern, bunte Zuckerwaren wandern in winzige, kräftig danach greifende Fäuste, das mittägliche Dim Sum an offenen Kochstellen riecht appetitlich und der kleine Schwatz ist dem

Chinesen noch unentbehrlicher als dem Europäer. Dschunken schaukeln draußen in der Dünung, Fischerfrauen bringen die Beute der Nacht in kleinen, zerbrechlichen Beibooten an Land, breite Tankahüte aus Stroh schützen sie vor der Sonne, sie haben eine nach unten gerichtete Krempe, mit der sie blitzschnell ihr Gesicht verbergen, wenn sie eine Kamera auch nur ahnen.

Am Westende der Bucht hat sich eine kleine Fischersiedlung am Ufer erhalten, arm und aus Holz errichtet, das zum Dschunkenbau nicht mehr taugen mochte. Sie wollen für sich sein hinter Uferschilf und undurchdringlichem Gerümpel, dessen Nutzung sich bei näherem Hinsehen als modernster Trend entpuppt: Hier werden Blech, Holz, Textilien, Kunststoffe, alles was der Müllwagen in Hong Kong sammelt, wiederaufbereitet. Fabelhaftes Geschick, aus dem Nichts, dem Dreck der anderen noch etwas Brauchbares herauszusortieren, eine Existenzbasis zu finden. Winzige Gärten, in denen die Alten Gemüse pflanzen, fröhliche Kinder dazwischen, Frauen, die die Familienwäsche in einem ausgebeulten Kotflügel waschen, ein schwarzgeräucherter kleiner Dao-Tempel. Es duftet nicht fein, aber es ist ein wirkliches Stück Asien, und nichts deutet auf eine zwischen den Hütten gärende Revolution.

Wir fahren zurück über Repulse Bay nach der **Deep Water Bay**, wo der Hong Kong Country Club sein gepflegtes Domizil hat. Die Kontraste auf Hong Kong härten uns allmählich ab. Im Bus sitzen einige sommersprossige junge Damen, die aus Schottland oder Wales sein mögen und ganz fabelhafte Funde in den Bazaren von Stanley gemacht haben: seidene Kimonos und wildbunte Schals, die mit Ausrufen des Entzückens probiert werden. Auch meine Tochter zieht lächelnd ein mir zugedachtes Tropenhemd aus locker gewebter Baumwolle aus ihrer Tasche, mir nahelegend, in diesem schwülheißen Klima keine der wenig angenehmen, enganliegenden europäischen Hemden zu tragen.

Steil kurvt der Bus nun hinunter nach Aberdeen. Aus dem Sattel zwischen Shouson und Brick Hill schwingt sich die Kabinenbahn hinüber nach dem **Ocean Park,** wo in einem maritimen Amphitheater Delphine, Robben und Mörderwale in einer der üblichen Shows vorgeführt werden. Uns aber drängt es zum Dschunkenhafen von Aberdeen.

Aberdeen: Dschunken, Puppentheater und Musik

Ein zwischen die Berge eingezwängter Meeresarm – auch er noch in der Mitte des letzten Jahrhunderts ein beliebter Piratenunterschlupf –, Orgien von Hochhäusern, Schnellstraßen, Touristenbussen, das ist **Aberdeen**. Wo aber ist die Romantik geblieben, die Erinnerung an die Welt der Dschunkenhäfen der sechziger Jahre? Wir finden sie, sobald wir den Bus verlassen und das Gewirr baufälliger Baracken und Geräteschuppen durchquert haben. Bunte Schilder und beredte Chinesinnen versuchen das Publikum ›anzumachen‹. Nach einigem Suchen und Abwehren finden wir eine Alte, die uns zu einem kleinen Sampan mit Sonnenverdeck führt. Am Steuer sitzt eine noch Ältere und mustert uns mit schmalen Augen, die hinter tausend Runzeln fast verschwinden. Geschichten fallen mir ein von spurlos in diesem Dschunkengewirr Verschwundenen. Wild gestikulierend schimpft sich unsere Sampanalte den Weg frei. Die Boote schieben und drängen um die wenigen Anlegeplätze, Ausrufer singen schrill ihre Anpreisungen, bläulicher Dieselqualm liegt über dem Wasser, dann schießt das rundliche, aber erstaunlich gut dirigierbare Boot in eine Lücke und wir sind frei. Sobald man dicht über dem Wasser sitzt, verschwinden die Hochhäuser hinter Wänden von hochbordigen Dschunken aller Alter und Bauarten. Es mögen tausend oder zweitausend sein, die hier liegen und ein schmales Fahrwasser frei lassen, tiefbraun vom malayischen Teakholz, grau verwittert, überwuchert von Aufbauten jeden Zweckes, großen Gestellen, an denen die ausgenommenen Fische trocknen und einen umwerfenden Geruch verbreiten. Qualmende und glimmende Räucherkerzen vor winzigen roten Hausaltären, bellende Hunde, waschende Frauen, flatternde Wäsche, Kinder mit einer kurzen Kittelschürze zeigen ihren rundlichen nackten Po, das macht manches praktischer. Gleich daneben tafelt eine Familie, die Alten in Grau und Schwarz und die Jungen in Jeans, es geht laut zu und der Abwasch geht gleich über Bord, Ebbe und Flut ersetzen hier die teuere Kanalisation.

Ungerührt steuert unsere Alte ihren Kurs, sie versteht kein Wort Englisch, der Heuerbaas hat ihr ein paar von unseren Scheinen gegeben, ansonsten murmelt sie vor sich hin, vielleicht verwünscht sie uns, wer weiß es. Das Fahrwasser wird etwas freier, und das feuerrot bemalte Dschunkenrestaurant taucht vor uns auf, es ist wohl immer noch dasselbe wie in dem schon erwähnten Suzie-Wong-Film, der hier spielte. Aber die Suzie Wongs sind auch älter geworden, sie werden jetzt vertreten durch grellbunte Amerikanerinnen auch nicht mehr ganz jugendlichen Jahrgangs.

Die Alte hofft uns hier loszuwerden, sie deutet zu dem mehrstöckigen schwimmenden ›Freßtempel‹ mit seinen Lampions, vergoldeten falschen Drachen samt sonstiger wilder mythologischer Verwandtschaft. Wer hier essen will, sollte sich nicht auf den Schutz der Drachen verlassen, sondern ein Mittel gegen recht unangenehme Darmerkrankungen nehmen.

Wir winken der Alten ab, und murrend nun ihren faltigen, zahnlosen Mund heftiger bewegend, steuert sie zurück und biegt in einen der kleineren Fahrwege ein. Wir schieben uns zwischen den Dschunken hindurch, kommen an eine kleine Werft, auf deren schrägen Helligen noch heute Dschunken gebaut werden. Es riecht nach tropischen Hölzern, Farbe und Terpentin. Fleißig wie die Heinzelmännchen hämmern, zimmern, sägen und hobeln die ungewöhnlich kleinen Arbeiter an den hellbraunen Rümpfen, schneiden die Spanten, beplanken sie mit gehobelten Teakbrettern. Manche der alten Dschunken lassen noch Malereien an Bug und Heck erkennen: Grausliche Drachenfratzen, den Vogel Phönix, der sich aus dem Meer erhebt, große Augenmotive.

Die *Tanka People* in Aberdeen, Yau Ma Ti und Shau Kai Wan bewohnen seit Generationen ihre Boote, manche sind ganz einfach Fischer, sehr viel zahlreicher sind aber die vielen Flüchtlinge, die in den letzten neunzig Jahren permanenter Umbrüche in China diese ungewollte Lebensform gewählt haben. Die echten Tanka wohnen seit alters her auf Booten und waren schon in kaiserlicher Zeit durch Verbote gehindert, aufs Festland zu gehen. Dies gilt auch heute noch, doch eher mit Blick auf die Flüchtlinge, wobei drei Ausnahmen gelten: Schulbesuch, Niederkunft und Krankheit. Einer der drei Lebensumstände ist ständig gefragt.

Manchmal kann man auf den Dschunken und Sampans noch Vorstellungen kantonesischer *Puppenspiele* sehen. Häufig sind es Stockpuppen an zwei Bambusstöcken mit lebensgroßen, aus Kampferholz geschnitzten, beeindruckenden Köpfen. Fremd muten uns diese Gesichter an, sie spiegeln kaum den Durchschnitts-Chinesen in den Straßen Hong Kongs. Tatarische, mongolische Züge tauchen auf, Gestalten aus der uralten Vielgesichtigkeit Chinas. Untermalt von chinesischer Musik, seltsam mißtönig, bis man sich an ihre Modulation gewöhnt hat. Helle Gongs, dumpfe Trommeln und Bambus-Xylophone geben den skandierenden Rhythmus, eine Art von basso continuo. Darüber lagern sich helle Schellen und Oboen (So na), die etwas monotone zweisaitige chinesische Röhrengeige (Hu kin), ein dudelsackartiges quäkendes Blasinstrument, auch Mundorgel (Scheng) genannt, und die Wölbbrettzither (K'in), oft von blinden Musikanten gespielt.

Am Abend und wenn der Andrang groß genug ist, finden inmitten bunter Lampions an Deck einer größeren Dschunke improvisierte *Opernvorstellungen* statt, die freilich nach uralten Riten und mit nur wenigen handelnden Personen über die Bühne gehen. Die als Bühne dienende Dschunke liegt inmitten von kleinen Sampans, auf denen die Touristen tafeln, bedient von zubringenden Küchenbooten. Es ist ein malerisches Vergnügen, nichts für Hygienefanatiker.

Neben Opern mit nur zwei, drei Mitwirkenden mit hochtoupierten, tiefschwarzen Frisuren und in buntbestickten Seidengewändern findet man Puppenspieler, die ihre Fukienfiguren kunstvoll zur Musik agieren lassen. Volkstümliche Stücke werden geboten wie die burleske Moritat der ›Brüder vom Liang Shan Moor‹, die mit allerlei Listen ihren gefangenen Bruder aus der Hand grausamer und zugleich einfältiger Potentaten befreien, indem sie sich als Akrobaten ausgeben und so in die Stadt eindringen. Früher oft in der tragbaren Ein-Mann-Kastenbühne wie in einem Bauchladen gespielt, dient heute einfach ein rotes Tuch über der Reeling als Bühne, und die Puppenspieler sind im Dunkel über dem beleuchteten Ausschnitt kaum zu erkennen.

Die Nacht läßt auch die häßlichen Betonburgen Aberdeens oder Kow Loons verschwinden. Farben und Formen des alten kaiserlichen China erwachen aus dem Dunkel, listig-lächelnde Mandarine schreiten gelbgewandet einher, törichte fette Reiche zeigen ihre Habgier, grimmige Generale und War Lords zücken das Schwert, trippelnde junge Damen mit eingeschnürten Füßen, Sänften mit fächerwedelnden feinen Kurtisanen, schillernde Rosas, Gelbs und Himmelblaus mit phantastischen goldschimmernden Stickereien lassen die Armut des Tages vergessen. Aufregende gelbe Löwen und rote fauchende Drachen erschrekken die Kleinsten der Zuschauer, die sich atemlos an ihre Mütter drücken. Der ganze Reichtum Asiens an Gesichtsformen spiegelt sich in den Puppen wieder: Schlitzäugige Südchinesen, mandelförmige indonesische und indische Augen, härtere nordchinesische Züge, mongolische, tatarische und japanische Züge, man hat seine Not, alles richtig zuzuordnen.

Wenn wir nicht das Glück haben, dies in Aberdeen oder in Lai Chi Kok nahe dem Sung Dynasty Village nordwestlich von Kow Loon (Bus No. 6A vom Bus Terminal auf der Star Ferry Kow Loon Seite) zu sehen, so sollten wir die Ankündigungen in der City Hall auf Hong Kong Island beachten. Die dortige Bühne ist fast jeden Abend Schauplatz beeindruckender Peking Opern, Kantonesischer Puppenspiele, asiatischer Musikfestivals aus dem ganzen indisch-malayisch-chinesischen Raum. Nicht immer wird unser Harmoniebedürfnis befriedigt, aber stets eine aufregende bunte und fremdartige Welt uns erschlossen.

Wanderung um den Peak

Der Che Kai Shan oder **Victoria Peak** erhebt sich 554 Meter über dem Meer, weite Blicke auf den gesamten Inselarchipel erlaubend. Zusammen mit dem Sei Ko Shan, dem High West Gipfel, bildet er einen Bergsattel, der im Osten in das Victoria Gap abfällt, einen kleinen Paß, zu dem der Peak Tramway und eine aussichtsreiche Panoramastraße hinaufführen.

Es ist nicht die absolute Höhe, die den berühmten Victoria Peak so beeindruckend wirken läßt, sondern sein abruptes, jähes Ansteigen aus der Tiefe, in der die Stadt Victoria liegt, eingezwängt – von hier oben deutlicher empfunden – zwischen dem Hafenbecken und dem tiefen Grün der ungemein steil abfallenden Bergflanken. Bereits vom Schiff oder dem landenden Flugzeug aus entsteht der Eindruck eines mächtigen Bergstockes, der drohend vor der Küste des Festlandes liegt.

Die Bergbahn wurde 1888 als schienengeführte und drahtseilgezogene Bahn mit maximal 27 Prozent Steigung erbaut. Die *Talstation* liegt etwas oberhalb des Hong Kong Hilton, an der Garden Road, im Souterrain eines glitzernden Büropalastes, vor dem uns ein Springbrunnen Kühle spendet. Wer von Kow Loon kommt, findet an der Star Ferry einen Pendelbus, der ihm den Anstieg zur Talstation erspart. Mühen zu ersparen war auch einst der Beweggrund für den Bau der Bahn: Die Villenbesitzer hoch oben auf den windgekühlten Hängen des Peaks mußten zu Fuß nach Victoria in ihre Büros und Kontore, die Damen ließen sich auf schmalen, steilen Pfaden von schwitzenden Trägern in Sänften hochtragen, in der feuchten Schwüle des Sommers vor allem für die Träger aber auch ihre ›Lasten‹ kaum ein Vergnügen. Da entschloß man sich rasch zu einem Bahnbau, als die Entwicklung elektrischer Antriebssysteme gegen 1885 dies erlaubte. Im übrigen gleicht sie haargenau der Heidelberger Bergbahn. Sie kriecht knirschend die Schräge hinauf – die gefetteten Seile schmatzen in ihren Lenkrollen –, wir unterqueren Straßen, tauchen in Häuserschluchten ein, und plötzlich wird der Blick frei auf den Victoria Harbour, die Hochhäuser fallen zu Spielzeuggröße zurück, der Wind geht durch die offenen Fenster, – Endstation.

Von der Terrasse des Turmhauses der *Gipfelstation* haben wir einen wahrhaft atemberaubenden Blick. Tief unter uns die hellen Quader, Pfeiler und Kuben der Stadt, unmittelbar aus dem Fuß des etwa vierzig Grad steilen Hanges erwachsend, einer fast schwarzgrün bewaldeten, menschenleeren Natur. Das Synthetische dieser Stadt wird uns bewußt, aber auch ihre aufregende moderne Schönheit, die von solchen Kontrasten profitiert. Dahinter der jadegrüne Hafen, der von hier oben gesehen das Menschenwerk der Schiffe und Piers abschüttelt und zum Meeresarm wird, zur Linken in den breiten Lamma Channel übergehend, zur Rechten sich verengend zur Lei Yue Mun-Passage. Kow Loon wirkt sehr blaß im Morgenlicht, die großen Stadtflächen verlieren das Element der Bewegtheit, fallen zurück zu mineralischer Substanz vor den dunklen Silhouetten der Neun Drachen, die nach der Sage Kow Loon schützen und unter denen der Tai Mo Shan als größter Berggipfel auffällt. Schon sehr fern liegen graublau die Gebirge der chinesischen Provinz Guangdong.

Wir wollen den Peak auf einer Wanderung umrunden. An der Bergstation beginnt die *Luggard Road*, die eigentlich nur ein befestigter Wanderweg ist. Sie umrundet den Peak, dessen Gipfel verbaut und wenig interessant ist, entgegen dem Uhrzeigersinn und mündet am kleinen Paß zum High-West-Gipfel in die Harlech Road, die zur Bergstation zurückführt. Je nach Lust können wir die Berglandschaft in einer oder in zwei Stunden durchwandern, die Aussichten werden oft genug unseren Schritt bremsen.

Hübsch ist vorher noch ein kleiner Abstecher auf der schmalen Findlay Road, unmittelbar oberhalb der Bahntrasse am Parkplatz beginnend. Nach wenigen Metern stoßen wir auf einen kleinen oktogonalen Ziertempel mit orangefarbenem Ziegeldach, von dessen Balustrade man hinuntersehen kann, dessen Reiz aber im Kontrast alter chinesischer Formen zu Natur und Moderne besteht. Die Luggard Road führt uns nun sofort in den Wald hinein. Wir werden überrascht sein, wie intensiv die Vegetation den Peak überzieht, der von der Stadt aus eher kahl wirkt, wie vielgestaltig die Flora und die Vegetationstypen sind. Es ist ein tropischer Wald, gemildert durch die Höhenlage. Lianen schwingen sich von Baum zu Baum, Palmen verlieren sich im Gestrüpp der Bromelien, Bananenstauden drängen sich an sonnigen Stellen. Große reife Bananenbüschel hängen unter den rissigen breitlappigen Blättern, die das durchscheinende Licht zu hellgrün leuchtenden Vorhängen filtern. Aus den modrigen Felsklüften zur Rechten drängen üppige Farne und Moose aus dem Feuchtwarmen empor. Wir können uns kaum vorstellen, daß man hier auf dem Peak noch 1873 Tiger gejagt hat. 1915 hat man einen Tiger bei Fanling geschossen, den wir in der City Hall bewundern können. 1942 erlegten Wachsoldaten am Internierungscamp von Stanley einen 109 kg schweren Tiger, der wohl gedacht hatte, die schludrigen Zeiten seien für ihn günstig, und selbst in den siebziger Jahren wurde von vereinzelten Tigern in den New Territories berichtet.

Eine Villa im Georgian Style schmiegt sich friedlich an den bergseitigen Hang. ›To sell‹ verkündet ein Schild, aber es ist nicht die Angst vor dem Tiger, sondern der Umstand, daß das prachtvolle Anwesen nur mühsam mit kleinen Jeeps zu erreichen ist. Auch wir konnten uns nicht entschließen.

Ständig öffnen sich Aussichten aus den Lichtungen des Tropenwaldes, fern erscheint über dem Kai Tak-Flughafen der Teufels Peak über der Lei Yue Mun-Meerenge. Er bewacht die nur vierhundert Meter breite Passage mit ihren starken Gezeitenströmungen, gefürchtet von den Ostasienfahrern, wenn sie ihre Segel nicht rechtzeitig bergen konnten. Im morgendlichen Gegenlicht flimmert das Wasser silbriggrün, verschwimmend sind die Umrisse. Im Westen dagegen, zur Linken also, beginnt die große Flottenparade der auf Reede liegenden bunten Frachtschiffe, langgestreckten Tanker und weißen Kreuzfahrer auf ultramarinblauem Meer, eine unbeschreibliche Armada hunderter Schiffe, sorgfältig (und zollfrei) ausgerichtet an ihren Ankerbojen, als ob die alte Queen Victoria heute noch die Parade abnehmen wollte. Das Flaggschiff ist ein amerikanischer Kreuzfahrer, bis hoch in die Toppen bewimpelt, der wohl aus Hawaii herübergekommen ist, um nachzusehen, ob Ihre Majestät das auch zu schätzen weiß. Doch es ist nicht mehr die namengebende Victoria, deren Empire nur noch im Glanz der Erinnerung existiert, es ist Königin Elisabeth II., die übermorgen erwartet wird, um mit Anstand eine schwere Pflicht wahrzunehmen.

Haben wir uns am Gewusel und Gewimmel der tausend flinken Frachtdschunken und Prähme sattgesehen, die Waren, Fässer und vor allem Container von einem Schiff zum anderen oder ans Ufer bringen, so erblicken wir im Weitergehen den Westteil von Victoria, das rotsilberne Doppelhochhaus der Macau-Fähre, Teile der Hong Kong-Universität. Der kleine Man-Mo-Tempel an der Ladder und Cat Street ist tief eingesunken in moderne Bausubstanz, er scheint einfach nicht mehr vorhanden.

Gegen Westen flacht der Peak Gipfel ab. Unser auf einer Rampe über Felsschroffen geführter Weg, der fast über dem Abhang hängt, fügt sich wieder dem gewachsenen Terrain ein. Am tieferen Hang sehen wir die Pinewood Battery, deren Geschütze 1941 die Japaner auch nicht am Queren des Hafenbekkens hindern konnten, heute ein einsamer Picknickplatz an der absteigenden Hatton Road. Wir halten die Höhe, Lantau kommt, breit ins Meer gelagert, in Sicht. Sternförmig treffen sich hier Hatton, Luggard und Harlech Weg. Rechts steigt nun, mit dunkelgrüner tropischer Macchia bewachsen, der *High West Gipfel* an, steil, unnahbar, die Stadt ist aus dem Blick verschwunden, Hong Kong Island vor 1841.

An den Südhängen ändern sich Klima und Vegetation auffallend. Der feuchtwarme Tropenwald der Nordseite, eigentlich schon ein tropischer Regenwald, wird lichter, die Feuchtigkeit geht zurück, die gleißenden Weiten des Südchinesischen Meeres reflektieren das grelle Sonnenlicht und lassen eine äquatornahe Baumflora erscheinen. Die gelbe Poinciana (Peltophorum pterocarpum) mit gefiederten Blättern und gelben Blüten, an denen braune Samenkapseln hängen, der Lebbeck Baum mit seinen großen pusteblumenartigen Sternen, alle Arten von Sumach oder Essigbäumen, rotfruchtend und wachsig, rahmen das Bild des flimmernden Meeres, in dem jenseits des Lamma Channels südwestlich die Lamma-Insel und im Süden, jenseits des Lema

Channels, die Li Ma Ch'in Tao-Eilande oder Lema-Inseln im glasigen Dunst schwimmen.

Tief schwingt sich der immergrüne Wald zur südlichen See hinab, fast unberührt erscheint die Landschaft, die vergessen macht, daß ganze fünf Kilometer im Norden eine der hektischsten Städte der Welt lebt und wirkt.

Wenn wir diesen Eindruck länger genießen wollen, bietet sich an, den Spaziergang auszuweiten und am erwähnten Sternpunkt der Wege dem Wanderpfad um den High West zu folgen, der südlicher am Pok Fu Lam-Reservoir vorbei und über den gleichnamigen Weg zum Victoria-Paß zurückführt (Karte: Country Side Series Sheet No. 1, Buchladen an der Star Ferry, Victoria Seite).

In den Macchien beider Wege findet sich der Wilde Kumquat (Fortunella hindsii), eine im Herbst orangefarben reifende, aber stachelige Citrusart, deren süßsaure Früchte man essen kann, ferner den Berg-Sesam (Helicteres angustifolia) mit seinen lanzettförmigen, alternierenden Blättern und lila Blüten, auch verschiedene ›haarige‹ Bergfeigen, die weiße Phantom-Orchidee, die herbstliche Hong Kong-Heide und die wilde dünnstämmige Dattelpalme mit kleinen, aber eßbaren Früchten. Reich ist die Insel an Clematisarten, Wildreben und duftenden Kletterrosen, nur dürfen wir uns dies alles nicht als einen Farbenrausch vorstellen – vorherrschend ist das ledrige Grün der Tropen, im Hintergrund das türkisfarbene Meer –, und die floralen Schönheiten blühen im stillen.

Kurz vor dem Victoria Gap stürzt ein Wasserfall vom Berg herab, der uns erinnert, daß Hong Kong früher große Probleme mit der Trinkwasserversorgung hatte. Man begann, Reservoire zu bauen, die Regen und aus dem Berg dringendes Wasser auffingen, später erweitert durch große Reservoire in den New Territories und auf Lantau, die durch unterirdische und die Meerarme querende Rohre mit der Stadt verbunden sind. Hong Kong ist darum ein kunstvoll von Menschenhand geschaffenes Gebilde, geprägt durch bedeutende Ingenieurleistungen, aber getragen von einer sehr englischen Landschaftsauffassung, die das Technische nicht protzig in den Vordergrund stellt. Keineswegs ist in den 140 Jahren seiner Besiedlung die Natur verschwunden, keineswegs sind Flora und Fauna ausgerottet – das mit den Tigern hat sicher zwei Seiten – und zusätzlich zum erhaltenen Ursprünglichen ist eine wunderschöne Stadt entstanden, die nachts zur feenhaften Bezauberung wird.

Zurück am *Victoria Gap* haben wir die Wahl zweier Restaurants: das Turmrestaurant der Bergbahnstation mit seinen schönen Aussichten und ein chinesisches Gartenrestaurant. Im ersteren sitzt man klimatisiert, hört die Gäste Vergleiche ziehen zwischen einem Banana Split aus Ohio und einem aus Hong Kong, und im anderen sitzt man unter Bäumen im Freien, meist unter Chinesen. Am Tisch nebenan sitzt ein chinesischer Vater mit seinen beiden Sprößlingen. Der Junge mit seinen zwölf Jahren, gutgenährt und selbstbewußt, schikaniert und tyrannisiert seine vierzehnjährige Schwester. Der Vater sieht es mit Stolz und ohne Tadel. Er weiß offenbar, daß in Hong Kong nur der zu etwas kommt, der seine Ellenbogen zu benutzen versteht, und die werden in der Familie geschärft. Ganz Hong Kong ist voller solcher Jungs und das Selbstbewußtsein der Frauen ist immer noch von anderer Art.

Auch der *Rückweg zur Stadt* bietet zwei Möglichkeiten. Entweder benutzen wir erneut den Peak Tramway und schließen an der Talstation einen Spaziergang durch den Botanischen Garten an, der uns bei Cat und Ladder Street zum Man Mo-Tempel führt und der aus Gründen der Systematik im Kapitel über Cat und Ladder Street beschrieben ist, – oder wir wählen den Bus 15, der vom Victoria Gap nach Wan Chai und zum Bus Terminal an der Star Ferry herabführt. Eine aufregende Fahrt, zumal vom Oberdeck des Doppeldeckers. Die Straßen winden sich in Haarnadelkurven über Peak, Magazine und Stubbs Road hinab, verwegene Ausblicke aus den Kurven in die blauumsäumten Häuserschluchten. Der hemdsärmelige Busfahrer hat sicher einen Pilotenschein für Sportflugzeuge, aber wir haben keinen Fallschirm.

Von der Talstation oder vom Hong Kong Hilton führt ein angenehmer kleiner Spaziergang zu **Flagstaff House**, dem ersten Sitz der Gouverneurs in Hong Kong und damit dem ältesten erhaltenen kolonialen Gebäude, heute das Museum of Tea Ware beherbergend. Flagstaff House liegt inmitten eines kleinen palmengeschmückten Gartens, die säulenbestandene weiße Loggia über beiden Stockwerken bringt einen letzten Rest kolonialzeitlichen Ambientes in die Nähe der sich aufsteilenden Bürostadt am Queensway. Noch weht der Union Jack vom Dach, den Eindruck nährend, unter dem kleinen quadratischen Portikus würde seine Exzellenz pferdebespannt vorfahren, den golden gerandeten Dreispitz leicht zum Gruß lüftend. Vor der Tür – denn ein Portal ist es gar nicht – die beiden chinesischen Hausdiener in Weiß und mit langem Zopf, der am Hinterhaupt baumelt. Tempi passati. Mag seine Exzellenz Sir Edward Youde auch heute in einer prächtigeren Residenz wohnen, der Charme des Empire ist vorbei, vielleicht war der größere Teil dieses Charmes auch gar nicht die reale Macht, sondern eher Vorstellung und Wille eines untergegangenen Zeitalters, geprägt ebenso von den Ideen der Aufklärung wie korrumpiert vom Glanz des Geldes. Die zerbrechliche Schönheit von Flagstaff House, dessen Typus man von Hong Kong bis Australien, von Indien bis Afrika, von Nordamerika bis Barbados findet, eine lange in die Zeit zurückreichende Spur bis hin zu Palladio und Vitruvius ziehend, läßt uns Heutige ahnen, was aus all dem hätte werden können, wenn nicht …

In dem gegen 1850 erbauten Flagstaff House, heute Teil der Victoria Barracks mit dem Eingang am Cotton Tree Drive, hat der chinesische Sammler seltener und mit dem *Kult des Teetrinkens* verbundener Keramik, Dr. K. S. Lo, seine Sammlungen dem Staat vermacht. Vor allem die Yi Xing-Teekannen sind außergewöhnlich schöne Stücke für den Liebhaber des Zeremoniells, das zu allen Zeiten das Teetrinken wie einen Ritus umgab und wie wenige Dinge England und China verbindet. Der Theologe Helmut Thielicke hat diesen Kult und seinen Hintergrund bei einer Begegnung mit einem großen Meister des Zen-Buddhismus geschildert: »… gibt Hoseki seiner Frau mit einem Glöckchen das Zeichen, daß die Teezeremonie beginnen kann. Sie vollzieht sich zunächst unter Schweigen. Immer wenn Frau Hoseki die Tasse einem der Gäste reicht, verneigen sich beide bis zum Boden. Das ist hier keine Besprechung, die vom Minutenzeiger der Uhr diktiert würde und in der man möglichst schnell in medias res zu steigen versucht: Hier wird mit Umsicht die Haltung präpariert, aus der ein gutes Gespräch stattfinden kann, hier wird erst Kommunikation gestiftet, um die zu besprechende Sache in Bereitschaft zu empfangen. Denn die Teezeremonie soll ein Exercitium sein, daß die ›Manieren der Seele‹ ausbildet.« Von den guten Manieren ist auch das englische Tee-Ritual bestimmt, wenn auch vielleicht mehr äußerlichen, gilt es doch als unfein, sogleich mitten ins Thema zu platzen, statt unverbindlich und spielerisch über das Wetter zu sprechen, das zwar niemand interessiert, aber Gelegenheit gibt, sich ein wenig einzustimmen, den Gesprächspartner nach seinen Gesten und Zügen einzuordnen.

Das Museum oder die Hong Kong Tourist Association vermittelt zwar nicht diese Manieren – leider –, jedoch demjenigen Kontakte, der am Erwerb modernen, aber in alten Mustern gebrannten Porzellans interessiert ist, eine in China immer noch höchst bemerkenswerte und vollendete Kunst (35. Stockwerk, HKTA, Connaught Centre, unweit der Star Ferry).

Vom Botanischen Garten zu Ladder und Cat Street

Sonntag morgen, Hong Kongs hektischer Atem ist verebbt. Kleine Gruppen chinesischer Krankenschwestern ziehen artig und in gelb-weißer Schwesterntracht zur **St. John's Cathedral**, am Portal begrüßt von einem ebenfalls chinesischen Presbyter. Tiefe, ehrerbietige Verneigungen wie sie nur China kennt, Glokken im hellklingenden englischen Wechselläuten, das pastellbunte Geström der Damen der Upper Class, die natürlich der Anglican High Church angehören, die Herren dezent und dunkel. Die Atmosphäre eines ländlichen englischen Bischofssitzes in Northumberland oder Kent mischt sich mit den dunklen und schmalen Augen Chinas, unbewegt, lächelnd.

Wir gehen am Peak Tramway vorbei bergaufwärts – schon am Morgen ist die Luft schwülwarm, gegen elf Uhr 32 °C und 95% relative Luftfeuchtigkeit. Rechts liegt der Dienstsitz des Gouverneurs, verborgen hinter Bäumen und Hecken, der Union Jack hängt müde in der trägen Luft. Nach einigen hundert Stufen finden wir den **Botanischen Garten**, heute, Sonntag, voller Familien mit ihren Kindern, die auf den skurrilmythologischen Löwen am Eingangstor reiten. Sehr sauber und adrett haben auch sie eine stille Allianz mit den ehemaligen Kolonialherren geschlossen. Die alten Kupferstiche und chamoisbraunen Fotographien in den Schubladen, die uns stolze Kaufherren mit gezwirbeltem Schnauzbart auf den Veranden in Hong Kong, Shanghai und Tsingtau zeigen, eingerahmt von züchtigen, fächerwedelnden Damen in weißen volantbesetzten Röcken und zu Füßen der Treppe zerlumpte Gestalten, Diener, Rickschafahrer und eilfüßige bezopfte Boten – sie gelten nicht mehr. Das Verhältnis von Gelb und Weiß hat sich gewandelt, zumindest in Hong Kong, und es ist gut so.

Der Botanische Garten zeigt in Schaubeeten charakteristische Pflanzen, Bäume und Stauden Ostasiens. Die flammende Yucca flamentosa, der chinesische Roseneibisch (Hibiscus rosa chinen-

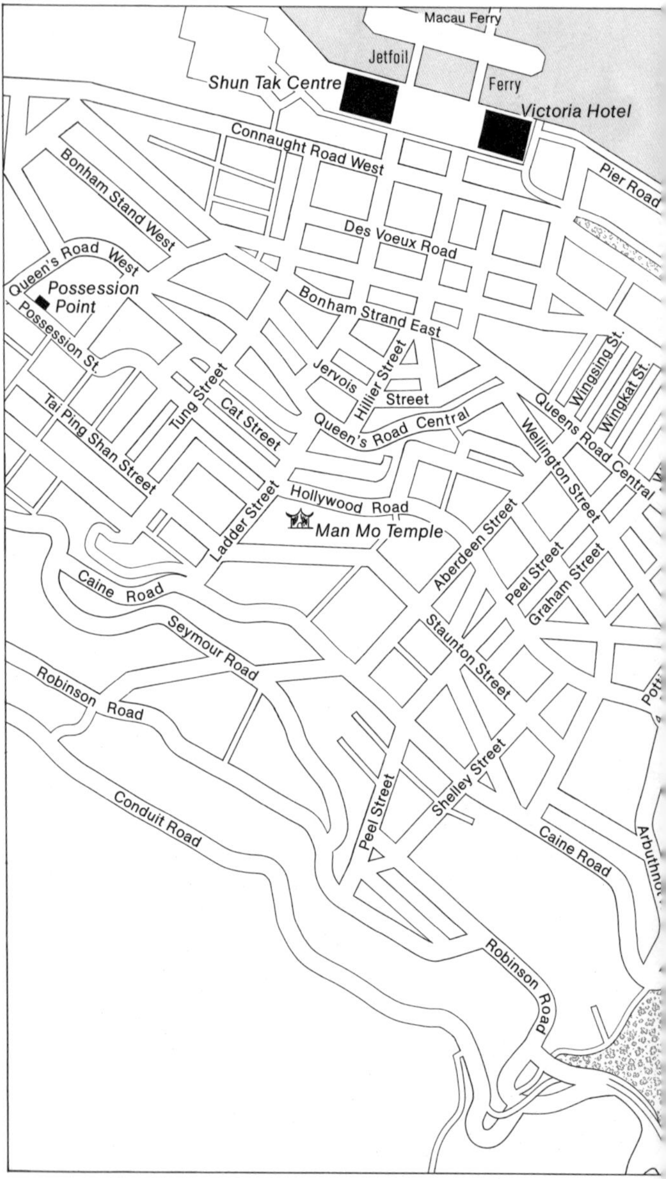
Macau Ferry
Jetfoil
Ferry
Shun Tak Centre
Victoria Hotel
Connaught Road West
Pier Road
Bonham Stand West
Des Voeux Road
Queen's Road West
Possession Point
Bonham Strand East
Possession St.
Hillier Street
Jervois Street
Wingsing St.
Wingkat St.
Tung Street
Cat Street
Queen's Road Central
Queens Road Central
Wellington Street
Tai Ping Shan Street
Ladder Street
Hollywood Road
Man Mo Temple
Aberdeen Street
Peel Street
Graham Street
Caine Road
Seymour Road
Staunton Street
Robinson Road
Shelley Street
Peel Street
Conduit Road
Caine Road
Robinson Road

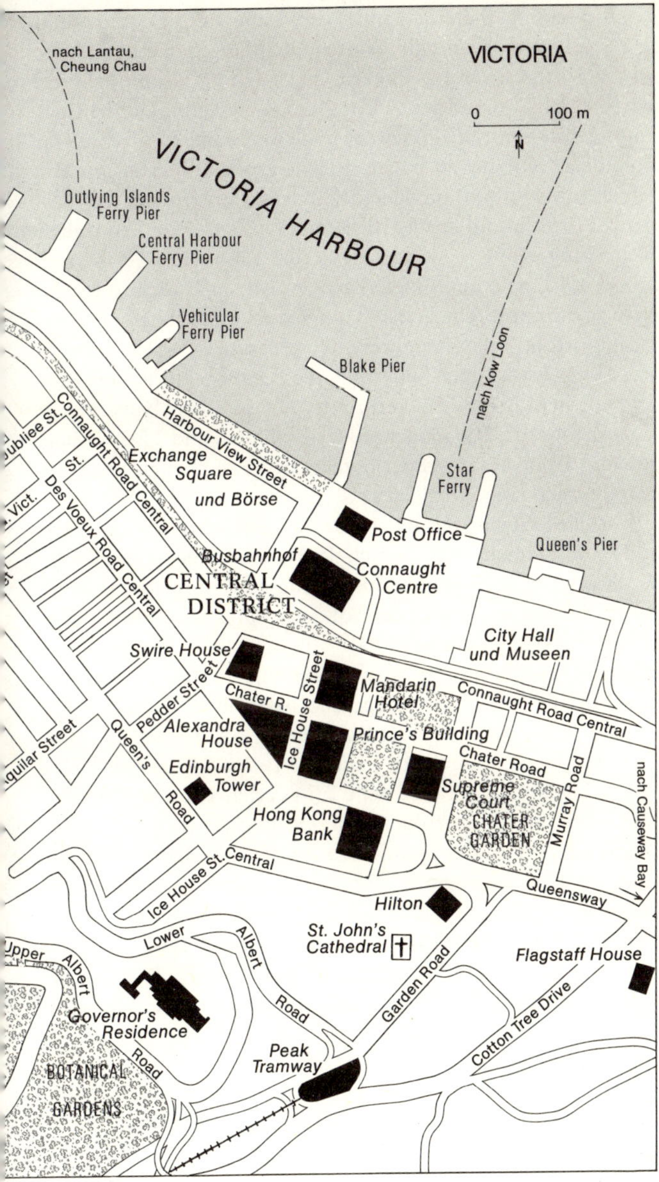
VICTORIA
0 100 m
N
nach Lantau, Cheung Chau
VICTORIA HARBOUR
Outlying Islands Ferry Pier
Central Harbour Ferry Pier
Vehicular Ferry Pier
Blake Pier
nach Kow Loon
Star Ferry
Queen's Pier
Post Office
Connaught Centre
City Hall und Museen
Harbour View Street
Exchange Square und Börse
Busbahnhof
CENTRAL DISTRICT
Connaught Road Central
Des Voeux Road Central
Jubilee St.
St.
Vict.
Swire House
Pedder Street
Chater R.
Ice House Street
Mandarin Hotel
Connaught Road Central
Prince's Building
Chater Road
Murray Road
Alexandra House
Edinburgh Tower
Aguilar Street
Queen's Road
Supreme Court
CHATER GARDEN
Hong Kong Bank
nach Causeway Bay
Ice House St.
Central
Queensway
Hilton
St. John's Cathedral
Flagstaff House
Lower Albert Road
Upper Albert Road
Garden Road
Cotton Tree Drive
Governor's Residence
Peak Tramway
BOTANICAL GARDENS

sis), die schöngelbe Allamanda, den Liquidamber formosana, eine Spielart des Kautschukbaumes, die Mangifera indica. Aber auch von englischen Botanikern, die oft und gern mit Schiffen der Royal Navy und im Auftrag des Kensington Gardens das Empire durchfuhren, um seltene und interessante Gewächse von Kolonie zu Kolonie zu tragen, ist eine große Hinterlassenschaft geblieben. Zahllose, uns geradezu als charakteristisch erscheinende Pflanzen sind in Wahrheit Zugewanderte, von Australien nach Hong Kong gewandert, wie die Kasuarinen (Casuarina equisetifolia) mit ihren kiefernartigen langen Nadeln oder die Araucarien mit ihrem steifen Tannenwuchs, der ihnen den Namen Norfolk Pine vermittelt hat (Araucaria excelsa), heute von Hong Kong über Südafrika, die Karibik, Florida bis zum heimatlichen Australien verbreitet, der indische Banyan, die Kokospalme, die Rhododendronarten Chinas und Tibets, Mangos und Papayas. In seinen botanischen Erbschaften wird das Empire noch lange fortleben.

Je nach der Jahreszeit sehen wir hier auch eine der schönsten und kennzeichnendsten Blumen des Fernen Ostens: Die Familie der Kamelien. Schon ihre Entdeckung ist romantisch, lange bevor Alexandre Dumas, der Sohn, sie durch seine ›Kameliendame‹ unsterblich gemacht hat. Mit jener liebenswerten, aber leichtlebigen Dame, die man schon mit 23 Jahren auf dem Friedhof am Montmartre begraben hat, teilt die Kamelie ihre zerbrechliche Schönheit. Entdeckt hat sie – die Blume natürlich – Georg Joseph Kamel, ein Jesuit aus Brünn, der in der Frühe des 18. Jahrhunderts unter dem latinisierten Namen Camellus nach dem Fernen Osten gezogen war und die zarte Schönheit in den Urwäldern der Philippinen antraf. Zehn Jahre botanisierend, verlor er seine ganze Ausbeute an blutrünstige malayische Seeräuber, und wir können nur das Schicksal der Kamelie bedauern. Doch der große schwedische Botaniker Carl von Linné erbarmte sich ritterlich beider und benannte die Kamelie des Paters Camellia japonica und den chinesischen Teestrauch aus der nahen Verwandtschaft Camellia sinensis. Die Familie der porzellanhäutigen Schönen hatte immer ihre Verehrer, von denen einer, diskret abgewandt, bemerkte: Sie sind die frühesten, wenn der Frühling die Blüten und die Blusen öffnet ...

Gegen den Berghang zu wird der Baumbestand dichter, im Schatten der Palmen, Mangiferen und Banyans sitzen in ihren großen Volieren feuerrote Ibisse, halten Schimpansen und Meerkatzen ihre Siesta in Astgabeln. Plötzlich bemerken wir, daß hoch über den Wipfeln des Baumdschungels eine kühne Brükkenkonstruktion gespannt ist, Omnibusse ihre Kurven ziehen und tausendfenstrige Hochhäuser durchschimmern, daß Hong Kong in verschiedenen Etagen lebt. Die Robinson Road nimmt uns am höchsten Punkt auf, nach einigen hundert Metern biegen wir in die Seymour Road ab, die fallend zur Ladder Street führt. Die Fußgängersteige sind schmal und oft verstellt, wir gehen auf der Straße, denken nicht an Linksverkehr, bis quietschend ein Bus hinter uns bremst. Höflich lächelnd winkt der Fahrer die Straße zu queren, keine Hektik, kein Geschimpfe, keine zoologischen Ausdrücke.

Steile Treppenwege führen hinunter in die chinesische Altstadt, überall wird gebaut, erneuert. Manche viktorianische Villa erliegt dem Angriff des meersalzigen Windes, der Putz bröckelt, Pflanzen siedeln sich in den grünveralgten Mauerrissen an, der Bagger ist schon im Anmarsch. Nebenan spannen sich rostbraune Stahlträger über eine Baugrube, zeigt sich die mangelhafte Statik der das schnelle Geld an der Jahrhundertwende suchenden Gründerjahre; nur Rost und Ehrfurcht hält manches noch zusammen. Indem Stahl wieder zu Eisenoxid wird, Beton zu natürlichen Silikaten, kündet sich das Ende der viktorianischen Glanzzeit Hong Kongs an. Wo die Natur nur milde und stetig wieder vereinnahmt, geht es den neuen Besitzern nicht rasch genug, müssen Preßlufthammer und Schweißbrenner ihr zuvorkommen, und ganz Hong Kong ist fieberhaft dabei, eine Zukunft zu bauen, über die niemand etwas Rechtes zu sagen weiß, an der aber alle erneut zu profitieren hoffen.

Die **Ladder Street** macht ihrem Namen alle Ehre, ein steiler Treppensteig, der hinunterführt zur Hollywood Road, die sich ganz einfach nach dem altvertrauten Ilex nennt – im Englischen hollywood. An der Ecke liegt der alte **Man-Mo-Tempel**, äußerlich hinter einer Mauer wenig ansehnlich. Wir gehen hinein, den alten schwarzgekleideten, runzligen Weiblein völlig unbestimmten Alters einen Obolus gebend. Das Innere ist rußgeschwärzt, dunkel und rotverhangen, fremdartig weihrauchduftend. Tief innen glimmen Lichter, rote Kerzen und Räucherspiralen brennen vor den vergoldeten und schwarzgesichtigen Götterbildern, dem Bildnis des Man Cheong, des Friedensgottes, der zugleich der Gott der Literaten ist, und des Kwan Kung, des Kriegsgottes. Gelegentlich verlassen die beiden daoistischen Götter zu einer Prozession den Tempel und werden in seltsamer Eintracht in zwei Sänften, die wir im Tempel stehen sehen, umhergetragen. Der First des Tempels ist mit grünglasierten Ziegeln gedeckt, die mythologischen acht Figuren krönen ihn, Drachen und Karpfen und uns unverständliche menschliche Gestalten in Halbrelief. In den bronzenen Sandbecken stecken ungezählte Räucherstäbchen, Betende knien und legen die Hände aneinander, monoton und atonal tönt der Singsang der Frauen, die Gesichter verschwimmen im blauen Weihrauchdunst. Wie fremd und befremdend uns auch manches vorkommen mag, dies ist ein Gotteshaus, wir sollten uns zurückhalten und nicht photographieren wie jene taktvollen Japaner, die in Kompaniestärke unsere Kathedralen stürmen und erbarmungslos ihre Blitzgewitter niedergehen lassen. Die roten Joss-sticks, die Räucherstäbchen aus wohlduftendem Sandelholzmehl, sind übrigens eine macanesische Erfindung. Joss ist die Verballhornung des portugiesischen Wortes für Gott = deos. Macau ist hier immer nahe, und das Divine hat viele Namen.

Wenn wir dann die nahen Straßen durchstreifen, Cat Street, die eigentlich Upper Lascar Road heißt, Hollywood Road, Jervois und Hillier Street, so sollten wir uns Zeit nehmen und das ungewöhnliche Ambiente in jener Gelassenheit aufnehmen, die auch die hier arbeitenden Chinesen zeigen. Die Ladder Street ist wochentags ein öffentlicher Markt, Hunderte von Buden und offenen Verkaufsständen säumen die Treppen. Ein rechter Flohmarkt, ein Marché aux puces, und hier und da sieht man auch die liebende Besitzerin eines Hundes, den sie hingebungsvoll floht und der mit glücklichen großen Augen geduldig auf den Hinterpfoten sitzt.

Es sind völlig irre Dinge, die sich hier nebeneinander abspielen. An der Ecke der **Cat Street** hat ein vornehmes Geschäft aufgemacht, in dem elfenbeinerne japanische Netsukes teuer verkauft werden, an denen man früher Teebeutel am Gürtel aufhängte. Gegenüber sieht ein anderer seine Chance im Verkauf glückstrahlender fettwanstiger Buddhas, die in allen Farben und Goldtönen vor sich hinlächeln und ihre eigene Reklame betreiben. Aufgereiht in Reih und Glied schauen bissige und skurril blickende Löwen auf uns, in vornehmer Marmorblässe wie aus dem kaiserlichen Palast, manche giftig grün glasiert, aber alle fauchen mit breit gezogenem Maul, und dem größten hat man einen roten Schlips um den Hals gebunden. Auch in China gilt ›chacun à son goût‹. Zwischen diesen beiden Edelshops hat ein fliegender Händler seine winzige Werkstatt für alte und ehrwürdige Ventilatoren aufgemacht. Etwa fünfzig Modelle von der nachnapoleonischen Ära, aus den Tagen der Queen Victoria, bis hinein in die dreißiger Jahre des Jugendstils, bis zu den supermodernen, aber nichtsdestoweniger vom Zahn der Zeit zernagten Ventilatoren aus Leichtmetall stehen herum, werden zerlegt und abenteuerlich die Stile mischend wieder zusammengesetzt. Vielleicht freut diese Nachbarschaft weder den Netsuke-Mann noch den Buddha- und Löwen-Händler, aber man ist hier tolerant, die Gewerbeaufsicht wird nicht strapaziert. Der Netsuke-Mann ist auch abgelenkt, er drapiert gerade einen silbernen siebenarmigen Hausgott, der effektvoll von hinten beleuchtet die Kunden in das schummrige Licht des Ladens locken soll.

Ein paar Schritte weiter werden Kisten auf offener Straße gezimmert. ›Los Angeles‹ und ›Adelaide‹ wird mit schwarzen Stempeln aufgedruckt und ein ganzes Geschlecht kleinerer Götter unbestimmbarer Abstammung in Holzwolle verpackt. Urgent shipping, Fragile. Zurück auf der Ladder Street, sind nun die Dim-Sum-Köche und -Brater an der Reihe.

Unbeschreibliche Gerüche, gemischt aus dem zarten Duft des Petroleums, dem atemberaubenden Geruch getrockneten Fisches, des brenzlig heißen Erdnußöles machen die Atemluft rar. Dutzende hocken auf winzigen Stühlchen, schieben ihren Reis von der Schale in den Mund, beobachten mit wachem Interesse, wie die großen Krabben, mit ihren vielen Beinen vergeblich rudernd, dem Tod im heißen Öl überantwortet werden. Mittelalter.

In der vom Man-Mo-Tempel westwärts führenden **Hollywood Road** herrschen die Tischler, Sargmacher und Antiquitätenhändler. Keine kölnische, aber eine chinesische Heinzelmännchenatmosphäre, es hämmert, klopft, zimmert und bronziert, dreht papierene Kunstblumen. Es riecht wundervoll nach feinen Lacken, Seidengewänder für alle Lebenslagen hängen in den Auslagen, die meisten für die Toten, und gleich daneben werden die gerundeten, einbaumförmigen Särge gehobelt, zwischen denen die Kinder spielen, denn das Natürliche ist nie unnatürlich. Da ist auch der Kunstschreiner nicht weit, der ›auf Antiquitäten‹ macht. ›Antiquities Shop‹ nennt er sich und ›Duty Free‹ ist er auch. Fabelhaft ist das Geschick, mit dem auf offener Straße aus Teak, Ebenholz und Rosenhölzern, aus Rattan, duftendem Kampferholz und Kistenbrettern interessant aussehende englische Möbel mit kolonialem Flair entstehen. Zwei Vietnamesen, fleißig am arbeiten und nachpolieren, werden böse, als eine Gruppe Touristen sie filmen will. Ein Stein wird drohend erhoben, eilige Flucht.

An der **Tung Street** hat sich ein fast verborgener chinesischer Wochenmarkt in einem Häuserquadrat etabliert. Er zeigt die Neigung der Chinesen, solche Märkte als Karree mit wenigen, überwachbaren Aus- und Eingängen anzulegen, und wir werden solche bazarartigen Märkte noch in den New Territories sehen. Es ist unerfindlich, wie in der Enge der Straßen solche Berge von frischen Gemüsen, Fischen, Hühnern, Enten und Fleischerwaren herbeigeschafft werden. Ein guter Teil der Waren wird auch an Ort und Stelle gleich verzehrt und im Bauch weggetragen. Der Chinese liebt die Geselligkeit, den Schwatz unter Nachbarn und Marktbesuchern, und mag der Boden auch schwarzglitschig sein, die Pfannen und Edelstahltöpfe sind blitzeblank – und außerdem, wozu haben wir uns gegen Cholera impfen lassen, wie es auch die Fluglinien ihren Mitarbeitern zur Pflicht machen.

Auf der anderen Seite des dunkel schummerigen Marktes treten wir ins grelle Licht der Straße. Gerade ist ein kleiner Lastwagen vorgefahren, einige goldblinkende Buddhas werden auf die Ladepritsche geladen, gar nicht sehr respektvoll, und höflich grinsend, die Hände auf dem üppigen Bauch gefaltet,

7 *Mit Pinsel und Tusche:*
Chinesischer Kalligraph bei einer Glückwunschadresse

◁ 8 Das Antlitz
des jungen China

9 *Hakka-Greisin mit schattenspendendem breiten Hut*

10 In den Flüchtlingsquartieren
der sechziger Jahre ▷

11 West-östliches Potpourri –
la vie en rose ▷▷

義和泰酒醋莊
SEVEN-UP

VILLA D'ORO
BG 7591

◁ 12 *Straßenszene in Kow Loon*

13/14 *Auf der Bühne der chinesischen Oper im Lai Chi Kok Park*

◁ 15 *Dim Sum-Köchelbude unter dem Marktschirm*

16 *Englischer Klassizismus und chinesische Wohnwaben*

17 *Kleine Köpfchen und die Probleme zweier Schriftwelten* ▷

18 *Tempel der zehntausend Buddhas, Sha Tin* ▷▷

果

然燈

7up

◁ 19 *Tin Hau-Statue*
an der Repulse Bay

20 *Ein wohlbeleibter Dao-Geist bewacht die Zeit*

21 *Elfenbeinerne Hofdame*
in vornehmer Haltung ▷

fahren die Boddhisatvas davon. Der private Schlüsseldienst, über den wir fast gestolpert wären, nimmt davon keine Kenntnis. Er sitzt im Schneidersitz auf dem Gehsteig, hat einen Minischraubstock im Schoß und feilt jeden gewünschten Schlüssel zurecht. Mag das Gewerbe auch legal sein, das seiner Kunden gewiß nicht immer.

Abwärts gehend erreichen wir **Jervois** und **Hillier Street** (Gute Straßenkarten verteilt die Hong Kong Tourist Organization bereits am Flughafen). Wo sich beide Straßen kreuzen, liegt ein großes Herbalistengeschäft, eine Art von chinesischer Apotheke mit Hunderten von Kräutern, Eroticas und Exoticas, die in Deckelgläsern in den Regalen stehen. Drinnen sitzen einige würdige ältere Herren um einen Tisch und spielen Mahjong. Vergitterte runde Kästen stehen aufgestapelt an der Straße, vor denen wir zurückprallen. Drinnen räkeln sich apathische graue und gelbliche Schlangen, von denen die Chinesen glauben, daß sie zumal in der Winterzeit ›hot‹ sind und der menschlichen Gesundheit sehr dienlich. Sie werden in kleinen und kostbaren Bissen als Fleisch genossen, als Schlangensuppe im Restaurant mit zerriebenen Chrysanthemenblüten serviert (was das Vergnügen auch nicht erhöht) und zu Schlangenwein verarbeitet, der Rheumatismus heilen soll. Wir sahen einige Glasballons mit Reiswein über einer enthäuteten Schlange, so wie man früher Kräuterweine ansetzte. Meist sind es aus China eingeführte Kobras, gebänderte Kraits oder chinesische Rattenschlangen. Bei aller Abneigung und allem Schaudern sollten wir doch sehen, daß Schlangentoxine pharmakologisch interessant sind und das Gift der Ammodytes Viper und der Naja tripudians auch bei uns gegen rheumatische Beschwerden und bei Durchblutungsstörungen Anwendung findet. In geflochtenen Körben liegen getrocknete Eidechsen, die pulverisiert als erotisches Tonikum gelten, Moschus in Flaschen, gepulverte Haifischflossen und Narwalzähne, angeblich vom Einhorn stammend, zerstoßenes Horn vom Rhinozeros und vieles andere.

Jäher Wechsel. Zum Hafen vordringend wandern wir durch die Wingsing-, Wingkut- und Wingon-Straße, schmale, zwischen die Hochhäuser gepreßte Gassen, angefüllt mit Textilien, so daß man sich ständig zwischen irgendwelchen Kleidern, Plastikjacken und Hemden durchkämpfen muß. Rote Schirmlampen beleuchten Fleischerstände, Fahnengeschäfte und Stickereien, Krimskramsläden, die man im Englischen Haberdashery nennt, dann wieder Bastwaren, Rattanmöbel. Hoch darüber kleben an den Hausfassaden Hunderte von winzigen Balkons, grünüberwuchert, Vogelbauer mit zwitschernden Insassen, Kleinpalmen recken ihr dünnes Stämmchen nach dem wenigen Licht in der Gasse, und manchmal liegt eine tote Ratte auf der Straße, neugierig von struppigen Hunden beschnuppert. Endlich biegen wir nach Querung der Des Voeux Road nach links in die Connaught Road ein, die uns am **Hafen** entlang an den alten Lagerhallen und Kontoren aus der großen Zeit des Ostasienhandels vorbeiführt. Obwohl immer mehr zweckentfremdet oder bereits abgerissen, finden sich doch immer noch offene Gewölbe, in denen Reis in offenen Säcken steht, zahllose Sorten nach Kornform und Farbe unterschieden, aus denen kundige Käufer mit kleinen Porzellanschälchen Proben nehmen und begutachten. Daneben Holzhandlungen, Lumber and Timber, frisch aus Bangkok importiertes Teakholz, das stark duftet, ganze Ballen gepreßten Klipp- oder Trockenfisches, der auch duftet, von Trägern huckepack vom nahen Pier herbeigeschleppt. Kuli darf man natürlich nicht mehr sagen, aber die Arbeit in Staub und Hitze ist die gleiche.

Wenn unsere Neugier gesättigt ist und unsere Nasen genug haben, kehren wir zur **Des Voeux Road** zurück. Die nächste Trambahn wird gleich quietschend entlangkommen, rot, gelb, grün oder blau und uns für ein paar Cents zurückbringen zum glitzernden Skyscraper der Hong Kong Bank und zur nahen Star Ferry. Hoch oben auf dem Doppeldecker haben wir prächtige Ausblicke auf das Staßenleben in Victoria und manche Einblicke in chinesische Mentalität, hautnah drängt sich alles, bepackt wie zur Auswanderung, die Schiffe im Hafen tuten schon …

Der Kampf um den Fernosthandel

Fünfhundert Jahre wogte dieser auch heute noch nicht zu Ende gekommene Kampf, und nur die letzten hundert Jahre mischten die Engländer mit. Das mag uns vor Augen führen, wie absurd es ist, nur im Opiumkrieg und der East India Company den Schwerpunkt dieser Entwicklung zu sehen. Am Anfang dieser Geschichte muß ich den Leser nochmals nach Venedig führen, denn es ist nicht nur die an anderer Stelle erzählte Ähnlichkeit der geschichtlichen Entwicklung, Hong Kong und Macau wurden ganz einfach die Erben Venedigs im Fernosthandel.

Die Venezianer

Der Reichtum der Lagunenstadt gründete sich nur zum Teil auf den unmittelbaren Güteraustausch zwischen den östlichen Randstaaten des Mittelmeeres, der Levante, und den Städten Italiens und Deutschlands. Der eigentliche Gewinn der venezianischen Kaufleute lag nicht im Geschäft mit großen Mengen und Massengütern, er entsprang ihrer Mittlerrolle für Luxusgüter zwischen dem Mittleren und Fernen Osten und Europa. Der besondere Geschmack war schon immer etwas teurer, wie uns die Reklame belehrt. Zwischen 1260 und 1380 war der berühmte Monte Vecchio, der Staatstresor der Venezianer, von wenigen tausend auf drei Millionen Dukaten angewachsen. Große Geleitzüge, die Mude, querten zu festgesetzten Terminen das piratenverseuchte Mittelmeer hinüber nach Alexandria und den Levantehäfen. Der Warenwert in den dickbauchigen großen Handelsgaleeren einer einzigen Mude belief sich auf etwa dreißig Millionen Mark heutigen Geldwertes.

In den Häfen von Jaffa, Beirut oder Alexandria trafen sich die Schiffe unter ihren rostroten Lateinersegeln mit den Karawanen, die quer durch Arabiens Wüsten von Ormus am Persischen Golf Jade, Seide, Gewürze, Edelsteine, wertvolle Metalle und Teppiche herbeibrachten. Ein Bild aus Tausend und einer Nacht gemessen an der Nüchternheit des heutigen grauen Containerverkehrs. Ormus und die Häfen am Roten Meer wiederum waren die Zielhäfen arabischer Kaufleute, die mit ihren Dhaus von Südchina aus den Indischen Ozean befuhren. Viele Waren gelangten auch auf der Seidenstraße, der Ferdinand von Richthofen gegen 1895 diesen griffigen Namen gegeben hat, von Xi'an, der alten Kapitale Westchinas, durch die Wüste Gobi und Zentralasien in einer zehnmonatigen Reise nach dem Westen, und manches orientalische Märchen, manch Kunde aus fremdem Land mag in einen Teppich gewickelt mitgekommen sein, eingepackt von einem Händler aus Samarkand oder Buchara, dem sie ein schlitzäugiger Tatare frisch aus dem Osten anvertraut hatte. Da mag auch manch' Venezianer am Kai gestanden und mit glänzenden Augen zugehört haben.

Im übrigen hat schon Plinius der Ältere bitter beklagt, daß die Frauen Roms den Staat durch ihren Seidenhunger an den Rand des Abgrunds brachten – Seide wurde Gramm gegen Gramm mit Gold aufgewogen. So darf uns nicht wundern, daß es sehr bald die Neugier der venezianischen Kaufleute herausforderte, etwas Genaueres über die Herkunftsländer dieser kostbaren Stoffe und Spezereien zu erfahren. 1271 reiste Marco Polo in der Gesellschaft seines Vaters Nicolò und seines Onkels Matteo erstmals über Bagdad, die Straße von Ormus und quer durch den Iran an den Hängen des Pamirgebirges nach Osten und erreichte das sagenumwobene Kathai, das heutige China, mit der Hauptstadt Kambaluk, das wir heute Peking nennen. Der ungewöhnliche Erfolg dieser Reise, der gemeinhin Marco zugeschrieben wird – vielleicht nur deshalb, weil er Jahre später in genuesischer Gefangenschaft sein Tagebuch unter dem Titel ›Il Milione‹ diktierte – beruht gerade auf jener Befähigung, die vielen späteren Reisenden so gründlich abging: der venezianischen Geschmeidigkeit und Einfühlung in chinesisches Wesen und Sitte.

Nicht eben bescheiden beginnt des Marco Polos Buch aus dem Jahre 1298: »Ihr Kaiser, Könige, Herzöge, Fürsten, Grafen, Edelleute und ihr anderen alle, die ihr begierig seid, Kunde zu erlangen von der Vielfalt der Rassen des Menschengeschlechtes und von den verschiedenen Königreichen, Provinzen und Landschaften in den östlichen Teilen der Welt ...«. Trotz der massiven

Eigenwerbung für dieses vielleicht erste ›Landschaftsbuch‹ fand sich kein Verleger, und viele Zweifler hielten Marco Polo für einen üblen Aufschneider. Die Nationalbibliothek in Paris besitzt ein Manuskript, das vielleicht das im Gefängnis von Genua von dem mitgefangenen Freunde Rusticiano geschriebene Original ist. [Erst 1928 textkritisch rekonstruiert, war es in Deutsch schon 1477, in Latein und Italienisch publiziert worden, war aber nie ein verlegerischer Erfolg.]

Marco Polo (1254-1324) wurde vom Großkhan Kublai, dem ersten der sogenannten Mongolenkaiser der Yüan-Dynastie und Enkel des schrecklichen Dschingis Khan in Peking empfangen, wurde sein Vertrauter und zum Statthalter einer Provinz ernannt.

Der unfaßliche Mongolensturm war das primäre Ereignis jener Zeit, er fegte über weite Teile Asiens und fand in Europa erst in der Schlacht von Liegnitz 1241 entschlossenen Widerstand, aber auch in Japan, das sich 1274 und nochmals 1281 erfolgreich der mongolischen Invasion erwehrte. Einen weltweiten Krieg, der sich von den Waldgebirgen Mitteleuropas bis zu den japanischen Küsten erstreckte, hatte es bis dahin nicht gegeben, noch sollte es ihn in den nächsten fünfhundert Jahren je wieder geben.

Als sich Kublai Khan unter Einverleibung Chinas in Peking niederließ, flaute die Kraft der Goldenen Horde bereits ab. In einem bemerkenswerten Assimilationsprozeß begaben sich die Chinesen unter den Schutzmantel eines energischen und befähigten Herrschers, der die schwachen nördlichen und südlichen Sung-Kaiser verjagt hatte. Gleichzeitig aber nahm Kublai Khan, nun im hellblauen Seidenmantel des chinesischen Himmelssohnes, die weit überlegene chinesische Kultur auf und gab ihr neue Akzente. Daß in solcher Zeit und unter dem Schutz mongolischer Reiterheere die alten Handelswege durch die Gebirge und Wüsten Innerasiens sicherer wurden, dürfen wir annehmen, auch, daß die Venezianer hierfür eine feine Nase hatten und einige Schiffe mehr im Arsenal Venedigs auf Kiel legen ließen.

Vor allem der Gewürzhandel, der später die Mijnheers in Indonesien so reich machen sollte, hatte für Europa eine ungewöhnliche Bedeutung in einer Zeit, die noch keine Kühlschränke und Gefriertruhen kannte. Konservieren hieß Trocknen, Räuchern und Salzen – und wenn das Ergebnis nicht ganz befriedigte, übertönte man den reichlichen haut goût mit einer kräftigen Prise Pfeffer. Pfeffer war denn auch das Stapelgewürz Nummer Eins im Fernosthandel, es galt zeitweise als regelrechtes Zahlungsmittel, als gute Mitgift, auch wenn keine Zweifel an den Kochkünsten der Braut bestanden, und schließlich auch als hinreichender Kriegsgrund.

Welchen Umfang dieser Handel hatte, verrät uns Marco Polo: »Von der Stadt Kangiu aus kommt man, wenn man in südöstlicher Richtung weiterreist, nach fünf Tagen in die edle und schöne Stadt Zaitum, die einen berühmten Seehafen hat (das heutige Quanzhou gegenüber Taiwan); von diesem aus gelangen die verschiedensten Waren in alle Teile der Provinz Manji. Die Menge Pfeffer, die hier lagert, ist so groß, daß der, welcher für die westliche Welt nach Alexandria verladen wird, nicht mehr als den hundertsten Teil ausmacht. Es ist in der Tat nicht möglich, sich eine Vorstellung von der Zahl der Kaufleute und der Masse der Güter in diesem Hafen zu machen …«. Da mußte das Herz eines Venezianers höher schlagen, der plötzlich mit dem weiträumigen Wirtschaftsgebiet eines Großreiches konfrontiert wurde. Nicht zu vergleichen mit den engen Verhältnissen der in hundert Herrschaften aufgesplitterten Mittelmeeranrainer und ihres nördlichen, gegen 1300 noch vergleichsweise armen Hinterlandes nördlich der Alpen. Quanzhou hatte damals, in der Zeit Kublai Khans und seiner Nachfolger, Rolle und Rang von Hong Kong.

Dem Pfeffer folgten die Muskatnuß, der Zimt, die getrocknete Blütenknospe der Nelke, der Safran, ›der den Kuchen geel macht‹, die Vanille und der verborgen im Dschungel wachsende Kardamom unserer Lebkuchen. Die Schiffsladungen waren nun so wertvoll wie ein Schiffsbauch voll von Gold, entsprechend erfinderisch war die Konkurrenz. Die zahllosen Piraten zwischen der Malakkastraße und dem Roten Meer, vom Mittelmeer ganz zu schweigen, hatten beste Hehler zur Hand; die Ware kam so oder so in Venedig und Augsburg an.

Dieser für fast alle so überaus befriedigende Zustand kam in dem Augenblick zu einem Ende, als 1368 der erste Kaiser der Ming-Dynastie die Mongolen vom Thron Chinas verdrängte. Schlagartig waren nun die Seidenstraße und andere Karawanenwege durch Asien gefährdet, der Rache der Reitervölker ausgesetzt und genossen keinen Schutz mehr. Auch die arabischen Zwischenhändler zögerten eine Weile, Chinas Küsten anzulaufen.

Die Portugiesen

In diesem Augenblick, der freilich wie alle Augenblicke der älteren Geschichte ein gutes Jahrhundert dauerte, ergriffen die Portugiesen die Initiative und ihre Chance. Damit begann der zunächst langsame, aber unaufhaltsame Abstieg Venedigs. Es war die Zeit, in der das Epizentrum von Macht und Politik sich vom Mittelmeer weg in den Westen und Nordwesten Europas zu verlagern begann. Die alte antike Welt, die noch dem frühen und hohen Mittelalter Form und Inhalt gegeben hatte, trat zurück vor den neu entdeckten Kontinenten, das Papsttum entfremdete sich aus mancherlei Gründen einem selbstbewußter gewordenen zentralen und westlichen Europa, die Idee des Heiligen Römischen Reiches Deutscher Nation verblaßte.

Ähnlich wie die Spanier in Kastilien und Aragon schüttelten auch die Portugiesen zunächst das Joch der maurischen Herrschaft ab. Die portugiesische Reconquista unter Alfons III. endete mit der Eroberung der Algarveküste. Doch während Spanien noch gewisse Zeit dem mittelmeerischen Raum verhaftet blieb, wies die Lage an der atlantischen Küste der Iberischen Halbinsel Portugal sofort den Weg auf den Atlantik. Es ist hier nicht der Platz, die Geschichte der kühnen portugiesischen Unternehmungen unter Prinz Heinrich ›dem Seefahrer‹ nachzuerzählen, doch sollten wir uns erinnern, daß 1488 Bartoloméo Diaz das Kap der Guten Hoffnung umrundete, den Seeweg nach den Reichtümern des Ostens eröffnete. Die nun ebenfalls anhebende spanische Aktivität auf den Meeren führte im Vertrag von Tordesillas 1494 schlicht und einfach zu einer Aufteilung der Welt in eine portugiesische und eine spanische Einflußzone, entlang einer nordsüdlichen Linie, die 370 Seemeilen westlich der Kapverden verlief. Damit wurde ein Teil Südamerikas portugiesisch: Brasilien. Der ›Rest‹ wurde spanisch, wie sich noch heute an den Landessprachen ablesen läßt. 1529 schloß man den Vertrag von Saragossa, der im Grunde die atlantische Demarkationslinie über die Pole hinaus verlängerte und auch den Stillen Ozean aufteilte, Indien Portugal und die Philippinen Spanien zuwies. Das wurde umso dringlicher, als Vasco da Gama 1498 Ostindien zu Schiff erreicht hatte, und bereits 1510 in Goa, 1511 in Malakka portugiesische Handelsniederlassungen mit bewaffneter Hand errichtet worden waren. Der Globus, auf dem der Borgia-Papst Alexander VI. mit energischer Hand diese Aufteilung der Welt unter seinen Lieblingen vornahm, wobei er freilich etwas mehr zugunsten seiner spanischen Landsleute über die Längengrade schielte, wir können ihn noch heute in der Globensammlung der Vatikanischen Museen sehen. Geschichte war damals handfest und buchstäblich zum Anfassen. Auch mag es einen Papst sehr befriedigt haben, unter dem lässigen Drehen eines Globus diese Erde zu verteilen, und im Hintergrund lächelte Karl V. mit einer Kreditkarte des Hauses Fugger.

Gegen 1513 erreichte der Portugiese Jorge Alvarez als erster Europäer die Insel Taman an der südchinesischen Küste. 1517 segelte Andrade mit einem kleinen Geschwader nach Kanton, und allmählich begann ein freier Handel die Küste auf und ab, behindert freilich von zahllosen Piratendschunken, die als eine

wahre Pest empfunden wurden. Nach dem Fehlschlag einer portugiesischen Mission am Pekinger Hof und zahlreichen Gefechten mit chinesischen wie malayischen Piraten war ein gewisses lokales Entendu mit den Mandarinen an der Mündung des Perlflusses erreicht worden, von dem beide Seiten ohne viel Formalitäten sich etwas versprachen.

Die Portugiesen als die besten Seeleute ihrer Zeit, erfüllt noch vom Kampfeseifer der Reconquista, lehrten die Piraten das Fürchten. Dafür erlaubten die Mandarine von Kanton den Portugiesen stillschweigend einen Handelsposten, den Leonel de Sousa 1554 auf der Insel Shang Chuan in der Perlflußmündung unweit Macau eröffnet. 1557 gilt als Geburtsjahr von Macau, wohin man des besseren Hafens wegen umzog. Wahrscheinlich nach dem Tempel der Göttin Ama als Ama Goa, Hafen der Ama, benannt. Seltsamerweise haben die militant christlichen Portugiesen den Namen einer heidnischen Gottheit zu Macau umgeformt. Diesen alten daoistischen Tempel aus dem 14. Jahrhundert werden wir vor Ort noch besuchen. Manche Dinge liegen zu manchen Zeiten einfach in der Luft, und ein Hauch von diesen neuen Chancen und Gewinnmargen hatte sich auch bis in die Deutsche Bucht mitgeteilt: 1558 eröffnete die Hamburger Börse.

Das Augenmerk der Portugiesen galt aber in einer Zeit regen Interesses an Glaubensdingen von Anfang an auch der Missionsarbeit. War das portugiesische Goa Stützpunkt der Indienmission, so wurde Macau ein solcher für die China- und Japanmission. An keiner Stelle Chinas können wir diese geistigen Beziehungen zwischen derart verschiedenen Kulturen, Religionen und Philosophien so eindrucksvoll erleben wie in den engen Straßen Macaus. Hier lebt noch etwas von diesem Geist des Austauschs, der in Hong Kong, Shanghai oder Kanton nie zum Leben kam.

Jene unruhigen Zeitläufte des 13. Jahrhunderts, in denen die Reiterscharen der Mongolen die Große Mauer überwanden und als schreckenverbreitende Horden vor Beijing erschienen, schließlich 1271 als Yüan-Dynastie den chinesischen Thron errangen, Marco Polo der Vertraute des Großen Kublai Khan wurde – sie wiederholten sich in seltsamer Weise zu Beginn des 17. Jahrhunderts. Wieder waren es Reiterhorden aus Innerasien, die als Mandschu 1629 die Große Mauer durchstießen und die mürbgewordene Ming-Dynastie bedrängten. Die Kaufleute Macaus sahen dies mit Sorge und sandten den Artilleriehauptman Gonzalez Teixeira, dessen Nachfahren wir in Macau noch kennenlernen werden, mit zehn Kanonen zur Unterstützung nach Beijing. Militärisch ohne Erfolg und politisch in den Intrigen des Hofes aufgerieben, fand er den Tod.

Die Mandschu-Kaiser, unverbraucht und unvoreingenommen, straften indessen ihren Ruf als räuberische Nomaden Lügen. Obwohl die Portugiesen und jesuitischen Missionare den letzten Ming-Kaisern loyal gedient hatten, wurden sie nicht verfolgt, gelangten bald zu hohen Ehren am weltoffenen Hof der Mandschu. Pater Adam von Schall etwa wurde der Vertraute des jungen Regenten Shun Chih, der ihn Ma Fa oder ›Väterlicher Mahner‹ nannte. Trotz Verleihung hoher Ämter an Schall, der offiziell T'ang Jo Wang hieß (aus Je-rl-man, wie das offizielle Mandschu-Geschichtswerk Germania ins Chinesische überträgt), trotz seiner vielen Schlichtungsversuche am Hof, war seine Aufgabe als Präsident der kaiserlichen Kanzlei ein steter Seiltanz zwischen divergierenden Kräften. Im Süden drohte dem jungen Mandschu-Regenten, der erst später Kaiser wurde, die Seemacht des Piraten Coxinga, der praktisch die Küsten beherrschte. Die Blattern brachen aus, und schließlich begab sich in dieser bewegten Zeit der Dalai Lama aus Lhasa auf eine Reise nach Beijing, im Grunde eine Missionsreise, um den jungen Herrscher dem Lamaismus zu gewinnen. Das konnte Schall, der als Mandarin seit 1653 den Titel ›Die Geheimnisse des Himmels ergründender Lehrer‹ trug, nicht erfreuen. Der Titel freilich bezog sich auf seine Stellung als Direktor des kaiserlichen Observatoriums, doch waren den Chinesen der bestirnte Himmel und der religiöse Himmel stets verwandt. Wir sehen auch, wie ungefestigt und vielen Einflüssen ausgeliefert die junge Mandschu-Dynastie war, bis mit dem Kaiser Kang Xi erstmals eine große und unabhängige Gestalt das Regiment ergriff. Dem Leser mag dies alles vielleicht zu sehr nach Missionsliteratur und rein intellektuellen Aspekten aussehen. Er möge aber bedenken, daß das China jener Zeit eine ungeheuere Hochachtung für die gelehrte Welt hatte, jede politische, missionarische oder dem Handel dienende Tätigkeit nur Erfolg versprach, wenn ihr Träger den Rang eines gelehrten Mandarins am Hof zu Beijing erringen konnte. An dieser Bedingung scheiterten die Handelsbemühungen der Holländer ebenso wie später die Engländer, die man als fremde Barbaren empfand. An dieser Bedingung scheiterten auch die vielen Versuche mohammedanischer Kaufleute und lamaistischer Missionare. Noch heute ist eine, freilich undeutlich gewordene, Hochachtung der Chinesen vor deutschen Gelehrten eine späte Frucht jener Tage.

Im 18. Jahrhundert begann der Verfall der Bedeutung Macaus, der im Zusammenhang mit dem Verfall der Macht der iberischen Staaten gesehen werden muß. Erneut bewegte sich das Epizentrum der Ereignisse, diesmal nach dem Nordwesten Europas; Holland und vor allem England traten in ihre Blüte ein. Alles hat seine Zeit im Leben: Jugend, Reife und Alter, und im Sinne dieses sich ewig drehenden Rades – im Hintergrund sehe ich eine buddhistische Gottheit lächeln – waren das Mittelmeer, als Zentrum der Antike und des frühen Mittelalters, aber auch die Ostsee, das Mare Balticum, ihrer ursprünglichen Bedeutung verlustig gegangen. Der graue Atlantik war nun die große Straße Europas, die hinausführte zu den neuentdeckten oder nun besser bekannten Kontinenten, zu tropischen Ländern mit wiegenden Palmen und exotischen Produkten, und manchmal zog es die Seeleute sicher auch zu paradiesischen Inseln. Dann zog Amerika die Blicke auf sich. Doch bald hatten sich die Engländer nach dem Verlust eines Großteils ihrer nordamerikanischen Besitzungen im Amerikanischen Unabhängigkeitskrieg 1774 bis 1781 und bei nie sehr großem Interesse an Süd- und Mitttelamerika einem neuen lohnenden Ziel zugewandt: Indien.

Die Engländer

Die Geschichte der Erschließung des indischen Subkontinents, zu dem die heutigen Staaten Indien, Pakistan und Bangladesh gehören, würde wieder ein eigenes Kapitel füllen. Es seien darum nur die wichtigsten Fakten und Daten genannt, da sie stark in die Geschichte von Macau und Hong Kong hineinspielen.

Am 31. Dezember 1600 wurde mit einer königlichen Charter ›The Governor and Company of Merchants of London, trading into the East Indies‹ unter Elisabeth I. gegründet. Als Joint Stock Gesellschaft rein privat geführt, hatte sie bis zur Mitte des 19. Jahrhunderts ihre große Zeit, gewann den Charakter eines Staates im Staate, man müßte eigentlich sagen eines Staates in zwei Staaten, nämlich Indien und Großbritannien. Die schwarzweißrumpfigen ›East-India-men‹, die prall mit Waren gefüllten, schwer bewaffneten Handelsschiffe der Kompanie, hatten sich zahlloser Piraten im Golf von Arabien und im Indischen Ozean zu erwehren, auch der bissigen Attacken der Kollegen von der holländischen Ostindischen Gesellschaft, die in jener Zeit kein Bild holländischer Liberalität boten.

Unter Karl II. nahm die Gesellschaft, wiewohl immer noch privat geführt, angesichts der schwachen indischen Potentaten, Maharadschas und Nabobs einen schon fast eigenstaatlichen Charakter an, mit eigener Münze, eigener Armee, gesellschaftseigenen Festungen samt Städten und ganzen Landstrichen. Etwa ab 1689 und nach Errichtung der drei Präsidentschaften von

Bengalen, Madras und Bombay, hat man sich angewöhnt, von Britisch Indien zu sprechen.

Nach dem Sieg von Robert Clive über die konkurrierenden Franzosen bei Plassey (1757) in Südindien, den wir als Teil des Siebenjährigen Krieges sehen müssen, zwang das Londoner Kabinett unter Lord North und Pitt dem Jüngeren der East India Company eine Verfassung auf, die letztlich bei einem Generalgouverneur endete, formal zwar von den Direktoren der Gesellschaft gewählt, aber von der Regierung bestätigt. Manche Episode dieser Zeit könnte an den Investiturstreit zwischen Kaiser und Papst im Mittelalter erinnern – wie immer, wenn zwei Herren sich die Macht teilen. Unter Earl Grey wurde der Gesellschaft das Teemonopol im Handel mit China entzogen – Hong Kong lächelt aus dem Hintergrund –, dennoch oder vielleicht deshalb trinken wir noch immer die Teesorte Earl Grey.

Damit sind wir beim Eintritt Englands in das Geschäft mit dem Fernen Osten, also mit China und Japan, angelangt. Indien war nun ein britisch beherrschtes Staatswesen, wobei die Aristokratie aus formalen Gründen im Amt belassen wurde – bald werden diese den Treueid auf den englischen Monarchen als Kaiser von Indien (Emperor of India) ablegen. Da dies alles nach Amt und Akten roch, suchten die Kaufherren geographisch näher an das Geschäft mit China heranzukommen. Die Entfernungen, selbst zwischen Indien und der südchinesischen Küste, waren so groß, daß eine Präsenz vor Ort samt Lagern und Kontoren als unerläßlich angesehen wurde. Das in seiner Bedeutung bereits stark geschwächte Macau besaß aber immer noch seine traditionell guten Beziehungen zu den Mandarinen in Kanton. So etablierte die British East India Company ein Kontor in Macau, gelitten, aber nicht geliebt von den Portugiesen.

Die Chinesen waren in diesen letzten Jahrzehnten der Mandschu-Dynastie in einer politsch kläglichen Verfassung. Überaltert, verkrustet, unbeweglich, in der Hand lokaler Mandarine und War Lords, die ihre eigenen Geschäfte betrieben, sah sich China dennoch in grotesker Verkennung der Wirklichkeit als Nabel der Welt und alle fremden Kaufleute als lästige Barbaren ohne Bildung und Benehmen. Am liebsten hätte man diese vielen Schiffe vor den Küsten gar nicht wahrgenommen. Nur die Portugiesen in Macau wurden mit herablassender Duldung behandelt, sie galten immerhin als Träger von Gelehrsamkeit und Kultur, und nahezu drei Jahrhunderte hatte gegenseitige Toleranz, wenn auch nicht gerade Liebe, geherrscht.

Wie verschieden und verachtungsvoll man einander gesehen hat, zeigen Dokumente der Zeit. Der britische Historiker Eitel beklagt »that the East India Company was entirely nonplussed by China's dogged self-adequacy and persistent assertion of supremacy ...«, daß die Ostindische Kompanie durch Chinas störrische Selbstgenügsamkeit und ständige Betonung der Überlegenheit vollständig genervt sei. Tatsächlich war der bislang spärliche Chinahandel über zweihundert Jahre in der stillschweigenden Akzeptanz des chinesischen Überlegenheitsgefühls geführt worden. Die Kaufleute wollten ihre Geschäfte machen und beugten ihre Knie vor der Meinung des Hofes in Peking, wonach der Sohn des Himmels in Peking über alles unter diesem Himmel herrsche. Handel wurde vom Hof als ein Geschäft der unteren Klassen mit niedrigen Instinkten angesehen (vergleiche Maos stinkende neunte Kategorie), und die chinesische Gentry, die Literaten und Beamten, konnten dies nur verachten. Der Kaiser aber in seiner Milde gewährte diesen seltsamen Fremden, die offenbar nicht ohne solche Dinge wie Seide,

Tee und anderes leben konnten, gnädigste Freiheiten. Die Fremden standen den niedrigsten Klassen gleich, ihre Diener durften sie nur unter den verachteten Tankas, den Boat People, suchen, noch heute die Ärmsten unter den Armen. Auch sahen sich die Mandarine in ihrer Verachtung des westlichen Menschen bestätigt durch deren Unvermögen, Chinesisch zu erlernen noch die subtilen Formen chinesischer Etikette und Höflichkeit.

Als HMS ›Centaur‹ im November 1741 unter Commodore Anson entgegen allen chinesischen Vorschriften seelenruhig in den Hafen von Kanton segelte, einen Kanonenschuß löste und Anson verkündete, »er wolle den Vizekönig sprechen«, herrschte Verwirrung. Den Mandarinen und dem kaiserlichen Hoppo, der sich immer die Taschen mit Bestechungsgeldern vollstopfen ließ, verschlug es den Atem. Der Tee, den man nun Commodore Anson unwillig servierte, war äußerst dünn und nur lauwarm – nach chinesischer Etikette mit ihren feinen Nuancen ein schlimmerer Affront als jemand den Rücken zu zeigen.

Daß unter diesen Umständen, wobei man für beide Seiten Verständnis haben mag, der Handel nicht weiterkam, wen wundert's? Sicher war auch und gerade der chinesische Sinn für Handel hochentwickelt, doch war es mehr der heimische Han-

Stadtviertel in Victoria um 1846

del im nahen Umkreis, der in der Folge zunehmender bäuerlicher Verarmung immer mehr absank. England dagegen war geradezu süchtig nach Tee, chinesische feine Porzellane standen in Europa hoch im Kurs – beides paßte auch noch gut zusammen. Die erste Welle des Interesses für chinesische Kunst war im Rokoko ausgebrochen, Chinoiserien waren das Begehr fürstlicher Kabinette, und seltsamerweise war der uns so gewöhnlich erscheinende Rhabarber, der in Form seiner getrockneten Wurzeln aus Westchina eingeführt wurde (offiziell Rhizoma Rhei), ein offenbar dringend benötigtes Abführmittel einer schwer und üppig essenden Zeit.

Die politische Verstopfung wurde indessen mit anderen Mitteln behoben, denn die Geduld des Englands der nachnapoleonischen Ära, im Vollbesitz der Herrschaft auf den Weltmeeren, war nach dem vergeblichen Versuch Lord Amhersts, vom Kaiser in Peking empfangen zu werden, erschöpft. Das Selbstbewußtsein

Aquarell von M. Bruce

beider Seiten, vertreten durch nicht eben schüchterne Emissäre, geriet aneinander, ein Konflikt, den schließlich ein gewisser Captain Charles Elliot im Stile der Zeit mit Marineinfanterie bereinigte. Nun wehte der Union Jack an Possession Street auf der Insel Hong Kong.

Das China jener Zeit litt aber nicht nur unter dem europäischen Drängen nach Handelsöffnung. Kriege in Hinterindien und Korruption am Hof führten zu einem Entgleiten des Staates aus den Händen der schwachen Mandschu-Dynastie. Politisch-religiöse Geheimsekten entwickelten sich, der ›Weiße Lotos‹ wollte eine Systemveränderung. Letztlich führte dies zum Tai Ping Aufstand 1851.

Das Laster des Opiumrauchens war zumal in den küstennahen Provinzen des Südens weit verbreitet. Die flinken kleinen Dschunken brachten dieses offiziell unerwünschte Schmuggelgut in den hundert kleinen Häfen an Land. Südchinas Küste glich der heutigen floridianischen Küste. Viele Hände verdienten dabei, auch manche Mandarine, obwohl es auch korrekte Beamte gab, die dem Drogenunwesen entgegenzusteuern suchten.

Mittlerweile litt der englisch-chinesische Teehandel an der Forderung der Chinesen, stets bar und in Silber bezahlt zu werden. Noch hatte Europa Silberwährungen, aber der stetige Abfluß des kostbaren Metalls bei weitgehend erschöpften europäischen Lagerstätten bereitete zunehmende Sorge. In dieser Situation, so sagen die einen, kam den Engländern der Gedanke, den ohnehin blühenden Opiumhandel aus indischen Anbaugebieten in eigene Regie zu übernehmen und China zu zwingen, Tee gegen Opium zu liefern. Andere sehen hierin einen finsteren Versuch, nicht nur Silber zu sparen, sondern die Chinesen durch reichliche Opiumeinfuhren noch tiefer in ihren Verfall hineinzustoßen. Im Opiumkrieg 1840-1842 tobten sich die Gegensätze aus, und unser lieber Captain Elliot hat, wie wir nun schon wissen, mit seinem Saubermannkommando auf Hong Kong Island rein Schiff gemacht, wobei hinterher niemand so recht wußte, in wessen Auftrag er eigentlich gehandelt hatte. Der Friede von Nanking 1842 beendete diese Phase und überantwortete Hong Kong der britischen Krone.

Dieser Friedensschluß hatte zur Phase der europäischen Konzessionen, also der gesetzlich geschützten Niederlassungen der Kaufleute in Kanton, Shanghai und anderen Orten geführt. China und sein Kaiserhaus lösten sich zusehends auf; der Hof war nicht in der Lage, überhaupt zu erkennen, was in und um China vorging, das immer mehr in Interessensphären aufgeteilt zu werden schien. Rußland, das nicht am Handel, aber an einem Zugang zum Pazifik interessiert war, schielte nach Port Arthur; die Japaner wollten Korea und Formosa; jeder wollte etwas haben, aber nichts geben, und wie meist bei solch ungezügelten Tischsitten, fiel jeder mit dem Messer über den anderen her. Der Japanisch-Chinesische Krieg, der Russisch-Japanische Krieg, der Boxeraufstand, der 1900 ausbrach und zu einer großangelegten militärischen Expedition zum Entsatz der Ausländer in Peking führte, taten ein übriges, um China in den völligen Ruin zu treiben. Dabei verfügte die listige und skrupellose Kaiserinwitwe Tzu Hsi, die ihren eigenen Sohn gefangenhielt, über einen höchst fatalen Einfluß. Mao Dse Dongs Frau sollte siebzig

Jahre später erneut eine solche Rolle zum Unheil des Landes spielen. Jedweder Reform abgeneigt, verschwand ein Reformer nach dem anderen. Der Hof war fest in der Hand der Eunuchen und Spitzel, und schließlich gelang es der Kaiserin, die Boxer, genannt nach ihren Parolen von der ›Einigen Faust‹, die ursprünglich antifeudale Tendenzen verfolgten, zu einem ausgesprochenen Fremdenhaß aufzustacheln, der von ihr selbst ablenkte.

Auch die deutsche Marineinfanterie unter dem Grafen Waldersee, der das europäische Expeditionscorps befehligte, konnte nur die örtliche Lage der im Gesandtschaftsviertel von Peking eingeschlossenen Europäer retten, nachdem der deutsche Gesandte und hunderte von Europäern und chinesischen Christen ermordet worden waren – die Gesamtlage Chinas war verzweifelt.

Bei der Bewertung jener Zeit, falls uns eine solche Bewertung überhaupt zukommt, muß man natürlich sehen, daß der Kern des Konflikts nicht die Opiumfrage war, auch nicht das etwas stürmische Handelswerben um die chinesische Braut. Der Kern des Problems lag einfach darin, daß ein feudales und völlig verkrustetes System sich selbst überlebt hatte und nicht bemerkte, daß eine veränderte Welt etwa seit 1600 die Legende vom Reich der Mitte als Zentrum der Welt, regiert vom Sohn des Himmels, dem alle Welt untertan ist, zerstört hatte, eine Veränderung in China unvermeidlich war.

China zwischen den Mächten des 20. Jahrhunderts

Als das 19. Jahrhundert zu Ende ging, war die ungeheuere Landmasse des alten China noch ganz mittelalterlichen Lebensformen verhaftet. Unter der letzten Feudaldynastie, den Mandschu-Kaisern (1662-1911), war dem Imperium unter der energischen Hand der Kaiser K'ang Xi und Ch'ien Lung noch im 18. Jahrhundert Tibet und Formosa, das heutige Taiwan, und Teile Birmas und Nepals zugefallen, aber es sollte uns auffallen, daß mit den Mandschu-Kaisern, schon zum zweiten Mal, eine landesfremde Herrscherschicht auf den Thron kam. Bereits mit dem Ende der Sung-Dynastie, 1234 respektive 1297, hatten die erobernden Mongolenkaiser der Yüan-Dynastie eine erste Epoche der Fremdbestimmung chinesischen Schicksals eingeleitet. Auch wenn den Mongolen des Dschingis Khan für über dreihundert Jahre wieder die, erstaunlicherweise von armen Landarbeitern abstammenden, Ming-Kaiser folgten, so war doch eine Unsicherheit eingetreten, es wurde sichtbar, daß grenznahe Völkerbewegungen zunehmend das Reich gefährdeten. Auch der ›Nordwall‹, die Große Chinesische Mauer, die unter den Ming-Kaisern ihre heutige Form erhielt – freilich schon gegen 200 v. Chr. begonnen worden war –, konnte das Reich nicht mehr schützen. Es ist unter diesen Aspekten schwer auszumachen, was im heutigen nationalen Sinne eigentlich als chinesisches Reich verstanden werden konnte. War das China unter den Mongolen- und Mandschu-Kaisern noch ein China, in dem – wie manchmal in Europa auch – ein landesfremdes Dynastengeschlecht herrschte, oder müssen wir diese Geschichtsphasen begreifen als ein Mongolisches oder Mandschurisches Reich, dem China einverleibt wurde und dank seiner alten und überlegenen Zivilisation ein kulturelles Gepräge gab?

Bei der riesenhaften Ausdehnung dieses Reiches kam den lokalen Provinzgouverneuren und Kriegsherren große Bedeutung zu, und wir können nur ahnen, daß Anpassung der Untergebenen, Egoismus lokaler Potentaten und Satrapen, zunehmender Fatalismus der ausgebeuteten Bauern, deren Dörfer schutzlos jedem Zugriff offenlagen, gegen Ende des vergangenen Jahrhunderts einen günstigen Nährboden für jedweden Wechsel schufen. Die Abschließung des Landes von der übrigen Welt in Verbindung mit einer stehengebliebenen technischen Entwicklung gab China keine Möglichkeiten, den zunehmenden Bevölkerungsdruck durch Industrialisierung aufzufangen, wie dies im Europa des 19. Jahrhunderts geschah. Wo viele sich weniges teilen müssen, nimmt die Verarmung zu und Geld und Sinn für Kultur ab.

In dieser Situation kam den bislang nur peripher an den Küsten tätigen europäischen Kaufleuten größere Bedeutung zu. Wenn wir von deren eigenen wirtschaftlichen Zielen einmal absehen, den unseligen Streitereien um den Opiumhandel, der freilich nur ein uraltes chinesisches Laster in andere, nämlich englische Kanäle lenkte, so interessiert in der politischen Geschichte Chinas vor allem der geistig-politische Einfluß, der von diesen Handelsniederlassungen ausging. Es war mehr ein sehnsüchtiges Bild von einem modernen republikanischen und liberalen China, das zunächst in aufgeklärten, den Europäern nahestehenden chinesischen Kreisen zirkulierte, und das in schreiendem Gegensatz stand zu dem Bild ständiger Revolutionen, erster Auseinandersetzungen mit Japan, schließlich dem Boxeraufstand, der zum Signal allgemeiner Freihandbedienung der europäischen Mächte an den Küsten führte und den Niedergang der ungeliebten und landesfremden Mandschu-Dynastie vor dem Hintergrund eines von vielen Ideen durchlaufenen und von zahllosen Nöten gequälten Chinas anzeigte. 1898 flackerte eine Hoffnung auf, als *K'ang Yu Wei*, der Führer der Reformpartei dem schwachen Kaiser Kuang Hsu die ›Hundert Tage der Reform‹ abtrotzte und damit die intrigante Kaiserinmutter Tzu Hsi derart in Rage brachte, daß sie auf Rache sann und sehr geschickt den Unmut des Boxeraufstands gegen die Fremden dirigierte. K'ang Yu Wei hatte aber nur allzu recht mit seiner Feststellung, »daß ein Blick auf alle Staaten der Welt zeige, daß die Reformwilligen stark wurden und die an der Vergangenheit Klebenden verkamen«.

Nun betritt *Sun Yat-sen* (1866-1925) die Bühne. In Macau in katholischen Schulen aufgewachsen und in Hong Kong seinen Studien obliegend, wurde er zum geistigen Mentor des neuen China und zu seiner Schlüsselfigur. Sohn eines christlichen Chinesenpaares und auf englischen und amerikanischen Hochschulen ausgebildet, ist sein Ziel unschwer einzuschätzen: Ein aufgeklärtes, republikanisches China unter Auflösung der verkrusteten, feudalen Strukturen, ein Ziel freilich, dem er sich nach dem Sturz des letzten Mandschu-Kaisers 1911 und Übernahme der Präsidentschaft nur unter größten Schwierigkeiten nähern konnte. Gewaltig waren die Nöte des Landes, beharrend der Bauernstand, dem nur schwer einging, daß nun alles anders und vor allem besser werden sollte. Man stelle sich einen leibeigenen Bauer unseres 14. Jahrhunderts vor, dem plötzlich die Ideale liberalen Lebens gepredigt werden. Er hätte sie nicht verstanden – denn noch der Bauernkrieg des 16. Jahrhunderts wollte nicht den Feudalstaat abschaffen, sondern nur seine Auswüchse beschneiden.

Auch die herrschende Oberschicht der Mandarine und vieler kleiner Gernegroße war nur schwer vom Sinn und Nutzen der Veränderungen zu überzeugen. Sehr rasch erkannten sie aber, samt den im Handel reich gewordenen, westlich eingestellten Familien, daß es auch gar nicht auf altmodische Titel und Rechte ankomme, Hauptsache man blieb oben und erhielt die für die eigene Sache angenehme Gesellschaftsordnung.

Dieses aus dem Dunst einer langen und europafernen Geschichte langsam auftauchende China konnte daher kaum vermeiden, daß der Änderung von politischen und ordnungsrechtlichen Formen, die man eher fremden Gehirnen entnahm, sich sehr rasch eine zweite Welle von Veränderungen überlagerte. Ähnlichkeiten zu Rußland und Japan drängen sich auf. Alle diese Länder waren an der Jahrhundertwende noch nahezu absolutistisch feudal regiert, und die Ablösung dieser überholten Strukturen setzte schlagartig Kräfte frei, Bewußtseinsbildungen, die im westlichen Europa und in Amerika runde eineinhalb Jahrhunderte Zeit gehabt hatten, um absolutistische Monarchien in Republiken oder doch wenigstens in parlamentarisch regierte konstitutionelle Monarchien zu verwandeln. Erst mit Marx setzten in Europa neue Strömungen ein, die das Hinüberwechseln der fürstlichen Gewalt in die Hände des bürgerlich-administrativen Beamtenstaates, dem wir den Namen einer liberalen parlamentarischen Demokratie gegeben haben, in Frage stellte und die Macht der breiten Basis des Volkes überantwortet sehen wollte.

In China lief die bürgerliche und die proletarische Revolution nahezu gleichzeitig. Auch im Reich des Sun Yat-sen war das Samenkorn russischer und anderer Sozialrevolutionäre, die nicht den Wechsel der Führungsfiguren und Titulagen wollten, sondern den Wechsel der Besitzverhältnisse, von weit her über den Ural herangeweht worden und aufgegangen. Das Ineinanderdrängen beider im Grunde völlig verschiedenartiger politischer Ziele bescherte China darum in der ersten Hälfte unseres Jahrhunderts eine von außen kaum überschaubare Entwicklung, ein brodelnder Kessel der Ideen und des Gedränges um die Macht.

Bereits 1911 war im Gefolge Sun Yat-sens ein junger und wie es schien hoffnungsvoller Mann aufgetaucht: *Chiang Kai Schek* (1887-1952). Es ist für den Europäer im höchsten Maße erstaunlich, daß in einem Land solcher Ausdehnung, inmitten gewaltiger anonym nebeneinander lebender Menschenmassen, die jüngere Geschichte so gut wie ausschließlich von Einzelpersonen bestimmt und geschrieben wurde. Dem Dreigestirn Sun Yat-sen, Chiang Kai Schek und Mao Dse Dong ist bei aller Verschiedenheit der Persönlichkeiten, Charaktere und Ziele gemeinsam, daß sie charismatische Züge hatten. Oft mußten sie um des nackten Überlebens willen Kompromisse eingehen, sich streckenweise bekämpfen, dann wieder gemeinsam marschieren – denn sie waren nicht allein auf dieser Welt, und vor den Toren Chinas drängten in unfreundlichster Weise andere.

Von Osten drängte das aus analogen Schwierigkeiten sich mausernde japanische Kaiserreich auf das chinesische Festland. Gegen Mitte des 19. Jahrhunderts in ähnlich mittelalterlicher Verfassung wie China, war es jedoch jünger und entschieden vitaler, auch durch seine insulare Lage besser vor fremden Eroberern geschützt. In der Mitte des 13. Jahrhunderts hatte es jene Mongolenstürme abgewehrt, die China gerade erobert und mit einer landesfremden Dynastie versehen hatten. Die förmliche Explosion der Mongolen unter Dschingis Khan war ja ein einmaliges Ereignis der Weltgeschichte, eine Initialzündung mit einer Kettenreaktion, deren Druckwellen Japan ebenso wie Persien, Rußland und Westeuropa erreichten, ja vielleicht kann man sagen, daß die endlosen Züge der »Goldenen Horde« erstmals

Chiang Kai Schek

überhaupt ein Gefühl für die Weite der Welt vermittelten. Japan blieb von diesen Einflüssen verschont, und auch das spätere Eindringen westlicher Zivilisation konnte von den Shogunen lange abgewehrt werden. Doch hatten diese bald erkannt, daß zumindest militärisches Wissen und technisches Können für sie nützlich seien. Der Einbruch des Westens führte in Japan also nicht zu einer Destabilisierung des Thrones und der Gesellschaftsordnung, sondern eher zu einer Festigung der Macht der Shogune. Aber gegen 1930 war im Gefolge allzu bunten westlichen Treibens, wie die gestrenge Kaste der Samurai befand, das Maß voll. Auch galt es, dem allgemeinen Tätigkeitsdrang der an Zahl die Inseln Japans überbordenden Bevölkerung neue Ziele zu weisen. Wohin solche Ideen führen, ist unschwer zu erraten. Erst kam Korea an die Reihe, dann die Mandschurei und schließlich China selbst, der ersehnte weite Raum, Rohstofflieferant und Absatzmarkt zugleich. Auch Japan hatte seine Volk-ohne-Raum-Ideologie. 1931 hatten die Japaner den listenreichen Einfall, den letzten Mandschu-Sproß, Pu Yi, als Kaiser der Mandschurei einzusetzen. Das schuf Abgrenzung von China und schürte alten Haß. Pu Yi, 1945 abgesetzt, starb in den sechziger Jahren eines unerwartet friedlichen Todes.

Von diesem Moment an geriet China in den Sog fremdbestimmter Ereignisse, die ihm jede Chance nahmen, auf dem Boden der Reformen Sun Yat-sens eine ruhige Entwicklung zu finden. Chiang Kai Schek, als Nachfolger Sun Yat-sens, mühte sich seit 1925 mit wechselndem Kriegsglück, diesem Druck standzuhalten. Zunächst hatte er mit Unterstützung von sowjetischen Beratern, aber auch mit Hilfe des deutschen Generals von Seeckt – unter der Hand verstanden sich Reichswehr und Rote Armee zu jener Zeit ausgezeichnet – China völlig in die Hand bekommen und war nun Chef der Kuo Min Tang-Regierung. 1927 trennte er sich von den Kommunisten, als er deren so ganz anderes Ziel erkannte.

Aber schon 1936 zwang ihn die Lage auf dem chinesisch-japanischen Kriegsschauplatz zu einem erneuten Bündnis mit Mao Dse Dong, der seinerseits von Russen und moskautreuen Deutschen beraten wurde, wie dem legendären Li De, der in Wahrheit Otto Braun hieß und 1974 in Berlin starb. 1937 bombardierten die Japaner das offene Shanghai, das erste grausame Flächenbombardement einer zivilen Stadt, dann fiel Nanking, der Regierungssitz Chiang Kai Scheks, und dieser mußte sich nach dem entlegenen Chung King zurückziehen.

Das Verhalten der Großmächte Rußland, England und Amerika spiegelt das ganze Elend von Politik, die zwischen dem Möglichen und dem Nützlichen schwankt und ihre einstigen Ideale vergessen hat. Immer weniger ging es um China. Zunächst ging es allen, nach dem Ausscheiden der deutschen Berater, darum, Japan Widerstand zu leisten. Weder wollten die Russen die Japaner in ihrem Pazifikhafen Wladiwostok sehen noch wollten die Amerikaner und Briten ohne Widerstand der enormen Expansion Japans, das 1941 mit kühner Hand nach Birma, den Philippinen und den pazifischen Inselgruppen samt Hong Kong und Singapur gegriffen hatte, tatenlos zusehen.

Doch erst gegen Ende des Zweiten Weltkrieges wurde die Hilfe Amerikas für Chiang Kai Schek wirkungsvoll. Formell blieb er nach 1945 Sieger, aber er hatte nicht mehr die Kraft, China unter seiner Hand erneut zu einen; zu stark war das Drängen der roten Armee Mao Dse Dongs geworden. Und kaum lag der eine Gegner der Kriegskoalition, Japan, am Boden,

Mao Dse Dong

als Moskau entdeckte, daß es nun an der Zeit wäre, China in seinen Machtbereich einzubeziehen, und dies um so mehr, als die Amerikaner unter Truman kein wirkliches weltpolitisches Konzept hatten. Kurioserweise glaubte Chiang dennoch, der Moment sei günstig, um Hong Kong den eben wieder auf der Insel gelandeten Briten abzuluchsen.

Die Dinge kamen anders. Chiang Kai Schek exilierte nach Formosa, so wie es dreihundert Jahre vorher der letzte Ming-Herrscher getan hatte. Dort hat sich das China der Kuo Min Tang und des Sun Yat-sen erhalten. Chiang hatte übrigens eine überaus kluge, energische wie charmante Frau, Mei Ling, deren soziales Engagement auch von ihren Gegner nicht bestritten wird. Ansonsten wird dem Regime nicht eben Zimperlichkeit im Umgang mit seinen politischen Gegnern nachgesagt. Im übrigen waren die Antagonisten um die Macht in China gleichermaßen brutal, unnachgiebig und demagogisch. Das

Krummschwert des Henkers war ständig rot von Blut. Und wer nicht durch Feindeshand fiel, der fiel eben durch Freundeshand, das war dem Henker gleichgültig, verhungerte oder erlag den Strapazen. China hat in der ersten Hälfte unseres Jahrhunderts auf diesem Wege etwa 50 Millionen Menschen verloren. Ob diese Opfer angesichts der sich jagenden politischen Systeme, Lehren und Irrlehren einen Sinn gehabt haben, darf man bezweifeln. Die Frage nach dem Sinn der Geschichte ist in China besonders quälend.

Exit Chiang Kai Schek, intrat *Mao Dse Dong*. Er hatte den berühmten Langen Marsch in den Norden Chinas 1934 angeführt und überlebt; er hatte alle seine Berater hinter sich gebracht oder umgebracht; sein Stern ging über einem nun roten China auf, und fast alle Kommandeure Chiangs liefen mit der Zeit mit wehenden Fahnen zu ihm über. War es nur das Gespür für den kommenden starken Mann? Oder war der Kuo-Min-Tang-Staat in den rund zwanzig Jahren seines Waltens in die alten Seidenmäntel der listigen und selbstsüchtigen Mandarine geschlüpft?

Was nach Maos Sieg Ende der vierziger Jahre geschah, ist wohl mit westlichen Sinnen nie ganz zu verstehen, die allmähliche Ablösung von Moskau noch am ehesten: das Aufkommen der permanenten Kulturrevolution mit all ihren Greueln, schließlich das Gespenst der Viererbande, in der nach seinem Tode seine Witwe Jiang Qing die unrühmliche Rolle der mißtrauischen und intriganten Kaiserinwitwe Tzu Hsi wieder aufgriff. Auch Mao selbst zeigte manche Ähnlichkeit mit dem ersten Ming-Kaiser T'ai Tsu: Beide waren Söhne armer Bauern, beide über den Soldatenberuf zu Macht gekommen, beide mit allen Attributen der Begabung, aber auch Rücksichtslosigkeit ausgestattet. Manchmal wiederholt sich Geschichte doch, und meistens nicht zum Guten. Ob der einfache Chinese in seinem Reisfeld oder den Wohnwaben der Städte die Welt in den sechziger Jahren in schöneren Farben sah, darf man bezweifeln. Seine alte Kultur erschien erschöpft und durch das ständige Gemetzel unter der Schicht der Gebildeten verarmt.

Erst in den achtziger Jahren ist Hoffnung aufgekommen, daß aus den negativen Erfahrungen der vergangenen Jahrzehnte gelernt wurde. Trat nach der Scheinblüte der ›Hundert sprossenden Blumen‹, von Mao vor Jahrzehnten inszeniert, eine gewisse Liberalisierung im wirtschaftlichen und geistigen Leben ein, so scheint es sogar, daß die Chinesen schneller als die Russen den Funktionärsstaat mit all seinem byzantinischen Beigeschmack als Übel erkennen und überwinden. Symbolisch erwachte mit dem Verschwinden der jeden Individualismus, ja selbst den Unterschied der Geschlechter auslöschenden blauen Kittel neues Selbstbewußtsein, die Farbe trat als Zeichen akzeptierter Unterschiede wieder in den Vordergrund. Geblieben aus Maos Zeit ist jedoch die strenge zentralistische Führung des Landes. Als Einiger Chinas, als Erschaffer einer effizienten Zentralgewalt wird Mao sicher unvergessen bleiben. Wenn man die chaotischen und hilflosen Zustände im benachbarten Indien sieht, das Kastenwesen, den Kampf aller gegen alle, sei es aus religiösen, rassischen oder Standesgründen, so mag man ermessen, welchen Vorteil China aus einer starken, zentralen und handlungsfähigen Regierung zieht. Wir dürfen auch nicht den Fehler machen, den Völkern, die nicht in westlichen Traditionen groß geworden sind, ständig den Spiegel unserer Grundsätze vorzuhalten. Diese Grundsätze stehen teilweise in unauflösbarem Gegensatz zu den gewachsenen Traditionen und Herrschaftsvorstellungen der Länder Asiens, in denen kollektives Verhalten immer einen hohen Rang hatte. So bleibt zu hoffen, daß China die guten Teile seiner Tradition wiederfindet, den Weg zurück zu seinen geistigen Wurzeln, und dennoch ein Land der Zukunft werden wird.

Hong Kong 1997

In diesem Zusammenhang müssen wir auch die Frage der Einverleibung Hong Kongs 1997 sehen. Ein unfreiwilliges Billionengeschenk, von dem man meinen sollte, daß es pfleglich behandelt werden wird. Freilich stehen dem ältere Erfahrungen gegenüber: Als Mao 1949 Shanghai in Besitz nahm, trotz aller japanischen Bombardements und Massaker noch immer eine hoffnungsvolle Stadt, da war Maos erste Parole an die europäischen Kaufleute: »Bleibt, wir werden doch nicht so töricht sein und auf eure Erfahrung verzichten.« Nach einem Jahr standen diese Kaufleute und ihre chinesischen Partner am Hafen und hatten ihre Not, mit dem Hemd auf dem Leibe mit der letzten Dschunke noch wegzukommen. Das hat man in Hong Kong nicht vergessen ... Es ist auch unschwer vorauszusagen, daß ein 1997 vermutlich immer noch bescheidenes und ärmliches Beijing den Hochmut der reichen Adoptivschwester Hong Kong nur schwer wird ertragen können. So stellt sich die Frage, ob diese alte, zwar teildemolierte, aber dennoch selbstsichere Kultur die Herausforderung eines am Leistungsdenken geschulten Inselchens namens Hong Kong überhaupt annehmen will – erwartet man ernstlich, daß der Schwanz mit dem Hund wedelt? Noch immer gilt in Hong Kong der Spruch: Wenn China niest, bekommt Hong Kong einen Schnupfen.

Bereits 1986, im ahnungsvollen Vorfeld der Übergabe an China, begannen die Querelen um den Status seiner Bewohner. Wer länger als sieben Jahre seinen ständigen Wohnsitz in Hong Kong hatte, darf 1997 bleiben und erhält eine neue Kennkarte. Die Betonung liegt auf dem Wort ›ständig‹. Die meisten westlichen und amerikanischen Kaufleute in Hong Kong haben natürlich ihren ständigen Wohnsitz in ihren Heimatländern, wiewohl sie seit Jahrzehnten im Fernen Osten tätig sind. Ihre Kinder gehen auf europäische oder amerikanische Schulen: Also keine Kennkarte. Andererseits haben alle Chinesen vom Festland das automatische Recht, in Hong Kong Wohnsitz zu nehmen. Eine

Postkarte genügt: Ankomme bald. Die Auswahl wird man schon besorgen.

Die Menschen in Hong Kong haben ihre Erfahrungen in der Vergangenheit gemacht. Schon beginnt die gedankliche Allianz derer, die darauf hinweisen, daß Hong Kong unter einem königlichen Gouverneur nie eine wahre Demokratie hatte, und jener, die ahnen, daß der neue Mandarin aus Beijing von der Herrschaft des Demos auch nicht allzuviel halten wird. Also, bitteschön, was ändert sich denn? – Und führt um Himmels willen nicht zur Unzeit neue Rechte ein, das stört nur einen reibungslosen Machtübergang …

Kommt es darum 1997 zu einem erneuten Exodus von Intelligenz und Fleiß, deren China so dringend bedarf? Da kaum ein Land in Sicht ist, daß solche Exilanten aufnehmen würde – Singapore und die Philippinen mit ihrer deutlich spürbaren Abneigung gegen das Chinesische schon gar nicht –, wird es wohl so werden, wie der Kellner meines Liebslingsrestaurants in Hong Kong mir verschmitzt erklärte: »The rich will go, the poor will stay …«

Am Ende dieser von vielen Zweifeln belasteten Darstellung gibt es dennoch auch Erfreuliches zu sagen. Es sind zwei Umstände von sehr großer Bedeutung: China ist von seinem Wesen her kein aggressives Land, es war in der Vergangenheit eher das Ziel der Angriffe anderer, zumal Japans, dessen Aggressivität weit eher zu fürchten ist. Und China hat die Drohung der Bevölkerungsexplosion mit bewundernswerter Kraft und Geduld in den Griff bekommen. Unterstellt man wohl zu Recht, daß diese einer der tiefsten Gründe aller Aggressivität in der Welt ist, so wird auch China bald zum Kreis jener maßvollen Nationen gehören, deren Wort in der Dritten Welt gehört wird. Eine Aufgabe fürwahr, die einer alten Kulturnation würdig ist.

Wo der Blick in die Zukunft noch getrübt ist, mag ein Rückblick in die chinesische Fabelwelt uns auf festeren Boden bringen. Unter den Fabelwesen und Symboltieren Chinas nimmt der Hase einen bedeutenden Platz ein. Gilt Meister Lampe uns eher als Zeichen für allzuviel Vorsicht, nennen wir einen ängstlichen Menschen einen Hasenfuß, so sieht der Chinese dies völlig anders. Der Hase ist im Land der Mitte das

Symbol für Klugheit, ein wahrer Künstler des Überlebens angesichts vieler Feinde. Der Hase ist aber auch ein tapferer Kämpfer, einer, der den Kampf nicht sucht, aber herausgefordert, ihm standhält. Meister Lampe kämpft mit Mut um seine angebetete Häsin, koste es was es wolle, und der altrenommierte Alfred Brehm hat im Hasen ungewollt ein gut Teil des chinesischen Charakters beschrieben: »Fast möchte es scheinen, als habe die Natur den Hasen durch Munterkeit, Schnelligkeit und Schlauheit für die ihm angeborene Furchtsamkeit zu entschädigen versucht ...«

Sehen wir im Chinesen das eher Familiäre der Hasenfamilie, damit aber auch ein friedliches Wesen, so eignet dem Japaner eher das Wölfische, die Kühnheit und Unbedingtheit, die Verbindung von edelster Form und höchster Schonungslosigkeit. In diesen Unterschieden kommt nicht nur das unterschiedliche Alter beider Kulturen zum Ausdruck – China formal 221 v. Chr. als Kaiserreich gegründet, aber noch zweitausend Jahre tiefer in mythologische Vergangenheit zurückreichend, Japan erst 350 n. Chr. als Yamatoreich gegründet –, sondern auch die insulare Unbedingtheit Japans, gestählt in gnadenlosen Rivalitätskämpfer unter den Shogunen als den eigentlichen Trägern der Macht. China war oft genug der Spielball Fremder, Japan niemals. Haben die alten Märchen doch recht, in denen die Liebe der Kinder Meister Lampe gehört, dem Wolf aber ihre Furcht ...

Hongkong and Shanghai Banking Corporation

Als 1865 die Hongkong and Shanghai Banking Company Ltd. mit einem Kapital von fünf Millionen englischen Pfund als ein Handelsbollwerk des Empire gegründet wurde, waren die schwersten Auseinandersetzungen mit den Mandarinen in Kanton und dem Kaiserhof in Peking gerade beigelegt worden. Der Handel florierte, ägyptische und amerikanische Baumwolle wurde in den Fabriken Englands zu Baumwolltuchen versponnen, der gewebte Kattun auch gleich mit indischem Indigo in jenes Blau gefärbt, das seitdem die Sailors aller Nationen erfreut. Noch zu Maos Zeiten prägte das Bild blaugekleideter chinesischer Arbeitskolonnen die Straßen Chinas, auch wenn das Tuch längst nicht mehr aus Manchester oder Liverpool stammte.

Die geschickte Verbindung natürlicher Produkte, der weißen aufplatzenden Baumwollsamenkapseln aus Ägypten und Carolina, der Wolle der Schafe aus Schottland, der färbenden Extrakte aus der Indigopflanze Indiens und letztlich der englischen Kohle, die jene eben in England erfundenen Spinn- und Webmaschinen des industriellen Zeitalters pausenlos mittels Dampf

Die löwenbewachte Fassade des Vorgängerbaues der dreißiger Jahre

bewegte, hatte ungeheuere Konsequenzen. England wandelte sich von einer bäuerlichen zu einer städtisch-industriellen Nation. Die Bauern wurden, zumal in Schottland, regelrecht vertrieben, um Platz für die alles kahl fressenden Schafe zu finden. Was galt da schon das bißchen Mensch, er war im Zeitalter des Manchestertums auch an den Maschinen beliebig austauschbar.

Andererseits führte diese industrielle Revolution, die eigentlich eher eine Explosion war, zu einer ungeheueren Ansammlung von Reichtum, der einen neuen Geldadel hervorbrachte, die häufig nobilitierte Schicht der Fabrikanten und großen Handelsherren. Einer sehr arm gewordenen Unterschicht stand nun eine sehr reiche Oberschicht gegenüber, beide plötzlich in eine Situation geworfen, zu der es keine historischen Erfahrungen gab. So entstanden jene Probleme, die England noch heute quälen. Verschärft wurde das Dilemma durch die unverändert hohe Geburtenrate, die infolge besserer Hygiene und ärztlicher Versorgung zu einer drangvollen Vermehrung der Bevölkerung führte. Für diesen Menschenandrang bot das britische Empire, im Gegensatz zum beengten Kontinentaleuropa, weite Räume, die der Auswanderer harrten, doch galt deren Interesse vor allem Amerika, Australien und Neuseeland. Indien blieb die Domäne einer dünnen Schicht englischer Beamter und Kaufleute, hier konnten sich jugendliche Heißsporne und Tunicht-

guts austoben, bis sie vielleicht doch an eine Missionarstochter gerieten. China und Hong Kong war in diesem Zusammenhang überhaupt kein Thema. Hier brauchte man tüchtige Kaufleute, fähige Banker, sprachenkundige Menschen von Zähigkeit und einer gewissen Unempfindlichkeit gegen das Klima.

Aus diesem Kreis rekrutierte sich auch der Stamm jener Agentenfirmen wie Messrs. Jardine, Matheson & Co. Ltd. und Messrs. Dent & Co., deren Aufgabe nicht nur die Abwicklung des Handels, sondern auch die finanzielle Regelung der Zahlungsmodalitäten durch Kredithingabe war. De facto war das Handelsgeschäft mit einem begrenzten Bankgeschäft verbunden. Unter diesen Handelsagenten entwickelte sich ein praktisches System des bargeldlosen Zahlungsverkehrs, indem man Wechsel und Zahlungsanweisungen untereinander tauschte oder aufkaufte und damit die Risiken des Geldtransports wie die langen Postwege vermied. Das Ganze war eine Neuauflage der kombinierten Handels- und Bankgeschäfte der Medici, Fugger und Welser. Immerhin benötigte ein Dampfer von Southampton oder Liverpool nach Hong Kong ganze acht Wochen, und jedesmal, wenn einer unterging, läutete man bei Lloyds in London die Glocke, und die Versicherer wischten sich die nassen Augen. Auch sonst wurden manche Augen gewischt, denn wer wußte schon, ob nach acht Wochen eine Anweisung auf eine englische Bank noch honoriert wurde.

Da wurde 1869 der Suezkanal eröffnet, die Fahrzeit sank auf vier bis fünf Wochen, und just im gleichen Jahr erreichte die Trasse der Eisenbahn San Francisco. Nun war die Welt gewissermaßen ringsherum bereisbar, und Uncle Sam wurde im fernen Osten häufiger gesehen. Gegen 1872 kam eine zweite technische Neuerung zum Zug: Die riesigen Entfernungen durch die Meere waren kein Hindernis mehr, um unterseeische Kabel zu verlegen – es waren Brunels Riesenschiffe, die als Kabelleger jene endlosen und tausende von Tonnen wiegenden Kabel an Bord nehmen konnten. 1870 erreichte der Kabel-Telegraph Bombay, 1871 – was für ein Tempo! – Hong Kong. Die Welt war ein einziger Markt geworden, die fernsten Außenposten lagen endlich an der Kandare der Mutterhäuser und des Foreign Office – welche Wohltat, wird da mancher gedacht haben.

In Sicht war aber bereits die Große Depression von 1873 bis 1896, eine Folge der Überspekulation der Gründerjahre und darin dem Schwarzen Börsenfreitag von 1929 nicht unähnlich. Da an dieser Überproduktion das junge Deutsche Reich nicht geringen Anteil hatte, suchte der Merchandise Mark Act von 1887 diesem Druck zu steuern, indem man die Herkunftsländer zwang, ihre Erzeugnisse zu kennzeichnen, etwa durch ein ›Made in Britain‹ oder ›Made in Germany‹. Dieses Gesetz mit der Absicht, die Erzeugnisse der jungen deutschen Industrie mit dem Rüchlein schlechter Qualität zu versehen, wandte sich bekanntlich ins Gegenteil und wurde ein durchschlagender Erfolg für die deutsche Industrie.

Shanghai wuchs nun zu einer fast europäischen Stadt heran, Zentrum des direkten Handels mit China und Japan und noch heute mit seiner europäisch wirkenden großstädtischen Hafenfront, The Bund genannt, eher ein Stück der viktorianisch-wilhelminischen Zeit. Es hat mich immer wieder überrascht, wie viele unserer Bekannten damals als Kinder deutscher Eltern in Shanghai geboren worden sind. Hong Kong hatte in jener Zeit eine doppelte Funktion: Einerseits war es der östlichste militärische Stützpunkt für die legendären englischen ›interests east of Suez and Aden‹ und reihte sich ein in die lange Kette von Gibraltar über Malta, Suez, Indien und Singapore. Andererseits war es ein Umschlaghafen, auf dessen offener Reede die Güter nach kurzer Zwischenlagerung oder einfach von Bord zu Bord getauscht oder von kleineren Küstenschiffen übernommen wurden, gewissermaßen eine Clearing-Stelle des Güterverkehrs. Diese Rolle eines Terminals spielt Hong Kong noch heute, denn nur ein kleiner Teil der auf Reede ent- und geladenen Güter dienen der Versorgung der Stadt und ihrer Industrie.

Da geschahen neue, aufregende Dinge: Die Preußen und ihre Verbündeten schlugen sich bei Sedan und Vionville mit den Franzosen, das Zweite Deutsche Reich entstand 1871 in Versailles und vereinnahmte große, den Franzosen aufgelastete Kriegsentschädigungen. Nun hatte auch Deutschland seinen Boom, sein erstes Wirtschaftswunder, das wir die deutschen Gründerjahre nennen. Der preußische Finanzminister, bald der Reichsfinanzminister, und seine Kollegen in den anderen Staaten des

Reiches entschieden sich dafür, die alte Silberwährung der deutschen Königreiche und Fürstentümer, die Thaler, Silberlinge, Florin, Maria-Theresien-Thaler, Gulden und Dukaten abzuschaffen und durch eine einheitliche Goldwährung zu ersetzen. Holland und Skandinavien folgten, und ungeheuere Silbermengen aus demonetarisierten Münzen wälzten sich auf den Markt. Manches Silbergeschirr wird in jener Zeit des schnellen Geldes und der niedrigen Silberpreise entstanden sein – vielleicht speisen wir noch heute davon. 1876 waren in der Folge dieser Silberentwertung die indische Rupie, der mexikanische Dollar und der chinesische Tael die Verlierer. Zu allem Überfluß entdeckte man ausgerechnet jetzt die ungeheueren Silbervorkommen in Nevada. Silber war nun out, in Hong Kong waren die Agenten wie Jardine and Matheson solchen Erschütterungen kapitalmäßig nicht gewachsen, und der Ruf nach einer eigenen, staatlich überwachten Bank gab der 1865 gegründeten Hongkong Bank gewaltigen Auftrieb. Im Gründungskomitee saßen aber nicht nur Engländer. Die Akten nennen das Hamburger Unternehmen Messrs. Siemssen & Co., das noch heute existiert, als im Direktorium vertreten. Zusammen mit dem deutschen Unternehmen Vidal & Co., dessen Hauptniederlassung in Batavia war, war man spät in den Chinahandel eingetreten, doch bald zu Rang gekommen und eingeladen worden, mit Kapital und Erfahrung der Hongkong Bank beizutreten. So finden wir bis 1914 stets einen deutschen Kaufmann im Board of Directors, 1867 das Haus Siemssen sogar als Chairman of the Board. Der Umfang des Handels, zumal mit Hamburg, war erstaunlich. 1867 liefen 498 Schiffe unter deutschen Flaggen den Hafen von Victoria an, die Hälfte davon unter der Flagge des Norddeutschen Bundes und aus Hamburg.

Der Wunsch nach risikoarmem bargeldlosem Zahlungsverkehr führte bald zu Filialgründungen der Hongkong and Shanghai Bank im kontinentalen Europa. Die Befürchtung, die in Hamburg neugegründete Deutsch-Asiatische Bank könnte Terrain gewinnen, führte zu einer Niederlassung in Hamburg, wo wir sie noch heute finden. Konkurrenz belebt das Geschäft, und bald sehen wir alle drei, die Hongkong Bank, Jardine, Matheson and Co. und die Deutsch-Asiatische Bank, 1898 friedlich vereint, um den Chinesen bei der Zahlung ihrer Kriegsschulden an Japan zu helfen und den Eisenbahnbau im Reich der Mitte zusammen mit chinesischem Kapital voranzutreiben. 1914 freilich hat man unfein kassiert, dafür haben die Japaner ganz ungeniert noch 1942 Noten der Hongkong Bank gedruckt, hübsch mit der Unterschrift jener Direktoren, die in Internierungshaft saßen und nicht gefragt wurden. Sie wurden 1945 zähneknirschend eingelöst.

Auch der Name Sassoon taucht auf, der sich heute freilich eher mit den hübschen Haaren der Damen zu verbinden scheint. Im übrigen eine vielseitige Familie, die Sassoons. In ihrer Geschichte spiegelt sich das entstehende Empire. 1818 wurde in Bagdad, als Sohn eines jüdischen Kaufmanns, ein Albert Abdullah David Sassoon geboren. Die Zeiten der mit schaukelnden Kamelkarawanen die Wüsten Arabiens durchziehenden Kaufleute aus Tausend und einer Nacht war indes vorbei. Sassoon zog in das aufstrebende englische Bombay, erwarb legendären Reichtum, baute 1864 das größte Schiffsdock in Indien und wurde 1865 Mitgründer der Hongkong Bank. 1890 hat ihn Königin Victoria zum First Baronet of Sassoon erhoben.

Sir Abdullah Sassoon führte nun in England ein großes Haus und widmete sich, ganz in der Tradition aus den Tagen Harun al Raschids, in denen Schöngeisterei und Geschäft keine Gegensätze waren, seinen philanthropischen Neigungen. Von seinem Sohn Philipp meldet die englische Biographie ganz trocken und ungeniert »he was a politician and connoisseur«. Ein Liebhaber schöner Dinge zu sein, war also Beruf genug. Es soll in solchen Familien nicht selten vorkommen, daß sich in der dritten Generation die Musik oder Belletristik zu Wort meldet und manche Dinge mit kritischerem Sinn hinterfragt werden. Sassoon-Enkel Siegfried – wir sind nun im Zeitalter der Wagnerverehrung – diente als mehrfach verwundeter Offizier im Ersten Weltkrieg in Frankreich. Mancher Spott mag ihn getroffen haben, wenn seine Kameraden sangen: »... we are hanging our washes on the Siegfried Line«. Er schrieb, angewidert von dem sinnlosen Schlachten, ›The Memoirs of an Infantry Officer‹, ein ausgesprochen erfolgreiches Antikriegsbuch, 1944 nochmals nachgedruckt.

Doch kehren wir zurück zur Hongkong Bank. In ihrem Gründungskomitee saßen also Skandinavier und Inder neben Engländern und Deutschen – aber kein einziger Chinese. Daß sich die weltumspannende P.&.O. (Packetboat and Ocean) Steamship Company unter Mr. Sutherland eifrig beteiligte, kann nicht verwundern. Das erste Bankgebäude an Queens Road wurde übrigens auf einem Grundstück errichtet, das – man ahnt es schon – von David Abdullah Sassoon gekauft wurde. Es war eben schon immer das Besondere, seine Nase ein Stück weiter vorn zu haben. Die Chinesen würden lächelnd von ›fung shui‹ sprechen.

Die Güter, die dieser Handel bewegte, hatten sich seit den portugiesischen und spanischen Jahrhunderten kaum verändert: Porzellane, Seide, Opium, nach dem die Chinesen süchtig waren, Tee, nach dem die Engländer süchtig waren, und schließlich Zinn; dann Kautschuk aus Malaysia. Der Seidenhandel lief überwiegend über Lyon, der alten Seidenweberstadt an Saône und Rhône. Noch nicht einmal der allererste Indochinakrieg zwischen Frankreich und China, 1862-1864, konnte ihn stoppen. In den besten Zeiten wurden jährlich etwa siebzehn Millionen Pfund Rohseide gehandelt, die ganze Belle Epoque glänzte von Seide – wenn wir auch heute mehr die Schatten sehen, die dieser Lichtglanz warf.

Mancher Leser mag sich nun fragen, warum das stockenglische Hong Kong nicht beim englischen Pfund Sterling blieb, sondern den Hong Kong Dollar kreierte. Daran sind einfach die Spanier schuld und ihr rühriger Vizekönig in Mexiko. Die Caballeros betrieben einen lebhaften Handel mit den sogenannten ›Acapulco Galeonen‹ vom pazifischen Acapulco nach den spanischen Philippinen. Dort traf man sich mit chinesischen Kaufleuten aus Kanton, Shanghai und Macau. Zeitweilig hatte Manila Macau den Rang abgelaufen, lange bevor Hong Kong gegründet wurde. Wieder ging es um Porzellane und Seide. Sie wurden in Mittelamerika mit Maultieren über den Isthmus von Panama transportiert und in jährlichen Geleitzügen nach Spanien gesegelt. Zur Zahlung bot sich der mexikanische Silberdollar an, gewonnen in den reichen Silberminen von Lima. Mit der Zeit waren solche Mengen dieser Silberdollars im chinesischen Umlauf, daß sie die Rolle einer inoffiziellen Währung annahmen. Dieses System kam, wie wir hörten, zu Ende durch den Verfall des Silberwertes in den siebziger Jahren und schließlich 1898 mit der Eroberung der Philippinen durch die Amerikaner. Viele unserer heutigen Spannungsherde – von Indochina, sprich Vietnam, bis zu den Philippinen – sind schon damals im Berührungsfeld asiatischer und europäischer Mächte entstanden. Der törichte Glaube jener Zeit strebte nach militärisch gesichertem, territorialen Besitz, statt sich mit dem so lukrativen Handel und dem spinnefeinen, aber viel wirksameren Gewebe indirekter Einflußnahme zu begnügen.

Der mexikanische Dollar, von dem hier ständig die Rede ist, nannte sich eigentlich Peso. Er war auch in der Frühzeit der Vereinigten Staaten, neben anderen Währungen, offizielles Zahlungsmittel in Ermangelung einer noch zu schaffenden amerikanischen Währung. Die vielen angelsächsischen, holländischen und deutschen Kaufleute nannten diese mexikanische Pesomünze, die groß und handlich war, nach dem alten deutschen Wort ›Thaler‹. Vor allem der Joachimsthaler aus Silber war dem Peso ähnlich und galt als Äquivalent zum kleineren goldenen Gulden, der seinen Namen ja selbst erklärt. Allmählich in der Umgangssprache zum ›Dollar‹ verschliffen, nahm der mexikanische Peso in der Handelspraxis diesen Namen an, vererbte ihn dem amerikanischen Dollar, dessen Adler stark dem alten mexikanisch-habsburgischen ähnelt. 1891 folgte der Hong Kong Dollar mit dem Bild der Athene und – mehr eine Kuriosität – der Dollar der jungen chinesischen Republik mit dem Halbprofil Sun Yat-sens.

Mit Münzen hat es eine besondere Bewandtnis. Ein amüsantes Lehrstück ›Adelsstolz contra Marktkenntnis‹ hat sich dabei im eben dem Handel geöffneten Japan zugetragen. Die Daymos und Samurais setzten eine Goldmünze auf fünf gewichtsgleiche Silbermünzen. Sie glaubten, ihr Rang ermächtige sie hierzu, möge doch das Ausland machen, was es wolle. Vielleicht war Japan auch knapp an Silber und man dachte durch diese willkürliche Parität Silber zu sparen. Das hatten bald einige Kaufleute spitz bekommen und segelten fleißig zwischen Kobe, Yokohama und Shanghai hin und her. Für fünf Silbermünzen bekamen sie eine Goldmünze, die sie in Shanghai in fünfzehn Silbermünzen umtauschten, denn das war der gültige Börsenkurs. Zehn Münzen ließ man in der Tasche verschwinden, und mit den übrigen fünf segelte man wieder nach Yokohama ... Kein Wunder, daß die Japaner heute so scharf rechnen.

Doch schon damals entstand Hong Kong ein Rivale, der in den Jahren nach 1945 große Bedeutung gewonnen hat. Dieser Rivale ist unbelastet von der Hypothek des Jahres 1997, in dem Hong Kong an China zurückgegeben werden wird. Er ist als Stadtstaat nur sich selbst verantwortlich, gelegen an der außerordentlich verkehrsintensiven Malakkastraße, ein gefährlicher Wettbewerber: Singapore. Wird es der Vierte in der ehrwürdigen Reihe großer meer- und handelsbeherrschender Stadtstaaten sein: Venedig, Macau, Hong Kong ...? Ist es ein Gesetz, wonach ein zu gewichtiges und stets problematisches Hinterland eine dem Handel und der See zugewandte Stadt nur belastet?

Auch in der Schiffahrt vollzogen sich große Veränderungen durch die stürmische Entwicklung der Eisenindustrie in England. Der geniale Konstrukteur Isambard Kingdom Brunel ließ 1843 mit der ›Great Britain‹ den ersten Eisendampfer den Atlantik queren. 1854 folgte die riesenhafte ›Great Eastern‹, und die Menschen in den Hafenstädten hielten den Atem an, als sie sahen, daß Eisen schwimmen konnte. Hölzerne Segelschiffe konnten nie in diese Größenordnung vordringen, da die zusammenhaltende Kraft der Spanten, Planken und verzargten Kiele den Durchbiegungen eines langen Schiffes im Wellengang nicht gewachsen war. Das genietete Eisen, dann der Stahl, erlaubten plötzlich, diese Bedenken über Bord zu werfen.

Für eine ganze Weile, bis in unser Jahrhundert hinein, profitierten aber auch die nun weit größeren Stahlsegler von dem neuen Werkstoff. Die ob ihrer Schnelligkeit und Schönheit berühmten Flying-P-Liner der Hamburger Reederei Laeisz, die englischen Tea Clipper wie die ›Cutty Sark‹ und die amerikanischen China Clipper aus San Francisco konnten die zweite Neuerung des 19. Jahrhunderts, die Dampfmaschine, noch lange elegant ausmanövrieren. Mit ihren 15 bis 18 Knoten ließen sie die langsamen, kohlebefeuerten Dampfschiffe, die allenfalls 10 bis 12 Knoten liefen, zurück. Auch ihr zweiter Vorteil, die

Nutzung einer Energie, die unterwegs nicht nachgebunkert werden mußte, machte sie wirtschaftlich. Die ganze technische Entwicklung drängte indessen zu einem globalen Handels- und Machtsystem wie dem Britischen Empire mit Stützpunkten längs der großen Schiffahrtswege. Die Zeit isoliert operierender besegelter Konvois der Spanier und Portugiesen war endgültig vorbei. Erst die Einrichtung eines weltweiten Netzes von Kohlebunkerstationen, aber auch stärkere Maschinen, der Übergang von seitlichem Schaufelradantrieb zu Heckpropellern verdrängte langsam den Segler.

So dürfen wir uns gegen 1900, hoch vom Peak gesehen, das fast berauschende Bild hunderter schwarz- oder weißrumpfiger Segler vorstellen, hineingetupft in die türkisgrüne See, elegant ihre Segel entfaltend, bevor sie hinausglitten in die Weite des Südchinesischen Meeres. Im Mai 1866 kam es zu einem Rennen zwischen englischen Tee-Seglern, die zur gleichen Stunde, vollbeladen mit Tee, im Hafen Foochow (Fuchau) ihre Anker gelichtet hatten, der ›Ariel‹ und der ›Taeping‹. Durch die Formosastraße auf westlichem Kurs plagten sie sich mit dem Südwestmonsun in der Südchinasee ab, durcheilten die Sundastraße, gingen auf Südwestkurs, um hart am Südostpassat segelnd den Indischen Ozean zu queren, umschifften im Agulhasstrom das Kap der Guten Hoffnung und eilten mit prallen Segeln durch den Südatlantik und die Biskaya nach Norden. Die beiden Tea Clipper trafen, nach sechzehntausend Seemeilen im aufgewühlten Meer und hundert Tagen Fahrt mit Tausenden von komplizierten Segelmanövern, von Kanonenschüssen in der Themsemündung begrüßt, mit einer Zeitdifferenz von acht Minuten ein …

Die berühmte ›Cutty Sark‹, heute in Portsmouth konserviert, ließ ihr kurzes Hemdchen noch heftiger im Wind wehen. Ihre Gallionsfigur zeigt ein junges Mädchen mit wallendem Blondhaar und einem ganz unviktorianisch kurzen Hemd – schottisch ›sark‹, und weil es sehr kurz war, eben ›cutty‹. Ihr größtes Etmal – die Tagesstrecke in Seemeilen – betrug 363, das sind knapp 670 Kilometer. 1888 überholte sie im schweren Sturm mit 17 Knoten den heftig in der See stampfenden Dampfer ›Britannia‹ der P. &. O. mit Kurs Hong Kong. Dem Steamer-Captain mag sie wie der Fliegende Holländer erschienen sein, er brauchte einen Doppelstöckigen …

Die Malakkastraße, eng zwischen Singapore und Sumatra eingezwängt, hatte gegen 1880 dem älteren Seeweg der Sundastraße, zwischen Sumatra und Java gelegen, mit dem Aufkommen windunabhängiger Dampfschiffe den Rang abgelaufen. Auch die Eröffnung des Suezkanals 1869 – welch ein Jahrzehnt! – bewirkte, daß von Europa kommende Schiffe nicht mehr das Kap der Guten Hoffnung umfuhren und mit nordöstlichem Kurs die Sundastraße ansteuerten, sondern mit östlichem Kurs aus dem Roten Meer rund um die Südspitze Indiens herum direkt in die Malakkastraße einfuhren, um den Fernen Osten zu erreichen. Clever und vorausahnend hatte die British East India Company darum Singapore bereits 1824 dem Sultan von Johore abgekauft – zum großen Mißvergnügen der holländischen Mijnheers in Indonesien.

1867, als der auf seinem Denkmalsockel vor dem Supreme Court stehende legendäre Direktor der Hongkong Banking Corporation, Sir Thomas Jackson, noch nicht aus Bronze war, sondern ein lebender Mann von ganzen 35 Jahren, galten all diese Seewege zu Recht als äußerst unsicher. Rudel malayischer Piraten stürzten sich in den unübersichtlichen Gewässern zwischen den Inseln auf die schwerfällig manövrierenden großen Segelschiffe und die noch recht langsamen Dampfer. Heute noch sind diese Meeresstraßen berüchtigt wegen Angriffen, selbst auf große Ozeanschiffe, und man kann an Bord von Flugzeugen nach Hamburg leicht verstörte Passagiere sehen, wenn neben, vor und hinter ihnen eine ausgetauschte malayische Schiffsmannschaft, mit offenem Hemd und tätowierter Brust, Platz nimmt. Nur der Kris wird nicht mehr zwischen den Zähnen getragen.

Interessant ist die Einstellung der Bank zu den heftigen Pressionen der anderen Großmächte, die China à tout prix in Interessensphären aufteilen wollten, um es definitiv in Besitz zu nehmen. Die Bank fürchtete sehr zu Recht, von den kriegslüsternen Parteien als Geldgeber in Anspruch genommen zu werden und letztlich zu einem verdorbenen Geschäftsmarkt auch noch die ganze Zeche zahlen zu müssen. Gegen Ende des 19. Jahrhunderts hatten sich die Franzosen mit Cochinchina, dem späteren Vietnam, zufrieden gegeben, heute Laos und Kambodscha. Aber die Russen drängten nach der Mandschurei und an den Pazifik, mit Port Arthur als eisfreiem Hafen, und die Japaner begehrten Korea als kontinentalen Brückenkopf. Die Briten, die in China keine territorialen Interessen verfolgten, die Deutschen und die Portugiesen suchten dies zu verhindern, da sie sich mit Recht sagten, daß ein völlig demoliertes China kein interessanter Handelspartner mehr sein könnte. Zunächst wehrten sich die Chinesen mit ihrer kümmerlichen Flotte gegen die Japaner als der am unmittelbarsten drohenden Gefahr. Sie wurden 1895 vernichtend geschlagen, verloren Formosa, das heutige Taiwan, und mußten Korea eine Scheinselbständigkeit zubilligen. Dann gerieten sich Rußland und Japan wegen des russischen Zugangs zum Pazifik in die Haare. In einer Pearl Harbour vorwegnehmenden Weise hatte Japan einen Tag vor der Kriegserklärung Port Arthur angegriffen und eingenommen. Die Seeschlacht von Tsushima entschied dann 1905 den Russisch-Japanischen Krieg. Admiral Rodjenvenskys Flotte versank, und Rußland mußte sich weiter mit dem nicht eisfreien Hafen von Wladiwostok begnügen. Erstmals hatte eine asiatische Macht, die noch vor fünfzig Jahren in mittelalterlichen Verhältnissen gelebt hatte und den schwarzen Schiffen des amerikanischen Kommodore Perry hochmütig ihre Häfen verschließen wollte, eine europäische Macht besiegt.

Kehren wir zur Hongkong and Shanghai Banking Corporation zurück. Gewaltig reckt sich das hellgraue Metallgebäude mit seinen spiegelnden Glaswänden empor, fast verachtungsvoll mustert es den tief unten liegenden Supreme Court. Supermodern und zukunftsgewiß hatte man zum allgemeinen Verdruß das alte stilvolle Gebäude aus den dreißiger Jahren abgerissen, kompromißlos galt die Devise: Uns die Zukunft! Technisch und funktional, unbarmherzig und wie verachtend hat der Londoner Architekt Norman Foster diese Burg von Stahlstreben 1985 fertiggestellt, gewaltige Dreiecke halten wie Expander das Ganze zusammen, computergesteuerte Spiegel folgen der Sonne und erhellen das Innere, groß wie eine Kathedrale. Doch wollte die Kathedrale den Gläubigen ein Lehrstück sein, dies ist den

Heutigen allenfalls ein Leerstück. Eine weite Halle von eigenartiger Inhaltslosigkeit öffnet sich im Erdgeschoß. Sie geht durch alle Stockwerke, wo sich metallene Büros und Schalterhallen wie um ein Atrium scharen. Fährt man mit der Rolltreppe hinauf, wähnt man sich in einem beunruhigenden Vakuum, in dem einzelne Menschen, wie Farbtupfer verteilt, zu fliehen versuchen. Diese Farbtupfer sind aber von sehr chinesischer Liebenswürdigkeit und Hilfsbereitschaft, keine High-Tech-Menschen, wenn wir mit einer Kreditkarte oder selbst einem Eurocheque Bargeld erheischen. Die Banknoten Hong Kongs sollten wir uns ansehen, sie sind ein Kuriosum. Viele sind nämlich nur Assignaten auf den Titel und auf die Kreditwürdigkeit einer Bank, gewissermaßen im Dauerumlauf befindliche Wechsel.

Oben auf dem Dach türmt sich eine Art von Kommandobrücke wie auf dem Deck eines Flugzeugträgers, damit das Direktorium bessere Übersicht hat. Daneben kragen runde Plattformen, als Hubschrauberlandeplatz, über das Dach vor, auf dem Raketenwerfer drohend ihre Lafetten in alle Richtungen zu schwenken scheinen. Wird hier die lästige und unfeine, weil die Zinssätze unterbietende Konkurrenz auf Befehl des versammelten Direktoriums unter Feuer genommen? Doch dann sehen wir, wie nur ein schlichter Korb mit Fensterputzern ausgeschwenkt wird. Die alten Zeiten sind vorbei. Die beiden Bronzelöwen vor dem Tor, noch vom Vorgängerbau stammend, fletschen grimmig ihre Zähne und lassen die Kinder auf sich reiten, aber wehe, wenn sie den Architekten erwischen …

Und wo ist Mister Jardine geblieben? Wir hörten von der Rolle der Firma Jardine, Matheson & Co. Ltd. bei der Gründung der Hongkong Bank, doch heute ist sie nicht mehr auffindbar. 1984 verlegte sie in Anbetracht unsicherer Zeiten ihren Sitz auf die Bahamas. Nur noch Jardine's Bazaar und Jardine's Crescent im Osten von Wan Chai erinnern mit ihrem bunten Marktleben an die stolze Zeit königlich britischer Kaufleute. Doch blicken wir gerade nach dem Mandarin Hotel hinüber, es ist immer noch in Jardines Hand und die steinreiche Hongkong Land Corporation, die größte Landbesitzerin der Kronkolonie, nicht minder. Irgendwann wird man auch mit dem künftigen chinesischen Gouverneur ins Geschäft kommen.

Von Possession Street nach Jardine's Bazaar

Eines langen Tages Reise mit der Straßenbahn

Siehe auch Plan Hong Kong Island Seite 64/65
und Plan Victoria Seite 82/83

Der Ausflug dieses Tages bedient sich der bei uns kaum mehr anzutreffenden altmodischen Straßenbahn. Wir besuchen ganz im Westen *Possession Street*, wo 1841 alles begann, dann fahren wir ans andere Ende, nach *Shau Kei Wan*, ein Fischerdorf im Osten Hong Kongs gegenüber der Lei Yue Mun-Meerenge. Das eigentliche Ausflugsziel sind aber die alten chinesischen Märkte um Jardine's Bazaar und Jardine's Crescent an der Causeway Bay. Auch der zeitlich Beengte vermag sich mit diesen Eindrücken ein gutes Bild des alten Hong Kong und seines typisch chinesischen Straßenbildes zu machen.

Der Leser wird bemerkt haben, daß ich einige Zeit, en famille, in Kow Loon gewohnt hatte und dann, des besonderen und so ganz anderen Ambientes wegen, nach Hong Kong Island umgezogen war. Dieser Entschluß hatte mich in ein chinesisches Hotel geführt, das an der Gloucester Road unweit des China Resources Building lag. Obwohl mit allem westlichen Komfort ausgestattet, gehörte es, wie sich bald herausstellte, einem Konsortium, das in der Volksrepublik China beheimatet ist. Das hat meinen Aufenthalt nicht getrübt, im Gegenteil mich mit vielen Chinesen in Berührung gebracht, vor allem im rein chinesisch geführten Restaurant, und erheblich preiswerter als in den großen Nobelherbergen war es auch. Eine solche Wahl hat aber nur Sinn, wenn man etwas länger bleibt, an den Menschen interessiert ist, sich nicht einsam fühlt, auch wenn man als einziger Europäer unter lauter Chinesen wohnt und vom Hotelboy allmorgendlich mit der ›South China Morning Post‹ und der obligaten Frage: »How is business, Sir?« begrüßt wird.

Vom Distrikt **Wan Chai** führt die bereits häufiger erwähnte nostalgische Straßenbahn nach beiden Seiten an der Küste Hong Kong Islands entlang. Wir sollten sie an einem frühen Morgen besteigen, was auch nahe am Hong Kong Hilton und damit nahe der Star Ferry möglich ist, und zunächst nach Westen fahren. Durch *Des Voeux Road* quietscht die uralte Tram mit den harten Holzbänken ihren Weg, Court House und die blinkende Prachtwelt von Prince's Building und Alexandra House verschwinden bald, die Straße wird ärmer, trister und, ein großer Widerspruch, zugleich farbiger und chinesischer. Sie wird von Pedder Street bis Pottinger Street von zahlreichen schmalen Lanes oder Gassen durchzogen, die wir bereits von unserem Ausflug nach Cat und Ladder Street kennen. In einem gewissen Sinn mögen sie an die Lanes erinnern, die Londons Fleet Street kreuzen, jenes alte Gängeviertel, wie es auch die Hafenstädte Norddeutschlands kennen. Dies ist das eigentliche alte Victoria, in dem Mr. Jardine das legendäre Lot Number One kaufte, das erste Baugrundstück, und den Grundstein zu seinem Imperium legte. Ob er damals schon den Geomanter gefragt hat, der auch heute neben dem Statiker beauftragt wird, das Fung Shui eines Bauwerks zu ergründen? Die Geomanter waren es denn auch, die dazu veranlaßten, in dem neuen Regent Hotel in Kow Loon eine zum Hafen offene Halle zu bauen, um dem benachbarten Drachen den Weg zu erleichtern. Als man den Neubau der Hongkong Bank errichtete, mußten die Bronzelöwen vom alten Portal ausgelagert werden, und nur nach sorgfältiger Prüfung wurden sie an einer günstigen Stelle neu postiert, um die Besucher vor den Gefahren der See zu schützen. Kein Angestellter wird mit dem Rücken zur Tür sitzen wollen, und zahllose achteckige Glasspiegel lassen unerwünschte und böse Geister vor dem Betreten eines Hauses zurückschrecken.

Nahe dem Macau Ferry Building drängt sich die Trambahn für wenige hundert Meter in die seeseitige *Connaught Road* vor, um dann wieder in die Des Voeux Road West zurückzufallen. Hier findet abendlich der **Poor Man's Night Club** statt, ein nächtlicher Basar unter freiem Himmel. Das Viertel ist arbeitsam, handwerklich und voller kleiner Geschäfte und enthält die letzten Relikte aus den Tagen, als hier am Pier die großen East-India-men anlandeten, die schwarzweiß gestreiften Großsegler der englischen Ostindienkompanie, und Tausende von Kulis Waren löschten. In Shek Tong Tsui gewinnt unsere Straßenbahn wieder das Ufer, durchquert die moderne **Kennedy Town** und wendet, das der Insel Hong Kong vorgelagerte kleine Green Island bereits im Blick. Landeinwärts öffnet sich der Paß, der zwischen dem Mount Davis und dem Peak hindurchführt, und mit ihm die Straße nach Aberdeen, die wir bereits kennen. Nahe an Queen's Road West und Hollywood Road (West) liegt der unscheinbare *Possession Point*, an dem Captain Charles Elliot R. N. 1841 aus dem Boot stieg und den Union Jack hißte, damit Hong Kong in Besitz nahm. Heute liegt diese Stelle, durch nichts kenntlich gemacht, infolge der ständigen Uferausbauten weit vom Ufer entfernt.

Haben wir die westliche Dimension für 60 Cents erlebt, die man beim Aussteigen in einen Schlitz wirft, so sollten wir weitere sechzig Cents daranhängen, auch die östliche Dimension zu erkunden. Sie führt uns vorbei an der Shanghai und Hong Kong Bank, am *Admiralty Center* entlang, in dem ein Gebäudekomplex zur Erinnerung an ein Schiff des einstigen Fernostgeschwaders HMS ›Tamar‹ heißt und bei hohen Besuchen immer noch Salut geschossen wird. Wir erreichen **Wan Chai**, den alten romantischen Bezirk der Suzie Wong, die heute sicher eine liebenswerte ältere, von ihren Filmeinkünften lebende Dame ist. Nach dem Roman ›Die Welt der Suzie Wong‹ von Richard Mason, 1957 geschrieben, entstand ein heute schon nostalgisch wirkender Spielfilm gleichen Namens mit Nancy Kwan als Titeldarstellerin.

Unsere Straßenbahn ist inzwischen von der Johnston in die *Hennessy Road* eingebogen. An der Straßenüberführung zum Aberdeentunnel, der Canal Road, werden wir später aussteigen, um die alten und malerischen Viertel um Jardine's Bazaar zu besuchen. Wer will, kann zunächst weiter fahren, immer für sechzig Cent, bis über den Victoria Park hinweg der Blick auf die Dschunkenansammlung im **Causeway Typhoon Shelter** frei wird. Schier endlos fährt unser ratternder Tramwagen, angenehm kühl jetzt auf dem Oberdeck, wir fahren an Pak Kok vorbei, dem nördlichsten Punkt Hong Kong Islands, und erreichen schließlich die **Aldrich Bay** in Shau Kei Wan, fast an der Ostspitze der Insel gelegen und etwa dreißig Kilometer von Kennedy Town entfernt. Vor unseren Augen hat sich wie in einem flim-

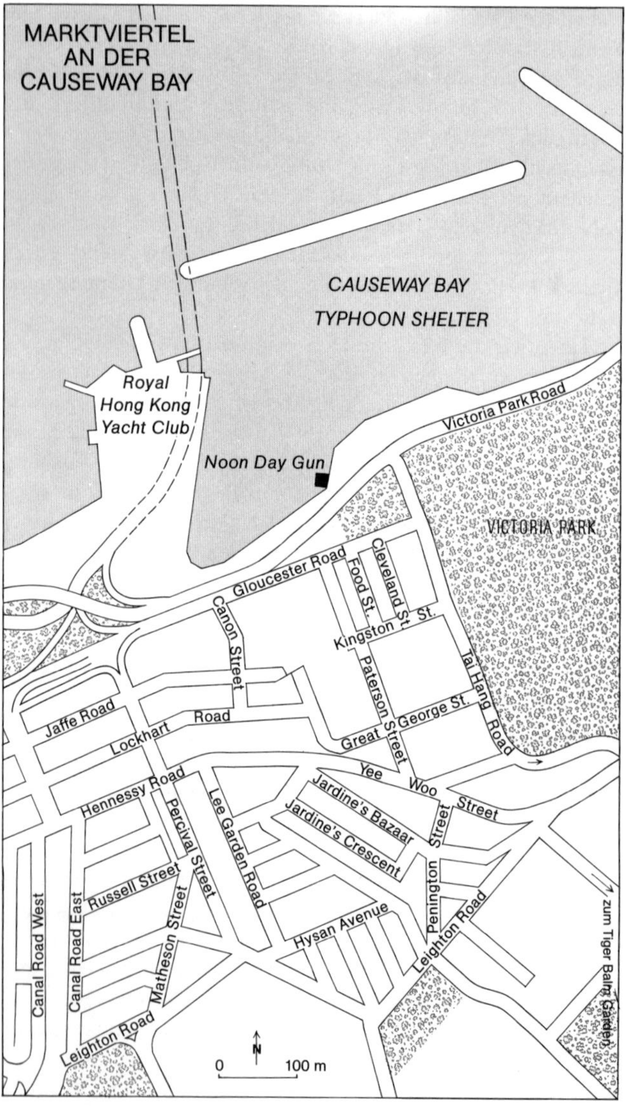

MARKTVIERTEL
AN DER
CAUSEWAY BAY
CAUSEWAY BAY
TYPHOON SHELTER
Royal
Hong Kong
Yacht Club
Noon Day Gun
Victoria Park Road
VICTORIA PARK
Gloucester Road
Food St.
Cleveland St.
Kingston St.
Canon Street
Paterson Street
Tai Hang Road
Jaffe Road
Lockhart Road
Great George St.
Yee Woo Street
Hennessy Road
Percival Street
Lee Garden Road
Jardine's Bazaar
Jardine's Crescent
Street
Penington Street
Russell Street
Matheson Street
Hysan Avenue
Leighton Road
Canal Road West
Canal Road East
Leighton Road
zum Tiger Balm Garden
N
0
100 m

mernden altmodischen Kinofilm das pittoreske Kaleidoskop Hong Kongs abgerollt – ›Kino live‹ könnte man sagen.

In **Shau Kei Wan**, einem alten Fischerdorf, findet sich an der Nordspitze, gegenüber der Lei Yue Mun-Meerenge, der Tempel der daoistischen Gottheit Tam Kung, die als Patron der Fischer gilt, wiewohl ihm die Göttin Tin Hau gerne den Rang abläuft. Am achten Tag des vierten Mondes findet hier ein großes Fest statt, bei dem hunderte von geschmückten Dschunken in der Aldrich Bay liegen und chinesische Opern- und Puppentheatervorstellungen zu sehen sind. Von dem an derselben Bucht liegenden Nachbarort Sai Wan Ho quert eine Fähre die Meerenge nach dem für seine Fischrestaurants bekannten Fischerdorf Lei Yue Mun.

Zurückfahrend zur Causeway Bay verlassen wir die Trambahn in der Yee Woo Street und nehmen ein Taxi zum **Tiger Balm Garden**. Diese Kuriosität ist die Hinterlassenschaft des Fabrikanten Aw Boon Haw, der jenen noch heute überall erhältlichen Tiger Balm herstellte, eine Menthol- und Eukalyptussalbe, die auch dem kreuzlahm gewordenen Touristen hilft. Im Grunde eine Walt-Disney-Welt für Kinder und Jugendliche, hat der Tiger Balm Garden doch seinen Charme. Am Hang des Berges treppenförmig angelegt, gruppiert sich eine künstliche Welt aus Höhlen, Grotten und Wasserbecken um das im hübschen chinoisierenden Stil angelegte Haus der Familie Haw, umgeben von mythologischen Toren, überragt von der einzigen Pagode Hong Kongs, der achtstöckigen Weißen Pagode. Eine ganz fabelhafte Welt tummelt sich um uns herum: Tiger und Krokodile, Polypen und Sagenwesen des Meeres, Elefanten, indische Prinzessinnen und Scharen frecher Affen. Aus den kleinen Ausguckstempelchen schauen die Kinder herunter, Menschen stehen deutend vor den mythologischen Wandfriesen, auf denen grausame Götter der Unterwelt und grimmige Götzen ihr Unwesen treiben. So unecht dies auch sein mag, nahe am Kitsch, so ist es doch ein Stück chinesischen Volksglaubens, heute überragt von den Wohnmaschinen, die unterhalb von Jardine's Lookout am Fuß des Mount Butler thronen und auf all die bunte Pracht der Götter und Fabelwesen herabzurutschen drohen.

Tiger Balm Garden liegt in dem großen Einschnitt der Berge, der als **Happy Valley** Hong Kong Island teilt. Heute ein Ort des Pferdesports, bei dem sich englischer Sinn für Pferde mit chinesischer Wettlust verbindet, war es einst sicher kein ›glückliches Tal‹, barg es doch den alten protestantischen Friedhof, auf dem die Zahllosen ihre letzte Ruhe fanden, die Klima und Seuchen zum Opfer fielen. Allein die Choleraepidemie von 1888 forderte ungezählte Opfer, bevor sie 1892 auch in Hamburg ihren Tribut einforderte und Robert Koch als Entdekker der Erreger der Cholera asiatica berühmt machte ...

Nachdem wir mit der Trambahn die Nordküste der Insel erkundet, Shau Kei Wan und den Tiger Balm Garden besichtigt haben, wenden wir uns dem Besuch der *alten chinesischen Marktviertel* in dem Winkel zwischen Canal und Gloucester Road zu, in dem sich Jardine's Bazaar und Jardine's Crescent, die Russell und Paterson Street befinden. Die Haltestelle der Straßenbahn in der Hennessy Road an der Kreuzung mit der darüber hinweg führenden Canal Road wurde schon genannt. Wenn die Zeit fehlt und eine Auswahl getroffen werden muß, dann empfiehlt es sich, die Tramfahrt vom Westen kommend gleich in Canal Road abzubrechen, die Märkte zu besuchen und Shau Kei Wan und Tiger Balm Garden auszulassen.

Jardine's Bazaar und die alten Märkte

Wir gehen nun die Canal Road ein Stück bergwärts und biegen links in die **Russell Street** ein. Das ganze Viertel hat sich als ein letztes Reduit des alten Hong Kong vom Ausgang des 19. Jahrhunderts erhalten. Vor 1841 war hier keine Siedlung, nur in Aberdeen und in Shau Kei Wan lagen kleine Fischernester und Piratenunterschlüpfe.

Die Orientierung ist nicht ganz leicht, häufig fehlen Schilder oder sind nur chinesisch beschriftet; wir lassen uns treiben, irgendwo fangen uns *Hennessy Road* oder *Yee Woo Street* wieder ein oder die ständig vorrückenden Bagger mit ihrem gefräßigen Räummaul versperren uns den Weg. Obwohl es noch früher Nachmittag ist, herrscht Dämmerung in den engen, menschengefüllten Gassen, brennen bereits überall die charakteristischen roten Schirmlampen, die ihren Schein auf Berge von bunten Früchten, auf pantagruelische Ansammlungen frisch geschlachteten Geflügels oder mattrosa Fischberge werfen. Die Russell Street gehört zumeist den Gemüsehändlern, die in offenen Straßenständen alle die zahllosen Kohlsorten Chinas, die gestapelten Selleriebündel, Broccoli, Tomaten und Auberginen verhökern. Meist sind es alte schwarzunscheinbare Frauen, die im singenden kantonesischen Tonfall ihre Ware anpreisen, hie und da ein richtiges Kräuterweiblein dazwischen, das mit gichtigen Händen seine kleinen Bündel an Gewürzen, Spezereien, Ingwerwurzeln und getrockneten Unbestimmbarkeiten anbietet.

Hinter diesen Ständen, durch die man im Gedränge kaum durchkommt, ist die Front der markisenbeschatteten Ladengeschäfte, unter denen die Geflügelhändler einen besonderen Rang einnehmen. Die Küche Chinas ist neben dem viel zu teuren Fisch vor allem auf Enten und Poularden ausgerichtet. Sie hängen gerupft, weißlich-gelb und fett wie bei Wilhelm Busch am Halse aufgehängt, man möchte meinen, der Meister habe hier angesichts des baumelnden Federviehs seine Anregungen bekommen. Wie undramatisch sind dagegen unsere wenigen Märkte, wie steril die abgepackten, zum Viereck gepreßten Gummiadler, deren Alter und Frische keine Hausfrau mehr durch Anzupfen der Haut prüfen kann. Die Erinnerung an die Märkte der Kindheit, den wöchentlichen Marktgang, bei dem die Mutter gelegentlich begleitet wurde, ist plötzlich wieder lebendig – erstaunlich, daß man dazu nach Hong Kong fahren muß ...

In solchen Gedanken werden wir fast von Trägern überrannt, die mit langen Bambusstangen auf den Schultern Körbe voll frischen Lauches herbeischleppen. Ihr Geschick, mit solch sperrigem Gerät inmitten der Menschenmenge umzugehen, ist so artistisch wie das eines Seiltänzers mit Balancierstange. Wir folgen einige Schritte dem Pfad der sich tief in die Gewölbe erstreckenden Kaufläden. Merkwürdige pfannkuchenplatte, orangefarbene Gebilde fallen uns auf, an deren Unterseite wie bei einem Skateboard vier Rollen zu sehen sind. Man muß dreimal hinsehen, um zu erkennen, daß es sich um Enten handelt, kunstvoll ausgenommen und platt gedrückt, mit Öl und Honig bepinselt und halbfertig frittiert, wodurch sie haltbar werden. Zu Hause oder im Restaurant in Öl kunstvoll röschbraun frittiert, werden sie zu jenen köstlichen Roasted Ducks, die man in feine Scheiben geschnitten mit Reis und Mango Chutney serviert, ähnlich wie auch die berühmte Peking-Ente à l'Orange. Die Kunst der Zubereitung ist arbeitsintensiv. Man sieht sie vor manchem chinesischen Restaurant mitten auf der Straße praktiziert: In einer größeren Eisenpfanne wird Öl erhitzt, aber nie so stark, daß es bläulich dunstet, dann wird die Ente kurz eingedippt, erneut mit Honigwasser bestrichen und wieder gedippt, bis sie jene wunderbare knusprige Haut bekommt, die einen so hohen Genuß verspricht. Gleich neben den Enten hängen Suckling Pigs, Spanferkel, die in ähnlicher Weise vorgegrillt serviert werden.

Auch die Fleischerläden sind üppig dekoriert, doch gilt die Vorliebe des Chinesen nicht dem Rindfleisch, das teuer ist und selten gut zubereitet. Schweine sind in den engen Verhältnissen der New Territories leichter zu züchten, und interessant ist die Vielfalt der Zubereitungsarten, in denen sich chinesische Rezepte mit den Gewohnheiten der Thais und Inder mischen. Unser Hochmut, nur die europäische Küche sei eine ausgezeichnete, wird nach Hong Kong ziemlich geknickt sein. Auch der speziellen deutschen Vorliebe, Fleisch zu vielfältigsten Wurstwaren zu verarbeiten, tritt hier eine ganz andere Kochkunst entgegen. Die chinesische Küche liebt genuine und möglichst wenig veränderte Nahrungsmittel. Das Gemüse ist nur leicht gedämpft, die Italiener würden sagen ›al dente‹, es sind eher mannigfaltige Variationen von frischem Fleisch und Geflügel und im ganzen serviertem Fisch, die erfreuen. Daneben hat der Chinese ein besonderes Talent, Huhn, die weniger teuren Fischsorten und Schweinefleisch, in kleine, stäbchengerechte Stücke zerschnitten oder zerpflückt, entweder in süßsaurer Sauce oder in einer sparsam karamelisierten Form zu dünsten, so daß die Fleischsorten etwas Knuspriges bekommen und mit Reis und Sojasauce köstlich schmecken.

Weniger entzückt werden wir von den folgenden Trockenfischhandlungen sein. Auf Schnüren aufgereiht und in ganzen

Bündeln wie trocknende Tabakblätter hängen halbierte und plattgedrückte Fische, Squids, also Tintenfische, Haifischflossen und Aale, an den Leinen, verbreiten einen pestilenzartigen Geruch. Die Chinesen weichen diese Fischmumien ein und garen sie. Vielleicht ist es die einzige Methode, die in den alten kühlschranklosen Zeiten geeignet war, die Fischausbeute der verschiedenen jahreszeitlichen Schwärme zu konservieren, dem Klippfisch und Stockfisch in Norwegen nicht unähnlich.

Wir sind aus Russell Street herausgekommen, kreuzen die *Percival Street*, benannt nach einem Teilhaber des legendären Handelshauses von Jardine und Matheson. Der Lärm der laut schwatzenden Menge, die sich regelrecht sucht und keine größere Freude hat, als sich auf dem Markt zu begegnen und bei einem kleinen Dim Sum, mitten unter den Fischen und Gemüsen, das Nachbarliche zu besprechen, verebbt. Die der Percivalstraße parallele Lee Garden Road wird ebenfalls gequert, um erneut einzutauchen in **Jardine's Crescent**, einem Eldorado der Textilkäufer. Man kann sich nur mit den Armen rudernd hindurchschaufeln, das Bunteste vom Bunten, das Glitzerndste vom Glitzernden, indische Saris, japanische Kimonos, malayische Gewänder, Ausschuß aus Kalifornien, Billighemden aus dem noch preiswerteren Macau, ›Made in Portugal‹, der Ausschuß der spanisch angehauchten Philippinen, Dinge von denen man nicht weiß, ob man sie oben oder unten trägt, innen oder außen. Dazwischen Schmuckboutiquen, deren Flimmer und Tand herausfordernd zwischen dem textilen Kram leuchtet. Neben Chinesinnen sehen wir hier erstaunlich viele Amerikanerinnen und Engländerinnen, die allen Ernstes auf der Suche nach ›big bargains‹ sind, eifrig und offensichtlich kenntnisreich Gewebe zwischen den Fingern prüfen, und im wilden Pidgin-Englisch feilschen, der Verkehrssprache mit den Einheimischen, die soviel bedeutet wie ›zur Sache kommen‹, dem jiddischen Tachelesreden entspricht. Gemessen, in blauer Uniform, Schirmmütze und Koppel kommen uns zwei Beamte der Royal Hong Kong Police entgegen, der eine Engländer und sichtlich Offizier, der andere Sergeant, Chinese und noch sehr jung. Sein milchjunges Gesicht spiegelt den Ernst, mit dem er sich und seine Aufgabe sieht.

Im benachbarten und parallelen **Jardine's Bazaar** floriert ein üppiger Markt der Herbalisten, Kolonialwarenhändler, kleiner Antiquitäten- und Krimskramsläden – und immer wieder dazwischen Obststände, Fischläden und Fleischer. Die Herbalisten sind eine besondere Gattung. Eigentlich will der Name nur Kräuterhändler sagen, und so hängen denn auch hunderte von uns unbekannten Kräutern an der Decke, stehen in Reih und Glied zerrieben in Glasgefäßen und Porzellantiegeln an den Wänden, an unsere alten Apotheken erinnernd. Besonders wirkungsvolle Mittel wie Schlangenfett, Bibergeil, getrocknete Haifischflossen reihen sich an, unbekümmert dazwischen westliche Arzneien, die völlig rezeptfrei und irrsinnig billig sind. Jeder ist hier seines eigenes Glückes Schmied.

Die chinesische Heilkunst folgt seit einem Jahrtausend einer ganzheitlichen Methode. Sie sieht den Körper weniger, wie unsere moderne Medizin, als ein Konglomerat verschiedener Organe, die man einzeln pharmakologisch angehen kann. Eines ihrer Kernstücke ist die Akupunktur, über die viel Gescheites, aber auch Törichtes im Umlauf ist. Akupunktur ist nach meinen eigenen Erfahrungen in der Familie sehr wohl in der Lage, Nervenzentren und Steuerungsstellen im menschlichen Organismus so zu beeinflussen, daß Herztätigkeit, Schilddrüsensymptome, Kreislaufprobleme und manches andere günstig beeinflußt werden können. Akupunktur ist aber kein Allheilmittel, und die jahrelang bewußt genährten Vorstellungen, sie könne etwa eine Vollnarkose ersetzen, ist blanker Unsinn. In einem Fernsehfilm, den die British Medical Association zusammen mit der Universitätsklinik in Peking gedreht hat, kam klar zum Ausdruck, daß zu Maos Zeiten diese Ammenmär in Umlauf gesetzt wurde, um chinesische Fortschrittlichkeit zu demonstrieren. Etwa 70 Prozent der Behandlungen erfolgen dort heute nach Methoden der westlichen Medizin und dreißig Prozent nach der klassischen chinesischen Medizin. Die letztere hat in ihrem ganzheitlichen Konzept sicher etwas grundsätzlich Richtiges erkannt, dem man im Westen – ebenso wie den Wechselwirkungen der psychosomatischen Beschwerden – mehr Beachtung schenken sollte. Der Naturwissenschaftler in mir wehrt sich jedoch gegen die Überwucherung der chinesischen Medizin durch jahrtausendealte Tabus und abergläubische Vorstellungen, zu denen die Chinesen im besonderen neigen. Am Beispiel der Schlangenmedizin sind wir diesem Problem bereits bei unserer Wanderung durch Cat und Ladder Street begegnet. Orient und Okzident, wie fremd seid ihr euch, Gewürz und Medizin ist dem Chinesen eins, darin dem mittelalterlichen Mönch gleich, ›hot‹ muß es sein, Roborans, Expectorans und Stimulans zugleich.

Die hier zu sehenden Kolonialwarenhandlungen entsprechen in keiner Weise unserem Begriff davon. Der alte deutsche Kolonialwarenladen führte Produkte, die aus kolonialen Anbaugebieten stammten, Reis etwa, Sago und Gewürze, Kaffee und Tee, auch Zucker aus Zuckerrohr – Kartoffeln erwartete dort niemand, noch frisches Obst und Gemüse, wohl aber tropische und damals teuere Früchte. Der chinesische Laden, wenn man ihn überhaupt so nennen will, ähnelt dem alten deutschen Kolonialwarengeschäft nur insofern als getrocknete und konservierte Ware feilgehalten wird, getrocknete Meerestiere besonderer Art, große Mengen getrockneter Pilze wie der dem weißen Champignon ähnliche Yeung Koo (Agaricus bisporus) oder der Chinese mushroom (Volvariella volvacea), der Tso Koo oder Strohpilz heißt. Beide dienen als Speisewürze mehr denn als Gericht.

Körbe mit den berühmten ›Hunderjährigen Eiern‹ werden angeboten, die aber in Wahrheit nur wenige Wochen alt sind und in einer Mixtur von Kalk, Soda, Teeblättern und Salz künstliche Patina erhalten. Ihr Dotter ist dann hart, umgeben von flüssigem Eiweiß. Die meisten dieser Enteneier kommen vom Festland, sie zu essen, gehört zu den rituellen Überzeugungen als Mittel, wie man alt wird und gesund bleibt; dafür bürgt ihr leicht schwefliger Geruch.

Aber auch geräucherte, fast schwarze Schinken hängen von der Decke und in Bambusblätter gewickelte Reisbällchen, ähnlich den in Griechenland üblichen und in Weinlaub gewickelten Dolmádhes, Maniokaknollen, mit deren Stärke früher auch bei uns Saucen angedickt wurden, Ginsengwurzeln in den fabelhaften phantasievollen Formen von Alraunen. Wie Augäpfel werden Vogelnester bewacht, aus denen man eine kostbare, für uns jedoch weniger köstliche Suppe kocht. Es sind die Nester von Seeschwalben, die in Erdlöchern am Ufer leben. Als Gemisch aus Zweigen und Speichel werden sie gereinigt, ausgekocht und schließlich mit Wachteleiern serviert. Über allem liegt ein staubiger, eigentümlich modriger Geruch wie in alten Speichern, und inmitten des Ganzen thront der ebenso alte und stolze Besitzer dieser orientalischen Herrlichkeiten und rechnet mit seinem Abacus, der ganz fabelhaften chinesischen Rechenmaschine mit ihren aufgefädelten Perlen, die ich nie verstanden habe, die sich aber hartnäckig gegen die Konkurrenz der billigen Taschenrechner hält.

Endlich erreichen wir einen Blumenstand, an dem man aufatmen kann. Chrysanthemen, die Blume Japans, Pfingstrosen, Päonien, die Blume Chinas, erfrischende Farben. Wir queren die *Yee Woo Street* und gehen durch Paterson und Food Street, die eigentlich Huston Street heißt, auf die **Gloucester Road** zu, die am Typhoon Shelter entlangführt. Je näher wir dem Meer kommen, desto üppiger wird das Angebot der Fischhändler. Gelbflossige Yellow Tails, die aus der Chinasee nicht anders aussehen als in der Karibik, Red Snappers, wie sie auch Kalifornien kennt, weiße, rote, zartrosafarbene Fischleiber, gefleckt, gestreift oder gepunktet, manche mit großen, erschrockenen Augen, andere mit groteskem unproportional großen Kopf und dem feuerrot klaffenden, bewehrten Maul der Zahnbrassen sowie halbzerteilte Thunfische im Anschnitt. In Holzbottichen liegen die fetten Karpfen mit hellroten Kiemen, sie sind den Chinesen eine glückbringende Delikatesse, rohe Hände greifen sie heraus, ein Kantholz zerschlägt ihnen das Genick, ritscheratsch öffnet das Messer ihren Bauch, noch zuckend werden sie verwogen und eingepackt, mitten in den glitschigen Blutlachen schnappen noch einige mit angstvoll aufgerissenen Augen nach Luft. Gleich daneben gackern Hühner in drangvoll engen Käfigen, drängen ihre Hälse unvorsichtig durch die Gitter, sehen sie doch nebenan die auf der Straße betriebene Dim Sum Bude, Dai Pai Dong genannt, wo die Menschen auf Kisten sitzen, Hühnerklein und Garneelen geräuschvoll schmatzen und dabei nicht angestarrt oder photographiert sein wollen. Mitgefühl für die Kreatur, auch die Touristen, darf man hier nicht erwarten.

Im holzbefeuerten Kupferkessel sieden die Krabben, dann hackt man sie auf, während in den Bastkörben die lebenden noch einen letzten Fluchtversuch unternehmen, immer dasselbe Bild. Diesmal ist ein naher Drogist mit seinem angenehmen Geruch nach Mundwässern und Zahnpasten unsere Rettung, nach Eukalyptus und Bayberryöl, oh, dieser erfrischende Duft ...

Die nahe Noon Day Gun am **Causeway-Schutzhafen** können wir uns sparen, sie diente einst den Teilhabern der nahen Firma Jardine, um die Ankunft eines ihrer reisenden Taipans anzumelden, wie man noch heute die großen Kaufherren nennt. Das paßte dem Gouverneur nicht, und er verpflichtete Jardine, die Kanone nur noch pünktlich mittags um zwölf abzufeuern, tempora mutantur. Dafür liegt heute nahe dem Royal Hong Kong Yacht Club das Windmill Café des Hotels Excelsior und erlaubt angesichts des Yachtengewirrs einen entspannenden Drink nach all den Gerüchen und Bildern des Tages.

In den nahen Gassen wie der **Yee Woo Street** drängen sich nun die großen Busse, die Trams stehen Schlange, von Oberdeck zu Oberdeck werden auf Armlänge Einkaufserfolge ausgetauscht. Ganze Geschwader von Maxicabs mit grünem Strich an der Seite und Minibuses mit rotem Strich blockieren die Straße, nichts geht mehr, aber niemand regt sich auf. Diese Mini-Sowiesos zu nutzen, ist für den Fremden sehr schwierig, ihr Fahrziel ist nicht angeschrieben, und an der Konferenz der Insassen über das erstrebenswerte Ziel können wir nicht teilnehmen. Das gibt uns Anlaß, mal wieder die Straßenbahn zu nehmen, denn deren Ziel ist allemal dasselbe. Nur rollt der Straßenfilm von Hong Kong am späten Nachmittag in Zeitlupe ab. Um so mehr sehen wir, eingehüllt in blaue Schwaden Hunderter von Dieselmotoren, an denen sich niemand stört –, wir können ja am Abend eine Schlangensuppe ›hot‹ essen oder einen glückbringenden Karpfen.

Vom chinesischen Essen

Damit wären wir beim allseits beliebten Thema Essen. Hong Kong ist wie kaum ein anderer Platz der Welt geeignet, so gut wie alle Arten von Küche kennenzulernen. Wer eine unüberwindliche Abneigung gegen chinesisches Essen hat, findet in den großen Hotels Restaurants von europäisch-amerikanischem Zuschnitt, auch gute Imbiß-Gaststätten wie das ›Someplace else‹ im Sheraton in Kow Loon, den Coffee Shop im Hilton auf Hong Kong Island und viele andere. Das große Erlebnis sollte aber, man kann es nur empfehlen, die chinesische Küche sein.

Sie findet sich natürlich, manchmal zu sehr auf europäischen Geschmack getrimmt, aber selbstverständlich in sehr eleganter Umgebung, mit exzellentem Service und chinesischem Dekor in den großen Häusern. Das Golden Lotus und Eagle's Nest im Hilton, Island Room und La Ronda im Furama, Man Wah im Mandarin, Pink Giraffe im Sheraton mit dem vielleicht schönsten Blick auf Hong Kong Island, Tsu Hang Village im Holiday Inn Harbour View und viele andere, oft genug fest in den Händen eines schweizerischen oder deutschen Küchenchefs. Die Preise für ein exquisites Abendessen mit sieben bis acht Gängen bewegen sich ohne Getränke um 75 DM pro Gedeck für europäische Begriffe also relativ preiswert. Ansonsten ißt man in Hong Kong für maximal zwanzig Mark gut bürgerlich zu Abend. Lunch oder ein Snack in angenehmer Umgebung kostet um die fünfzehn Mark.

Eine ganz andere Sache sind die chinesisch geführten Restaurants, die es auch in allen Preisklassen gibt, die aber sehr viel schwerer hinsichtlich Preis und Leistung durchschaubar sind. Manchmal sind diese Lokale mit viel buntem Schnickschnack ganz einfach auf Touristenfang aus, oft sind sie dunkel und ihre Speisekarte eher ein Pfad in den Dschungel. Chinesen sind beim Essen recht laut und benutzen ihre Beißwerkzeuge geräuschvoll und schmatzend, stochern ungeniert zwischen den Zähnen herum und halten manchmal ein kleines Bäuerchen, wie bei uns im Mittelalter, als gutes und repräsentables Zeichen für ›Es hat geschmeckt‹.

In Hong Kong ändert sich das Gastronomische besonders schnell, und so wird der Leser sein eigenes Glück versuchen müssen. Dabei mag er bedenken, daß ein Riesenreich wie China sehr unterschiedliche Eßgewohnheiten und regionale Küchen hat. Hier in Hong Kong dominiert natürlich die kantonesische Küche, ausgezeichnet durch die Erhaltung des natürlichen Geschmackes der Speisen und mildes Würzen. Die nächstbekannte ist die pekinesische. Neben der berühmten Peking-Ente mit Orange kennen wir sie in Form von tief in Öl frittierten und knusprigen Gerichten. Die Küche Szechuans hingegen liebt den Kontrast von süß und sauer, das scharfe Würzen mit Pfeffer, Knoblauch, Fenchel und Koriander.

Allen Landschaften Chinas scheinen die aus Reismehl gefertigten Nudeln eigen zu sein, oft glasig durchsichtig serviert. Zu den Berühmtheiten gehört auch das Bettlerhuhn, das angeblich entstand, als ein Bettler ein gestohlenes Huhn in Blätter wikkelte, dann in Lehm wälzte und an seinem abendlichen Feuer buk. Die Lehmschicht erhält sehr konzentriert den Fleischgeschmack. Die Haifischflossensuppe (Shark's Fin Soup) entsteht durch endloses Brühen und Ziehenlassen von Haifischflossen, deren knorpelige Substanzen zu einer leicht gelierenden Suppe verkochen, die der schon beschriebenen Vogelnestersuppe im Aussehen, aber nicht im Geschmack, ähnelt.

Die beste Vorstellung von chinesischer Küche und Eßgewohnheiten erhielt ich in einem Restaurant, in das sich kaum Fremde verirren, im Chinese Restaurant des Harbour Hotels an der Gloucester Road. Das Personal war ungemein liebenswürdig, man erhielt zunächst ein heißes Feuchttuch, um sich die Hände zu säubern, dann erschien ohne Aufforderung grüner oder schwarzer Tee, der ständig neu aufgegossen wurde. Natürlich kann man auch ein Bier trinken, vor allem das alte Tsingtao Bier, das in dieser ehemaligen deutschen Kolonie noch immer in der alten Brauerei gebraut wird. Auch Wein kann man bekommen, neben den bekannten und ziemlich uninteressanten

Reis- und Weizenweinen gibt es in Südchina Weinanbaugebiete mit den Sorten Lilac Grape Wine und West Phoenix White Wine. Empfehlen kann ich sie nicht, wir sollten uns lieber in Macau am dortigen portugiesischen Landwein schadlos halten.

Nachdem die höflichen jungen Kellner und Kellnerinnen bemerkt hatten, daß ich öfters zum Essen kam, wurden sie gesprächiger, rafften ihr Englisch zusammen und erklärten die in fabelhafter Kalligraphie gehaltene Speisekarte. Sie hatten die Vorstellung, daß ein Westler zunächst nach einem gewaltigen Glas Whisky oder Branntwein verlangt. Man kann nun unter Vorspeisen und Suppen wählen wie Garoupa (Fischbällchen), Hühnerbrühe, Shrimps in einer Hühnerbrühe mit glasigen Fadennudeln und wenig halbrohem Sellerie, Eierstichsuppen, Krabbenfleisch in Rührei, gebratenen Nudeln mit Pilzen und Bambussprossen.

Die Chinesen in großer Runde bestellen meist soviele Gerichte wie sie Personen sind. Dabei gilt es, als ›gourmet‹ alle fünf Grundgeschmäcker zu berücksichtigen und klug zu kombinieren: sauer, scharf, bitter, süß und salzig. Alles wird auf einer Drehplatte serviert, von der sich jeder kleine Portionen in sein Porzellanschälchen nimmt. Es gilt als unfein, mehr auf den Teller zu nehmen, als man essen kann, in China war der Hunger ein bekannter Gast.

Nach dem ersten Gang verschwanden die Herren der Nachbartische hinter einem Bambusparavent. Die Damen nicht. Wie merkwürdig. Heftiges Geklacker ertönte minutenlang, der Ober räumte gelassen den Tisch ab, und gelegentlich hörte man Oh- und Ah-Rufe. Dann erschien die ganze Gesellschaft wieder, sehr fröhlich, und widmete sich dem nächsten Gang. Der Bedienung war meine Irritiertheit nicht entgangen, man wird scharf, aber diskret beobachtet in China. Die im Rang fein abgestuften Kellner besprachen sich. Die Empfangsdame mit ihrem langen Schlitzrock, dem sonst ausgestorbenen Cheong Sam mit hohem chinesischen Kragen, gab eine Anweisung, der Oberkellner in beigefarbenem Jacket sagte es der Serviererin mit ihrem wippenden langen Schwarzhaar weiter, dann kam sie an den Tisch – sie konnte am besten Englisch – und meinte »They play Mahjong!«. Mahjong ist das Dominospiel der Chinesen, hingebungsvoll überall ausgeübt, und selbst die Luxushotels bieten Mahjong-Nebenräume bei formellen Banketts an. Eigentlich eine ganz vernünftige Sitte, bei den endlosen Gelagen einen Anlaß zum Aufstehen zu haben.

Das eigentliche Hauptgericht wird individueller bestellt. Fisch wird meist im ganzen serviert. Die Fische schwimmen im nahen Aquarium vor aller Augen, und man kann dem Ober sagen, welchen man will, etwa den mit den schönen veilchenblauen Augen. Das ist für einen Chinesen schon ein gut Teil des Spaßes. Der Fisch wird kunstvoll mit den Stäbchen – Messer und Gabel gibt es nicht – abgespeist. Als ich einmal einen Fisch zu wenden versuchte, um mit den Stäbchen besser an sein Fleisch zu kommen, schoß der nette Ober herbei und beschwor mich unter händeringender Assistenz seiner hübschen Kollegin, dies nicht zu tun; den Fisch zu wenden, bedeute das Glück zu wenden.

Ausgezeichnet sind die Hühnerfleischgerichte, süß-sauer gebraten, mit Ketchu-Nüssen oder Mandeln serviert oder leicht in Eierteig gewälzt und in Erdnußöl frittiert, dem man eine zerschnittene ganze Zitrone zugefügt hatte. Das Öl wird dabei quittengelb und das Fleisch ungemein delikat zitronig, zart süß und schön knusprig. Dazu wird gekochter Reis ohne ausdrückliche Bestellung serviert, den man mit einem Porzellanlöffel aus einer Schüssel nimmt. Nach kurzer Zeit gewöhnt man sich an das Essen mit Stäbchen. Es zwingt uns, langsam zu essen, und macht das Essen bekömmlich. Als Krönung lernen wir noch, die Shrimps und Fadennudeln mit Stäbchen aus der Suppe zu fischen. Daß dabei die guten Sitten etwas freizügig ausgelegt werden, versteht sich; beim Essen von Spaghetti sind wir ja auch leger. Auch sind Chinesen und Italiener der Meinung, ein nach dem Essen blütenweißes Tischtuch zeige nur gelangweilte und appetitlose Menschen an.

Macau

Reise in eine andere Welt

Am späten Nachmittag hat uns eines der Tragflügelboote oder Hydrofoils am *Porto Exterior* von Macau abgesetzt. Im sprühenden Gischt des Schiffes ist Hong Kong hinter uns zurückgesunken, auch die Parade Hunderter von großen Frachtern, die auf Reede liegen. Macau sei bescheiden, hatte man uns gesagt, bröckelnde Ruinen aus anderen Zeiten, arm im Vergleich mit dem reichen Hong Kong, dessen himmelragende Bankpaläste uns nachzurufen schienen: was wollt Ihr denn da – 1999 ist es auch dort zu Ende!

Flach steigt Macau aus den lehmtrüben Fluten des trägen Perlflusses auf. In der Dünung dümpelnde Sampans, Schlangen vor dem Zoll, völlig fremd wirkende Schilder in Portugiesisch, hastende Menschen, meist Chinesen, die von ihren Angehörigen begrüßt werden, Reisegruppen aus Chicago und San Francisco.

Der runde Turmbau des Hotels Lisboa und die Tortenschachtel des Casino ziehen in hellen Scharen die amerikanischen Touristen wie die Bewohner Hong Kongs an. Ist es das bißchen prickelnde Crazy Horse Show mit Tänzerinnen und Striptease-Girls, die angeblich jede Woche ›frisch aus Paris‹ eingeflogen werden? Ist es die Verlockung des schnellen Geldes, das die Gambler aller Nationen anzieht? Immer mehr Touristen vom chinesischen Festland mischen sich darunter, die staunend und mit weit offenem Mund den totalen Striptease à la Montmartre bewundern – nur das Klatschen fällt ihnen schwer, wer weiß denn schon, wer hinter einem sitzt.

Die Chinesen selbst sind ausgesprochene Spielernaturen, und die Portugiesen auf Macau haben früh erkannt, daß sie in einem ärmer gewordenen Macau wenigstens einen Teil ihrer Lasten von jenen tragen lassen können, die den schnellen Hong Kong Dollar hier wieder loswerden wollen. Und wenn die Touristen dabei den Mädchen an der Bar und den wild schreienden, gar nicht zimperlichen weiblichen Croupiers noch rasch etwas in den tiefen Ausschnitt stecken, warum auch nicht, die Portugiesen werden dennoch unter sich und bei ihrem Landwein, dem

Macau vom Porto Exterior gesehen

Vinho verde, riojo oder branco, bleiben und das labbrige Getränk obskurer Sektfabrikanten den Fremden überlassen – chacun à son goût.

Unser Hotel haben wir hoffentlich bereits in Hong Kong oder von Europa aus bestellt. Das erstere ist zweckmäßiger und hält unsere Disposition offen. Das Taxi bringt uns in die Stadt, vorbei am pathetischen Denkmal des Gouverneurs Ferreira da Amaral, die Straßen schlucken uns, sie sind denen in Hong Kong oder Kow Loon ganz unähnlich. Die Hast Hong Kongs ist eher einem leicht phlegmatischen dolce far niente gewichen, das sterile Grau und Weiß der Verwaltungspaläste in Victoria und der aggressiv bunten Reklame in Kow Loon zugunsten der weichen pastellenen Farben des Alentejo oder der Algarve zurückgetreten, die Gesichter der Einheimischen sind eher eurasisch als rein chinesisch. Irgendein anderer Geist herrscht in dieser Stadt. Wir wollen ihn auf unseren Spaziergängen zu ergründen suchen und sind auf Überraschungen gefaßt.

Im Grunde kann man die meisten Besichtigungen in Macau bequem zu Fuß unternehmen, allenfalls die dritte besprochene Tour bedarf streckenweise eines Taxis.

Die erste unserer *Stadtwanderungen* gilt der malerischen Altstadt um den Largo de Senado, den kleinen Straßen und Plätzen mit ihren mediterran wirkenden pastellfarbenen Kirchen, dem Senat, der Casa da Misericordia, São Lourenço, der Kathedrale und den bunten chinesischen Einkaufsstraßen, schließlich dem Gouvernmentspalast neben dem Touristikamt.

Die zweite Wanderung geht rings um den Penhahügel mit seiner weithin sichtbaren Kirche. Die Straßen ziehen sich malerisch über eine kleine Hügellandschaft mit ausgesucht schönen Villen, die sich zwischen üppigen tropischen Gärten, Felsbasteien und alten Forts erstrecken. Im Westen der langgestreckten Inselspitze finden wir den alten, farbigen Ma Kok Miu-Tempel und gelangen durch die Rua Almirante Sérgio in den Hafenbereich des Porto Interior und seiner mittelmeerischen Bausubstanz, seinen arkadengeschmückten Lagergewölben, überkrustet von chinesischen Zutaten späterer Jahrhunderte.

Die dritte Wanderung führt uns zum Muséu Luís de Camões mit einer interessanten Sammlung von Chinoiserien. Wir besuchen den protestantischen Friedhof, dessen Denkmale zu einem Geschichtsbuch kolonialer Erfolge und Mißerfolge wurden, sodann zur gewaltigen Freitreppe von São Paulo, deren Fassade, beeindruckend, christliche Schmuckmotive mit Symbolen des Fernen Ostens verbindet. Wir erklimmen die kanonenbestückte Fortaleza do Monte und durchstreifen im Hinabsteigen die alten Quartiere westlich der Calçada do Monte, besuchen den Kun Yam-Tempel, die Porta de Cerco, das Tor nach China, und das Sun-Yat-sen-Haus.

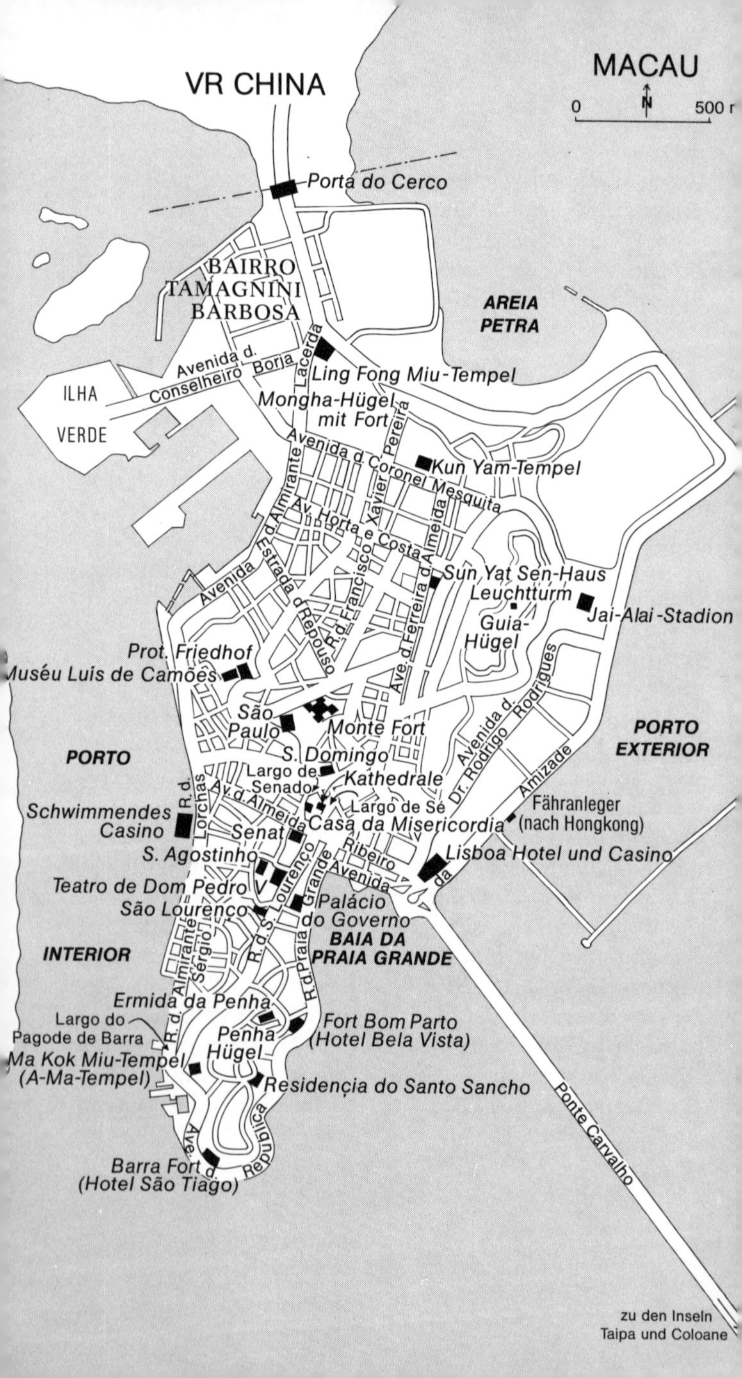
MACAU
0
500 m
N
VR CHINA
Porta do Cerco
BAIRRO
TAMAGNINI
BARBOSA
AREIA
PETRA
Lacerda
Avenida d.
Conselheiro Borja
Ling Fong Miu-Tempel
ILHA
VERDE
Mongha-Hügel
mit Fort
Pereira
Avenida d. Coronel Mesquita
Kun Yam-Tempel
Av. Horta e Costa
Xavier
Almeida
Estrada d'Almirante
Avenida
Sun Yat Sen-Haus
Leuchtturm
Jai-Alai-Stadion
Guia-
Hügel
R. d. Francisco
d'Repouso
Ave. d. Ferreira d'Almeida
Prot. Friedhof
Muséu Luis de Camões
São
Paulo
Monte Fort
Avenida d.
Dr. Rodrigo Rodrigues
PORTO
EXTERIOR
PORTO
S. Domingo
Largo de
Senado
Kathedrale
R. d.
Lorchas
Av. d. Almeida
Largo de Sé
Amizade
Fährenleger
(nach Hongkong)
Schwimmendes
Casino
Senat
Casa da Misericordia
Ribeiro
S. Agostinho
Lisboa Hotel und Casino
Lourenço
Grande
Avenida
da
Teatro de Dom Pedro V
São Lourenço
Palácio
do Governo
R. d. S.
Almirante
Sérgio
BAIA DA
PRAIA GRANDE
INTERIOR
R. d. Praia
Ermida da Penha
Largo do
Pagode de Barra
R. d.
Fort Bom Parto
(Hotel Bela Vista)
Penha
Hügel
Ma Kok Miu-Tempel
(A-Ma-Tempel)
Residençia do Santo Sancho
Ponte Carvalho
Ave. d.
Republica
Barra Fort
(Hotel São Tiago)
zu den Inseln
Taipa und Coloane

Altstadtspaziergang

Beginnen wir unseren Weg, der nach Lust und Laune drei oder vier Stunden dauern wird, in der **Rua de S. Lourenço** auf dem niedrigen Höhenrücken zwischen der Baia da Praia Grande und dem nach dem Festland orientierten Porto Interior. Hinter uns steigt der Penha-Hügel mit seiner Kirche und dem Sommersitz des Bischofs von Macau an. Seine Eminenz ist in Macau noch immer eine unumstrittene Autorität, wenn er auch sorgenvoll hinüber nach China blicken mag. Inmitten des von emsigen Handwerkern erfüllten Viertels sehen wir die ersten der alten portugiesischen Häuser mit ihren sorgfältig in Stein gefaßten Fenstern, ihrer ruhigen lateinischen Symmetrie des Aufbaus. Die Farben mögen verblichen sein, die Gesimse voller Moos und Farne, das Dach verunstaltet durch ganze Wälder von Fernsehantennen, aber immer noch liegt ein Hauch mediterran-atlantischer Grazie über den Anwesen. An mancher Ecke kragt ein Erker vor, von dem die Madonna mild herablächelt auf all die wimmelnden Macanesen, die zu fünfundneunzig Prozent Chinesen sind, von denen aber immerhin zehn Prozent dem katholischen Glauben angehören. Blauweiße Kacheln im Dekor iberischer Azulejos sagen uns auf Portugiesisch und Chinesisch die Namen: Rua dos Mercadores, Rua de S. Domingos, Calçada do Monte, Avenida do Infante Dom Henrique. Rudel von Schulkindern in ihren adretten Uniformen ziehen frühmorgens in jene von der Kirche unterhaltenen Schulen, die sich vom Kindergarten bis zum Gymnasium nach jenen Ereignissen und Menschen nennen, die in vergangenen Jahrhunderten hier bestimmend waren: Matteo-Ricci-Schule, Laurentius-Kolleg, College Santa Rosa de Lima. Man hat beim Anblick dieser Kinder nicht den Eindruck, sie stünden unter irgendwelcher Bevormundung. Sie genießen eher ein Privileg, von dem niemand weiß, wie es um seine Zukunft bestellt ist.

Ein kleiner beschatteter Platz öffnet sich, die Dim Sum-Köchelbude lehnt sich an die Mauer der im 18. Jahrhundert erbauten und 1892 umgebauten barocken **Igreja de São Lourenço**. Inmitten die Südsee verratender Palmen streben zwei zartgelbe stumpfe Türme in den tiefblauen Himmel. Angenehme, bereits den Klassizismus vorwegnehmende Formen verbreiten so etwas wie gedankliche Kühle in dem bunten Gewirr auf dem kleinen Laurentius-Markt darunter. Die feuerroten Girlanden an einem nahen Dao-Haustempel, das Gehämmere der Handwerker, der seine Shrimps und Fleischbällchen auf offener Straße frittierende Dim Sum-Mann – nichts steht im Gegensatz zur Anmut dieser Kirche.

Wir müssen nicht weit gehen, um den **Largo de Santo Agostinho** mit der gleichnamigen Kirche des heiligen Augustinus zu erreichen. Bereits 1586 von Frater Francisco Manrique aus Chunambo, einer Mischung von Stroh, Lehm, Kalk und Austernschalen, erbaut, wurde die Kirche 1814 aus Stein neu errichtet. Sie heißt im Volksmund Long Son Miu, das ist Tempel der Drachenmähne, und zu diesem seltsamen Namen kam sie durch einen Taifun, der den älteren Turm umwarf und das gelbe Strohdach, wie eine Drachenmähne über die Reste wehte. Auch an *Santo Agostinho* erfreut die klassische Schönheit sparsamer Formen und zarter gelber Farben. Barock möchte man nur den Figurenschmuck nennen. Eher palladianisch streng ist die Fassade mit dem säulengetragenen Architrav. Äußerlich bedrängt von den nahen Häusern wirkt das gelb-weiße Innere licht und weit, findet sich eine stattliche Orgelempore und überraschend qualitätvolle Schnitzereien, die einen Hauch von Rokoko nach Macau bringen – wobei wir sehen sollten, daß das Rokoko der einzige europäische Kunststil ist, der seinerseits stark von chinesischen Motiven beeinflußt wurde.

In Sto. Agostinho ist jener päpstliche Legat Maillard de Tournon 1720 bestattet worden, von dessen unglücklichem Wirken am chinesischen Kaiserhof wir an anderer Stelle hören. Später wurde de Tournon umgebettet, die Stadt Macau hat ihn nie geliebt.

Auch die Christusfigur am Altar zeugt von der Turbulenz der frühen Jahre in Macau. Die Priester der Kathedrale wollten sie unbedingt für die Bischofskirche gewinnen und entführten sie wiederholt. Jedesmal kam sie indessen geheimnisvoll zurück nach Sto. Agostinho, was die ohnehin abergläubischen Chinesen sehr beeindruckte. Daraus ist die berühmte macanesische Prozession entstanden, die jährlich zu Beginn der Fastenzeit unter Anteilnahme von ganz Macau und unabhängig vom Glaubensbekenntnis stattfindet. Für die Chinesen ist das Christusbild Erinnerung an eine Hungersnot, die ausgerechnet zu dem Zeitpunkt eintrat, als der aus Peking ausgewiesene de Tournon seinerseits die Augustiner und Jesuiten aus Macau vertrieben und die Prozession verboten hatte. Kaum daß sich der Bischof gegen de Tournon durchgesetzt und die Prozession ›des Mannes mit dem Kreuz auf der Schulter‹ wieder erlaubt hatte, erreichten Schiffe mit Nahrungsmitteln Macau und de Tournon schloß sich verbittert im nahen Augustinerkloster ein.

Gleich gegenüber der Kirche steht kaum beachtet unter den Bäumen eines kleinen Platzes das zierliche *Teatro de Dom Pedro* v. Das Dom Pedro war die erste europäische Bühne im Fernen Osten, und es steht fast symbolisch zwischen Sto. Agostinho, dem Waisenhaus der Casa Matteo Ricci und dem kulturellen Treffpunkt des Sir Robert Ho Tung Memorials. Italienische und französische Ensembles gastierten in dem intimen ovalen Theater. Noch in den Nachkriegsjahren waren berühmte Namen wie Jean-Pierre Rampal und Benjamin Britten in Macau vertreten. Gegen 1977 gut restauriert, ist dem Theater der Abzug portugiesischer Eleganz und der Einzug eines zahlungskräftigen an Varieté und Musicals interessierten Touristenpublikums nicht bekommen.

Nun senkt sich die Straße hinab zum **Largo de Senado**, einem schmalen, dreieckigen Platz, dem eigentlichen Zentrum von Macau. Reizvoll verdichten sich die Arkaden der den Platz säumenden zartfarbenen Häuser in der perspektivischen Verkürzung. An der Schmalseite erhebt sich der **Senat** in den schlichten Formen der Zeit der Aufklärung. Betreten wir das Portal des ›Loyalen Senates von Macau‹, so sehen wir uns in der Eingangshalle konfrontiert mit Wappen und eingemauerten Gedenksteinen, die uns viel von Glanz, Elend, aber auch der ungewöhnlichen Anhänglichkeit dieser Kolonie an ihre portugiesische Heimat erzählen, so daß wir einen Augenblick dabei verweilen sollten.

An der Wende vom 15. zum 16. Jahrhundert stand Portugal auf der Höhe seiner Macht. 1510 wurde Goa in Indien, 1511 Malakka, 1517 eine Niederlassung auf Ceylon, 1528 auf den Molukken gewonnen und 1557 Macau gegründet. Der manuelinische Stil schmückte Portugal mit fast ausschweifender Phantasie, und wenig später verherrlichte Luis de Camões in den ›Lusiaden‹ Ruhm und Glanz seines seebeherrschenden Vaterlandes, so wie dies wenig später Cervantes für Spanien getan hat. Camões hat eine Zeit in Macau gelebt, wovon wir noch an anderer Stelle hören werden. Doch das Unheil dynastischer Erbstreitereien traf Portugal, als König Sebastian 1578 und sein Nachfolger, der Kardinal Heinrich, 1580 starben. Philipp II. von Spanien, ohnehin ein Mann ungezügelten Machtdranges, machte seine Ansprüche geltend und besiegte den portugiesischen Thronprätendenten Dom Antonio. Ab 1581 galt die ungeliebte Personalunion zwischen Spanien und Portugal.

Portugal verlor damit seine Weltgeltung, und – wie gewonnen so zerronnen – 1605 gingen die Molukken, 1638 Ceylon, 1641 Malakka und 1630 der Nordosten von Brasilien verloren. Die Mijnheers erschienen vor Macau und versuchten, in diesem Moment der Schwäche die Stadt einzunehmen, vergeblich. Das war der erste der drei Schicksalsschläge, die Macau getroffen haben.

Macau hat in diesen schweren Jahren der spanischen Oberhoheit und holländischen Bedrängung schlicht und einfach die Weltgeschichte und die spanischen Philippen nicht zur Kenntnis genommen und sah sich als einziger Teil eines freien und unabhängigen Portugal. Erst ein Aufstand in Portugal 1640 und die Inthronisierung des Herzogs von Bragança als König Johann IV. beendete dieses ungewöhnliche Intermezzo und brachte Macau den Ruhm ihres vom König verliehenen Wappenspruchs – wir können ihn über dem Portal lesen: CIDADE DO NOME DE DEUS DE MACAU NAO HA OUTRA MAIS LEAL, Stadt vom Namen Gottes, es gibt keine Treuere. Die Spanier auf den Philippinen haben sich natürlich gerächt und wollten nun nichts mehr vom Handel mit Macau wissen, der Manilahandel verebbte. Macau hat auch diesen zweiten Schlag überlebt. Erst die Briten in Hong Kong haben dann 1841 den dritten Schlag geführt, vielleicht waren es auch einfach die größeren Seeschiffe, die den Tiefwasserhafen Hong Kongs suchten.

Wenn wir nun die granitene Treppe des Senats hinaufsteigen, gelangen wir nach Passieren von Räumen für Wechselausstellungen im Erdgeschoß zunächst in den Innenhof, dessen mit blauweißen Kacheln dekorierte Wände die iberische Halbinsel nahebringen. Dattelpalmen wiegen sich im Wind über der Büste von Camões. Im oberen Geschoß treten wir in den rot, schwarz und golden geschmückten *Sitzungssaal* mit einer schönen Flachdecke aus tropischen Hölzern. Diese Räume stammen aus dem 19. Jahrhundert. In ihren Vorgängern, sicher bescheidener im Aufwand, tagte jener Senat von Macau, der formal dem königlichen Gouverneur von Goa unterstellt war, de facto seine Aufgaben vom Generalkapitän der ›Großen Reise‹ erhielt. Diese ›Große Reise‹ war ein geschützter Geleitzug schwerfälliger Karacken, der jährlich von Goa über Macau nach Japan und zurück segelte, nicht unähnlich den saisonalen Fahrten der Spanier nach Westindien. Waren es im Atlantik die Passatwinde, die man nutzte, und die Hurricans, die man mied, so galt es im Fernen Osten die Monsunwinde zu nutzen und die Taifune zu meiden. Die Wände sind geschmückt mit den Gemälden der macanesischen Gouverneure, manche im Harnisch, in der Allonge-

perücke oder im Straßenanzug, unter ihnen Gouverneur Tamagnini Barbosa, ein tapferer Mann, der 1941 dem letzten Sturm zu wehren hatte, der Macau beinahe verschlungen hätte.

Die Fidalgos, die sich in den Räumen des macanesischen Senats trafen, hatten schon sehr früh erkannt, daß Goa weit weg war und der Generalkapitän, öfter als ihm lieb war, von widrigen Elementen behindert wurde. So bekam der stille und freundliche Kontakt, den die Fidalgos mit den chinesischen Mandarinen jenseits der Porta de Cerco, des Tors nach China, das wir noch besuchen werden, unterhielten, große Bedeutung. Die hochmütige Abgeschlossenheit des japanischen und chinesischen Reiches, die sich beide weigerten, ihren Untertanen wechselseitigen Handel zu erlauben, verhalf Macau zu einer speziellen Mittlerrolle zwischen beiden. Venedig kommt uns wieder in den Sinn, die Lagerhäuser am Canal Grande und der Hafen an der Guidecca. Sie werden viele Güter gesehen haben, die das große Rundtor der Porta de Cerco passiert hatten.

Neben dem Sitzungssaal kann man die schöne Bibliothek mit ihren handgeschnitzten Emporen und Tausenden von alten Büchern besuchen, die von den Interessen vergangener Zeiten erzählen. Der Besucher wird hier nicht so lange verweilen wollen wie der Autor, aber einige der handgeschriebenen abgestoßenen Lederschwarten aus dem 16. und 17. Jahrhundert könnten es auch ihm antun, zerfressen vom Bücherwurm, dessen literarische Neigung man offenbar unterschätzt hat.

Die Nordseite des Largo de Senado säumen mehrgeschossige pastellfarbene Bauten mit klassizistischen Rundbogenfenstern, deren auf Pilastern und Halbsäulen ruhende Bögen eine harmonische Latinität in den Platz tragen. Lange vernachlässigt, war man gerade dabei, diese Häuser aufwendig wieder instandzusetzen. Ihnen gegenüber steht die *Santa Casa da Misericordia*, gegen 1780 in palladianischen Formen erbaut. Der Vorgängerbau wurde 1569 als Kranken- wie Waisenhaus und Altersheim auf Geheiß der Muttergesellschaft in Portugal errichtet.

Die Santa Casa da Misericordia war eine 1498 auf Wunsch der Königin Eleanor von Portugal in Lissabon gegründete Einrichtung der Kranken- und Bedürftigenpflege. Knappe sechs

Jahre zuvor hatte Kolumbus Amerika entdeckt, und eben noch konnte sich Portugal als beherrschende Macht auf den Meeren wähnen. Die Ausübung dieser Macht führte im Mutterland wie den überseeischen Besitzungen zu zahlreichen Versorgungsproblemen bei Kranken, Seuchenopfern und Hinterbliebenen. So finden wir die Casa da Misericordia bald weltweit verbreitet, und 1569 erbaute man das erste Krankenhaus in Macau. Es brachte es noch 1962 fertig, ganze Lastwagenladungen von Blinden und Krüppeln wortlos aufzunehmen, die man ihm aus der segensreichen People's Republic of China als unnütze Fresser vor die Haustür gekarrt hatte.

In diesem Spital wurde erstmalig Anfang des 19. Jahrhunderts die Pockenimpfung in Asien durchgeführt, die Edward Jenner 1796 in London propagiert hatte. Die Pocken (Variola vera) waren zusammen mit ihrer Abart, den Schwarzen Blattern, in Indien und China schon seit undenklichen Zeiten endemisch. Der venezianische Handel mit dem Nahen und Fernen Osten führte im 12. Jahrhundert zu ersten Epidemien in Südeuropa, später durch den direkten Schiffsverkehr zu schweren Epidemien in England, Spanien, Portugal und Holland. Nichts im Handel ist ohne Gegen›leistung‹. Von Spanien gelangte die Seuche nach Amerika und hatte einen entscheidenden Anteil am Aussterben der karibischen Indianer, die offenbar keine körpereigene Immunkraft entwickelten. Aber auch in Deutschland starben noch 1871-73 von 175 000 Erkrankten hunderttausend.

Die Casa da Misericordia diente nicht nur den Opfern der aus China und Japan importierten Pocken und den Waisen der auf See Gebliebenen, sie lebte auch von den jährlichen Handelskonvois, investierte ihr vermachte Legate in diesen Handel und bezahlte in einem sinnvollen Kreislauf aus dem Gewinn ihre Unkosten. Das Haus stand und steht übrigens, in echt portugiesischer Tradition, die sich immer von der Spaniens unterschied, allen Rassen offen.

Gehen wir den Largo weiter bis zur Rua da Palha und Rua de S. Domingos, so stoßen wir auf die *Kathedrale* am **Largo da Sé** (Sé ist der Bischofssitz). 1576 wurde hier die erste Bischofskirche aus Holz errichtet, als der Vatikan dem Bischof von Macau die fernöstliche Diözese übergab. 1623 wurde der Bau aus Stein und Taipa, einer Mischung von Lehm, Kalk und kleinen Steinen, erneuert, aber beide wurden Opfer von Taifunen. 1850 entstand ein steinerner Neubau durch de Aquino, ganze 24 Jahre später wurde er erneut halb umgeblasen, 1937 mit der jetzigen, kunstgeschichtlich wenig interessanten Fassade versehen.

S. Domingo am gleichnamigen nördlicheren Markt mit ihrem barock auftreppenden Giebel und dreiachsiger von Doppelsäulen flankierter Fassade, 1767 auf dem Platz eines Vorgängerbaues von 1590 errichtet, sah sehr unchristliche Auseinandersetzungen, die auch vor Mord und Gewalt nicht zurückschreckten. Die Dominikaner als eingeschworene Gegner der Jesuiten hatten sich hier verschanzt, um ihren Kampf gegen die nach ihrer Meinung häretischen Jesuiten zu führen, denen man vorwarf, sie verfälschten das Christentum durch ihre Nachgiebigkeit gegenüber dem Konfuzianismus. Zu allem Überfluß trugen die Jesuiten von São Paulo auch noch gelegentlich die Tracht und die Insignien eines vom Kaiser in Peking ernannten Mandarins. Das sah sicher merkwürdig aus, doch da wir von diesem Streit, der weit über Macau hinaus Portugals Geschichte beeinflußt hat, noch an anderer Stelle sprechen, sei hier nur erwähnt, daß Bischof Dom Jõao de Casal dem aus Peking zurückkehrenden Kardinallegaten Maillard de Tournon seine Autorität generell bestritt.

Vielleicht etwas ermüdet von der hohen Temperatur und Luftfeuchtigkeit, die jenen streitbaren Kirchenmännern auch zugesetzt haben mögen, suchen wir nun etwas zum Lunch. Fast alle guten Lokale in Macau finden sich in den Hotels, doch sollten wir einmal das ›Safari‹ oder das ›Belo‹ in der Avenida Almeida Ribeiro versuchen oder das älteste protugiesische Restaurant ›Fat Siu Lau‹ in der Rua da Felicidade, das berühmt für seine Krabben und Shrimps ist, während die Straße der Glückseligkeit sinnigerweise das alte Rotlichtviertel von Macau war. An die Terrasse des Bela Vista als angenehmer Platz zum Lunch sei erinnert und zu Füßen des Bela Vista das kleine Lokal ›Henry's Galley‹ mit seiner Sopa de Mariscos.

Durch die Ribeiro-Straße kehren wir zur **Praia Grande** zurück, an deren Anfang das Monument für Jorge Alvarez steht, der gegen 1513 als erster in der Perlflußmündung die Flagge

Portugals zeigte. Stadtauswärts gehend erreichen wir nach wenigen Schritten den **Palácio do Governo**, 1849 von de Aquino erbaut. Das rosafarbene stattliche Gebäude mit den beiden zur Straße vorspringenden Flügeln und hübsch abgesetzten weißen, klassizistisch gelaibten Fenstern und säulengetragenen Loggien entsprang der letzten Glanzphase Macaus, in der die Stadt, nun unter eigenen Gouverneuren, nochmals einen Anlauf zur Bedeutung nahm. Besonders schön sind die oberen Fensterabschlüsse mit ihren gesprengten Giebeln, der ihnen etwas Adlerschwingenhaftes verleihen, wie es auch dem englischen Georgian und dem amerikanischen Federal Style eigen ist. In der schmalen Gasse rechts vom Palast findet sich das hilfreiche Touristik-Amt.

Am Ende dieser ersten Wanderung durch Macau werden uns vor allem drei Farben in Erinnerung bleiben: das zarte Hellgelb der Kirchen, das schöne, kräftige Rosa der Regierungsgebäude und das freundliche Türkis und Resedagrün vieler Privathäuser unter einem tiefblauen Himmel, umgeben von tropischgrünen Vegetationsschleiern, die über Balkone, Altane und Fensterbrüstungen oft bis zum Boden herabhängen, aus deren Lücken anmutige Torbogen, die klassische Laibung eines Fensters mit dunkelgrünen Klappläden oder blauweiße Azulejos unser Auge anrühren.

Rund um den Penha-Hügel

An der **Praia Grande** führt die gleichnamige baumbeschattete Strandpromenade südwestwärts. Weit schweift der Blick auf die verlandende Bucht bis zur gewaltig anschwellenden Gitterbrücke, die Macau mit der Insel Taipa verbindet. Wie kleine Raupen kriechen die Omnibusse und Autos über ihre luftigen Rampen, unter denen kleine Fischerboote ihren Weg suchen. Dort wo die Brücke die Hauptinsel erreicht, steht der protzige Turm des Hotels Lisboa, darüber erheben sich die Hügel des östlichen Macau mit dem Forte do Monte, dem Guia-Hügel und seinem Leuchtturm und dem ferneren Mongha-Hügel, dessen Fort bereits den Zugang zu jenem Isthmus sichert, der Macau mit dem chinesischen Festland verbindet.

Die Talsenke der Altstadt um den Largo de Senado steigt auch nach Westen langsam an, wohin wir unsere Schritte gerade lenken. Fahrrad-Rickschas zuckeln mit Touristen über die baumbestandene Promenade. Im Ebbschlick jenseits der Ufermauer eilen geschwinde Taschenkrebse, seitwärtslaufend, den letzten Pfützen zu, kreischend streichen Wasservögel flach über den spiegelnden Wasserarm, der sich zwischen den Inseln verliert. Die Uferstraße zwängt sich zwischen Wasser und ansteigende Felsen, auf denen einst das Fort Bom Parto stand und heute das *Bela Vista Hotel*. Bom Parto oder ›Guter Abschied‹ sah zahllose Handelsdschunken und Karacken, die über die Jahrhunderte mit ihrer Fracht von Seide, Porzellan, Jade und Silber von Macau nach Indiens Goa aufbrachen. Vielleicht hat ihnen die alte Kanone, die noch immer im Hotelgarten steht, einen Salut nachgefeuert und der Kapitän hat artig seine Flagge gedippt. Hinter ›Henry's Galley‹ führt eine kleine steile Straße hinauf zum Bela Vista, dessen atriumartiges und mit Säulen umstandenes Treppenhaus, sparsam in Rot und Gold gehalten, einen Hauch vom einstigen kolonialen Reichtum spüren läßt. Das Hotel ist eine Landmarke Macaus, ersetzte gegen 1850 das um 1650 erbaute Fort Nostra Senhora do Bom Parto und spiegelt wie wenige Gebäude in seiner Geschichte die Geschichte Macaus. Eine alte Beschreibung sagt: »The style is colonial, the view wonderful, the situation ideal, the atmosphere homely, the air pure, the trees secular«, und dem wäre heute leider hinzuzufügen: die Badezimmer mit ihren Bronzehähnen und rostfleckigen Wannen mehr als nostalgisch. Wir nehmen einen Morgendrink an der Bar, setzen uns über eine alte koloniale Regel hinweg, wonach Alkohol einem Senhor erst nach Sonnenuntergang zukam, einer Senhora natürlich auch. Das Personal hier ist angenehm, eine eurasische Mischung aus portugiesischem und chinesischem Blut, gut gewachsen, liebenswürdig, bescheiden und hilfsbereit. Stets standen zwei junge Anlernlinge verschmitzt dabei, wenn der ältere Kollege, linke Hand auf dem Rücken, die Flasche Wein und ihr Etikett vorwies und zeremoniell entkorkte.

Gegen Ende des letzten Jahrhunderts von einem Captain Clarke, der die Heung Shan-Fähre Macau – Hong Kong betrieb, zum Hotel umgebaut, war es wenig profitabel und durchlief später alle möglichen Stadien vom französischen Lazarett im Indochinakrieg (nicht dem unserer Tage) zur englischen Kadettenschule und zur Aufnahme wohlhabender Chinaflüchtlinge, die vor den Japanern aus Shanghai geflohen waren, bis schließlich im Zweiten Weltkrieg Dutzende von Engländern, Chinesen und Weißrussen hier ein Refugium fanden, während draußen vor der Insel die japanischen Torpedoboote kreuzten und jedes Schiff von und nach Portugal durchsuchten. Hier lebten englische Historiker und Beamte aus Hong Kong, denen die Flucht gelungen war, und in der Loggia des Restaurants werden viele Gespräche angesichts der untergehenden Sonne geführt worden sein, als Symbol eines zu Ende gehenden Zeitalters, während im Osten die glutrote Sonne Japans aufging. Die Torre de Bélem, die auf Azulejos seit 1970 den Speisesaal ziert, will offenbar noch einmal rufen: memento!

Einer jener englischen Seekadetten, Gerald Jollyle, der 1950 im malayischen Dschungel von roten Partisanen erschossen wurde, hat auf dieser Terrasse ein Gedicht hinterlassen:

An alien city rimmed by shallow seas
And purple islands, at the world's extreme;
A siren land of indolence and ease
Where men live at peace and poets dream ...

I shall remember many of her ways:
The signboards swinging in the autumn gales,
And on her inlets and turquoise bays
The idle junks with safron coloured sails.

Fremdartige Stadt, gesäumt von flacher See,
Purpurne Eilande am Rande der Welt;
Sirenenland, gemächlich und träge
Wo Menschen in Frieden leben und Dichter träumen ...

Vielfältig erinnere ich mich ihrer:
Die Schilder schwingend in den Herbststürmen
Und in den Meerengen und Buchten aus Türkis
Mit safranfarbenem Segel die trägen Dschunken.

Gehen wir den **Penha Hügel** hinter dem Hotel hinauf, so haben wir bei klarer Sicht einen guten Ausblick auf die Topographie Macaus, seine strategische Lage innerhalb des Schiffahrtsweges nach Kanton, der eigentlich ein Kanal ist, und den Perlfluß aufwärts. Die Kirche Ermida da Penha, 1935 auf älteren Resten erbaut, und der bischöfliche Sommerpalast sind dagegen wenig interessant. Wieder auf die Avenida da Bom Parto zurückkehrend, kommen wir an der Residenz des portugiesischen Gouverneurs vorbei, der *Residençia do Santo Sancho*. Wie der Palácio do Governo an der Praia wurde sie von dem renommierten Stadtbaumeister José de Aquino, dem Macau viel verdankt, 1846 in neoklassizistischem Stil erbaut, hübsche rosafarbene Gebäude, die wie alle Villen dieses wohlhabenden Viertels inmitten der Palmen und tropischer Vegetation vom Reichtum vergangener Zeiten künden. Die private Architektur Macaus ist ungemein reizvoll, verbindet iberische Elemente mit Maurischem, Fernöstlichem und Ultramodernem. Manchmal steht eine Garage offen, auf dem Kühler eines Rolls Royce schwebt Hermes als Götterbote, daneben erblicken wir ein kleines Hüttchen, in

◁ 22 *Macau, Fassade der Basilika São Paulo inmitten der Altstadt*

23 *Der Gouverneurspalast von Macau an der Praia Grande*

24/25 *Altstadtgasse und Casino Lisboa, Macau* ▷

14
精選新款女服

ASINO LISBOA

26 *Devotionalienstand am Kun-Yam-Tempel, Macau*

27 *Leuchtturm auf der Guia-Festung, Macau*

dem aber nicht der Haushund Wache hält, sondern der rotlackierte Hausgötze.

Im Weitergehen werden die Felsen am Ufer steiler, wir nähern uns dem Hügel des *Barra-Fort.* 1616 erbaut, war es noch unvollendet, als die Holländer 1622, nachdem Philipp II. von Spanien seine schwere Hand auf Portugal gelegt hatte, gedachten, mit ihren dicken Schiffsgeschützen sich ein Entrée in Macau zu verschaffen. Die Fortaleza do São Tiago gab ihnen mit ihren zwölf 24-Pfündern und vier 50-Pfündern entsprechende Antwort. Der berühmte Kanonengießer Manuel Bocarro hatte sie in Macau gegossen, einige stehen immer noch herum, aber 1941, als die Japaner auf dem Festland auftauchten, galt das nicht mehr viel, wiewohl das Barra-Fort noch immer eine Garnison hatte. Heute, wo die chinesischen Schnellboote mit rauschender Bugwelle ganz nahe und ungeniert am Ufer vorbeifahren, als ob sie 1999 nicht erwarten könnten, hat man andere Verwendung für die massiven Wälle und Bastionen gefunden. Die Pousada de São Tiago wurde 1978 mit großem Geschick in und auf das Fort gebaut. Ihr elegantes Restaurant erreicht man über Treppen, die durch einen Felsentunnel des alten Forts führen, das Wasser rieselt von den geheimnisvoll beleuchteten, grün veralgten Wänden, in einer Nische thront die Madonna, die Muschel als Wappen des heiligen Jakobus von Compostela, portugiesisch São Tiago, erinnert uns an die Genüsse dieses Hauses, unter denen Muscheln, Shrimps, Langusten und andere Meeresfrüchte eine große Rolle spielen, auch eine Sôle au Macau, eine Seezunge nach macanesischer Art, nicht zu verachten ist.

Der heilige Jakobus von Compostela, den die Spanier Santiago nennen, und dessen Kapelle in der Pousada zu sehen ist, hatte einen älteren Nachbarn aus einem uralten einheimischen Geschlecht. Umrunden wir das Kap von Barra, jenseits dessen wir das chinesische Festland zum Greifen nahe sehen, so stoßen wir in einer Nebenstraße am Ufer auf den *Ma Kok Miu-Tempel.* Es ist ein daoistischer Tempel der *Göttin A Ma,* die Macau den Namen gegeben hat, denn ursprünglich nannten die Chinesen diesen Ort A-Ma-Gau, Bucht der A Ma. Die ersten Bauten reichen zurück in die Ming-Dynastie und mögen zwischen 1573 und 1612 errichtet worden sein, also bereits in portugiesischer Zeit. Hinter einer hohen Mauer sehen wir das Heiligtum, das wir durch ein dreigeteiltes Balkentor betreten. Ein großes kreisrundes Fenster in altroter Mauer fällt uns auf, alte schwarzgekleidete Frauen bieten Räucherstäbchen an und strecken ihre runzligen Hände nach einigen Patacas aus. Auf einem Felsklotz ist ein Segelschiff farbig eingeritzt, das in Verbindung mit der alten Sage steht, wonach ein armes Mädchen aus Fukien einen reichen Dschunkenbesitzer um eine kostenlose Passage nach Macau bat. Hochmütig abgewiesen, fand sie in eines armen Fischers Sampan Platz. Ein Taifun ließ den reichen Mann im Meer versinken, aber der arme Fischer landete mit dem Mädchen wohlbehalten an der Barra-Küste – Glaube, Fischer und Boote, wie oft finden wir diese vereint.

Die vielgestaltigen Gebäude des Tempels, Pagoden, geschweift, getreppt, bedacht mit glasierten Ziegeln, nisten in einer tiefgestaffelten Felswand, die in ihren feuchten Klüften, geheimnisvoll baumüberwuchert, angesichts des Meeres nach chinesischer Auffassung fung shui besitzt, was soviel wie Ausstrahlung und Emanation guter Geister bedeutet, bewacht von den Drachen, die in den Felsschründen hausen und freundlich behandelt werden wollen; einige haben sich in grüner und gelber Glasur auf die Dachtraufen vorgewagt. Auf dem Altar stehen die Fünf Rituellen Gefäße: Räucherschale, zwei Kerzenhalter und zwei Blumenvasen. Früchte und Blumen werden hier geopfert, rotseidene Gebetsfahnen hängen herab, auch glimmende Glücksspiralen, und schwer hängt der Geruch nach verbranntem Sandelholz und Aloe in der Luft. Die ganze chinesische Mentalität, die das Orakel sucht, sehen wir in den Sing Pui, Holzstäbchen mit verschiedenen, ja oder nein bedeutenden Enden, die man wirft, um die Götter zu einer Antwort zu veranlassen. Man quält sich nicht, den göttlichen Willen zu erforschen. Wenn man das Stäbchen wirft, hat die Gottheit Ja oder Nein zu sagen, basta.

Neben einer Altarfigur mit großem Kopfputz, die A Ma versinnbildlicht, stehen andere, die Kam Tung, den goldenen Jungen, Yok Noi, das Jade-Mädchen, Tei Chong Wong, den Herrscher der Unterwelt darstellen. Auch hier ist dem Daoistischen das Buddhistische nahe in der Gestalt des Wai To, des Schützers der buddhistischen Gesetze. Höher in den Felsen hat sich die *Göttin Kun Yam* niedergelassen, die buddhistische Göttin der Gnade, die im Anfang eine männliche Gottheit war. Es ist seltsam, wie dem Buddhismus aus einer ursprünglich rein männlichen Gottesvorstellung unter dem Einfluß des Volksglaubens und dem stillen, aber beharrlichen Selbstverständnis der Frauen in Kun Yam wie dem Marienbild im Christentum Korrekturen zugewachsen sind, die unabhängig von theologischer Einordnung gerade im einfachen Volk großen Anhang fanden.

Der A-Ma-Tempel war schon früh das Ziel künstlerischer Darstellungen. 1864 hat der Deutsche Decker einen hübschen Stich des Tempels gefertigt, und 1830 und 1843 hat Auguste Borget Lithographien des Tempels mit reizvollen Straßenszenen entworfen. Von ihm stammen auch interessante Zeitzeugnisse des nach Kanton führenden Seekanals und der Verkehrskanäle in Kanton selbst. 1838 beschrieb Borget eine Fahrt von Macau nach Kanton auf dem Canal dos Patos: »Das Boot hielt Kurs und ich fand mich bald zwischen Reihen von Uferkiefern, gekrümmt und gebogen in grotesken Formen. Kurz danach erreichten wir eine Brücke von seltener Eleganz, aus feinbehauenem Stein ... ihr Bogen bevölkert mit neugierigen Menschen, die uns sehen wollten.«

Noch heute hat Macau am Tag der A Ma seinen großen Feiertag neben den christlichen Festen. Es ist der 23. Tag im Dritten Monat, der meist in den April fällt. Wir sehen, daß die Chinesen ihren alten Kalender nach dem Mond ausrichteten, der ihnen so sinnfällig die Zeit vorgab, sich in den Zyklen des weiblichen Organismus widerspiegelte. Ein Tag war zum Beispiel charakterisiert als 14. Tag im Dritten Mond. Da Neujahr nur selten auf den 1. Tag des ersten Mondes fiel, war dieser Kalender stets in fließender Bewegung. Die Indogermanen dagegen hatten schon sehr früh das Sonnenjahr mit seinen Sonnenwenden und Tag- und Nachtgleichen zur Orientierung auserwählt und später die Monde durch die abstrakten Monate ersetzt.

Am Ufer des kleinen Marinehafens, längst verlassen, denn die Portugiesen haben alle militärische Präsenz auf Macau in den sechziger Jahren aufgegeben, ist eine Bushaltestelle und ein Taxistand. Es empfiehlt sich aber, den Largo do Pagode de Barra und die anschließende Rua do Almirante Sérgio zu Fuß weiterzugehen. Wir durchwandern dabei den Porto Interior, der dem Verkehr mit dem chinesischen Festland dient und sicher Ausgangspunkt der geschilderten Reise von Borget war.

Das **Hafenviertel**, das wir durchwandern, war einst das Herz des Handels in Macau. Langgestreckte und tiefe Lagergewölbe säumen die breite Uferstraße, mächtige Rundbogen fügen sich zu Arkaden mit schweren granitenen Säulen, deren Kapitelle zwei Stockwerke mit sorgsam gehauenen Fensterlaibungen tragen. Dieses alte portugiesisch-mediterrane oder, besser gesagt, atlantische Ambiente ist heute überwuchert von chinesischen Lebensformen. Hunderte von Fernsehantennen auf den Dächern und Verkabelungen vor den Fassaden ziehen sich wie Spinnweben über alles, aber immer noch werken die Handwerker in ihren dunklen geheimnisvollen Höhlen, in deren Hintergrund offene Schmiedefeuer leuchten und Blasebälge fauchen, werden Lastwagengetriebe repariert und summt ein Menschenschwall in den Bodegen und Dim Sum-Buden. Plötzlich Geknatter und grelle Blitze, bläulicher Pulverdunst erfüllt schweflig die Straße. Nein, hier wird keine Revolution veranstaltet, es sind nur Tausende von kleinen Krachern, die einen Drachen zum Springen bringen, einen großen mannshohen, feuerroten Drachen, goldgeschmückt, der sich mit greulichen Augen um die moosbewachsenen Säulen der Loggien windet, zu den von Salzluft und hellgrünen Farnen zerfressenen Mauern emporzüngelt, die Kinder erschreckt und die guten Geister in den besuchten Häusern beschwört.

Wir fahren ein Stück Wegs mit dem Omnibus, er rattert und grollt, der Gang wird jedesmal erst nach längerem Kampf mit dem widerborstigen Getriebe eingelegt, prustend und abrupt setzt sich das Gefährt in Bewegung. Die Alte mit einem Schilfkorb junger Hühner, die Frauen des Viertels mit den frisch erworbenen Gemüsen und Meeresgetier, der stolze Besitzer einer hübschen weißen Ente, sie alle schnattern um die Wette. Der ganze Bus ist voll von Hafengerüchen, Tang, Wasser und Fisch. Ein Mitfahrer berichtet dem Fahrer lautstark von seinen

Kümmernissen, die Schaffnerin sammelt den Fahrpreis in einem selbstgebastelten Holzgestell ein, kleine 50 Avosmünzen entsprechend 13 Pfennigen, kein Wunder, daß der asthmatische, lepröse und gichtige Diesel noch länger geschunden werden muß. Natürlich hat die Macau Tourist Association auch moderne, klimatisierte Busse, aber in denen reden nur die Leute aus Alabama und Birmingham von ihren Einkäufen und wie schlecht der Hotelservice sei ...

Wo die Uferstraße in die **Rua dos Lorchas** übergeht, liegt das schwimmende *Spielkasino* von Macau. Pagodenartig ausschwingende Dächer, rotlackiertes Holz, grüne Drachen sind rund um die Uhr bereit, den Fremden an die Spieltische zu locken: Roulette, Blackjack, Boule und Chemin de Fer sowie einige chinesische Glücksspiele. Es ist eher ein chinesischer Spielpalast zum Schwofen, wie die Berliner sagen würden. Im Wasser drumherum schwimmen die Küchenabfälle und Hunderte von Hafenkrabben. Wir biegen nun in die Avenida de Almeida Ribeiro ein und gelangen durch ein dichtbebautes altes Geschäftsviertel mit seinen offenen Straßenküchen, Kräuterdoktoren, Wahrsagern, Fischhändlern, Wettbüros, Briefschreibern für alle Lebenslagen und Messerschleifern (nicht für alle Lebenslagen) zurück zum Largo do Senado. Häufig sehen wir an Häusern Ansammlungen von roten oder violetten Blumentafeln, auf deren Seide goldene oder silberne malerische Schriftzeichen uns nicht Lesbares verkünden. Die roten dienen als Glückwunschtafeln bei Hochzeiten und Geburten, die violetten als Kondolenztafeln, die Chinesen leben in der Öffentlichkeit der Straße, Leid und Beileid wollen gezeigt werden. Wenn wir uns sattgesehen haben, können wir am Largo ein Taxi zum Hotel nehmen. Die Taxifahrer Macaus sprechen so gut wie kein Englisch. Sie haben aber eine kleine Liste der gängigen Ziele, die sie uns zeigen, und ein ausgestreckter Finger ersetzt manchmal ein Wörterbuch.

Vom Monte Fort und São Paulo zu den Toren Chinas

Ein Taxi mag uns am Morgen nach São Paulo bringen. Eine seltsame Szenerie erwartet uns. Über einer breit hingelagerten Treppe von gewaltigen Dimensionen erhebt sich die imponierende Granitfassade der alten Jesuitenkirche, der **Basilika São Paulo**, einem Wahrzeichen Macaus. Es ist nur noch eine Fassade, durch deren Fenster der blaue Himmel scheint und in deren Nischen Moose, Farne und kleine Büsche sich mit den Statuen der Heiligen angefreundet haben. Zwischen 1620 und 1627 haben japanische Christen nach den Plänen des italienischen Padre Carlo Spinola diese ungewöhnliche Fassade errichtet, deren Größe man nur begreift, wenn man hört, daß der Vatikan 1576 den Bischof von Macau, in der wirtschaftlichen Blütezeit der Kolonie, zum Oberhirten einer höchst unbestimmten Diözese machte: dem Fernen Osten.

Am Christabend 1603 wurde die noch fassadenlose Basilika geweiht, Hunderte von prächtig gekleideten Rittern und Kaufleuten, Tausende von neugierigen Chinesen und viele Japaner nahmen an dem feierlichen Pontifikalamt teil. Ein Seminar, wir können es ruhig in der Sprache unserer Zeit als Universität bezeichnen, war der Kirche angeschlossen, in dem Sprachenstudium, Völkerkunde, chinesische Heilkunde und Geographie eine wissenschaftliche Heimstatt hatten und in dem Matteo Ricci und Adam von Schall sich dem Studium des Chinesischen widmeten.

São Paulos große Zeit war indessen vorbei, als im 18. Jahrhundert der Jesuitenorden verboten und die Padres 1762 als Gefangene nach Lissabon geschleppt wurden. Erst 1939 wurde dieses Interdikt aufgehoben. Unabhängig davon war die wirtschaftliche Kraft Macaus wie ein Abendstern ins Meer gesunken, während im Osten der Morgenstern Hong Kongs aufging. 1835 vollends traf ein Taifun das herabgekommene Gebäude, ein Feuer im Kirchenschiff, das damals als Kaserne diente, ruinierte den mit Taipa, einer Mischung von Lehm, Kalk und kleinen Steinen, errichteten Raum. Die Ausstattung ging verloren, und nur noch die granitene Fassade trotzte den Elementen.

Die Geschichte ihrer Steinmetzen, japanischer Christen, ist tief verquickt mit dem Auf und Ab und letztlich dem Scheitern der Missionsarbeit im Fernen Osten. Wir haben an anderer Stelle schon gehört, daß Franz Xaver, später Matteo Ricci und andere von Macau aus versucht haben, lange ohne Erfolg, Zugang zum chinesischen Kaiserhof zu gewinnen, um dort ihre Lehre in Gesprächen mit den konfuzianischen Gelehrten des Hofes zur Diskussion zu stellen. Es war ja nicht einfach ein Missionieren bei heidnischen Völkern, die in dumpfen Geistervorstellungen lebten, es war eine Situation nicht unähnlich der des Apostels Paulus, als er sich auf dem Marktplatz von Athen den gewandten und rhetorisch erfahrenen griechischen Philosophen zu Streitgesprächen stellte.

Auch in Japan entstand bereits 1549 an der Südküste von Kyushu eine Kirche Franz Xavers, dessen Gefährten, Kaufleute und Missionare, Namban-jin, südliche Fremde, genannt wurden, da sie über das südliche Meer gekommen waren. Zunächst erfolgreich, konnten sie selbst berühmte Daimyos, Samurais und viele Hofdamen gewinnen. Die Kriegsherren von Kyushu, Otomo, Omura und Arima sandten Boten nach Rom, die dort mit großen Ehren vom Papst empfangen wurden. Wir dürfen vermuten, daß sie mit den Portugiesen aus Macau segelten. Aber am Ende des Jahrhunderts kam es zu blutigen Verfolgungen unter dem fremdenfeindlichen Shogunat der Ashikaga. 1597 wurden viele Christen gekreuzigt, hunderte konnten aber fliehen und wandten sich nach Macau, die Fassade von São Paulo ist ihr Werk. Gegen 1637 war das Christentum unter dem extrem fremdenfeindlichen Shogunat der Tokugawa praktisch ausgelöscht, und Japan schloß sich völlig vom Westen ab. Erst mit der Wiederaufrichtung der Meji-Dynastie 1867, der der Besuch des amerikanischen Kommodores Perry mit seinen schwarzen Schiffen 1853 vorausgegangen war, kam es zur erneuten Berührung mit europäischen Mächten.

Als man 1865 in Nagasaki erneut und ohne großen Optimismus eine katholische Gemeinde gründete, stellte sich heraus, daß 225 Jahre nicht ausgereicht hatten, um den Glauben in den japanischen Familien auszulöschen. Tausende bekannten sich zu aller Überraschung nun wieder öffentlich zur christlichen Kirche, und heute hat Japan etwa eine halbe Million Christen. Es war ihre Gemeinde, die 1945 von der Nagasaki-Atombombe ausgelöscht wurde ...

Betrachten wir die *Fassade von São Paulo*, so sehen wir ein typisches Werk dessen, was man fälschlich Kolonialbarock nennt. Unschwer ist die Fassade als Bauwerk der Renaissance zu erkennen, sie folgt klar dem Aufriß der jesuitischen Mutterkirche Il Gesù in Rom. Betont springen die Laibungen der Portale und Fensternischen reliefartig vor. Im Figurenschmuck deutet sich allerdings ein Vorklang des Barock an, auch im Hinstreben zur aufsteilenden Fassadenmitte. Wurde Il Gesù von Giacomo della Porta gegen 1580 errichtet, Carlo Spinola sicher bekannt, so folgte bereits vierzig Jahre später die koloniale Dependance. Trotz der Beschränktheit der Mittel ist São Paulo doppelt so groß und breit wie Il Gesù in Rom, kündet vom Anspruch Macaus und dem Vielen und Neuen, von dem die Steinmetzen und Bronzegießer ihrer Fassade so reich zu erzählen wußten. Halten wir uns noch vor Augen, daß, als Macaus São Paulo erbaut wurde, die Rathäuser von Leipzig (1556), Rothenburg (1572), Bremen (1612) und Augsburg (1615) errichtet wurden, ein Gefühl städtischer Macht erwuchs, dem wir ein ähnliches und durch die Kaufmannschaft verbundenes Selbstbewußtsein im fernöstlichen Macau an die Seite stellen dürfen. Manches strahlte zurück, und so finden wir die Statue Adam Schall von Bells (1592-1666), einem Sohn Kölns, in der Tracht eines chinesischen Mandarins am alten Wallraf-Richartz-Museum seiner Heimatstadt.

Gewaltig aufstrebend und über fünf Ebenen erhebt sich das dreiachsige, mit korinthischen Säulen geschmückte, zum Giebel sich verjüngende Bauwerk. Man kann eine gewisse Nähe zu den Spielformen des manuelinischen Stils in Portugal nicht übersehen, doch ist der Eindruck im ganzen wuchtiger, monumentaler und voller Ernst. Dazu trägt der schon erwähnte, der kapitolinischen Treppe Michelangelos nachempfundene majestätische Aufgang bei, der in sechs Absätzen zu je zehn Stufen aus massiven Granitplatten hinaufführt. Das Seltsamste aber ist die Bauplastik dieser Kathedrale. Ganz oben im Giebelfeld umgeben Sterne und Mond das Kreuz und eine Bronzetaube. Im Ornamentband darunter erblicken wir Christus mit königlichen Lilien und Chrysanthemen, der japanischen Nationalblume. Neben Symbolen der Passion erscheinen an den volutengeschmückten Giebeln chinesische Löwen mit ihrem grinsenden Lächeln, die Mut und Stärke versinnbildlichen. Das dritte Band von oben ist der Jungfrau Maria gewidmet. Ihre zentrale Bronzestatue ist von musizierenden Engeln umstanden, einem sehr portugiesischen Motiv, und rechts von ihr erblicken wir einen sechsköpfigen Drachen, den die Jungfrau überwindet, indem sie ihren Fuß auf ihn setzt. Zur Linken eine schöne portugiesische Nau, ein Segelschiff jener Zeit mit geblähten Segeln, mit dem es eine spezielle Bewandtnis hat, denn der Kirchenbau wurde mit einem halben Prozent vom Frachtwert der Japanreise von 1601 ermöglicht. Das waren 3100 Goldddukaten. Somit muß die Fracht einen Gesamtwert von rund sechshunderttausend Dukaten oder siebzig Millionen DM heutigen Goldwertes gehabt haben.

Kein Wunder, daß bei solchen Summen der Drache im nächsten Feld sterben muß und chinesische Schriftzeichen uns belehren, »daß des Teufels Listen Menschen sündig machen«. Wer war da wohl gemeint in Macau? Im Band darunter folgen die Bronzestatuen der großen Jesuiten Ignatius von Loyola, Franz Xaver, Franz Borgia und Gonzaga, die alle irgendwie mit der Ostmission zu tun hatten. Die Zusammenstellung von Engeln und chinesischen Drachen – die von den Chinesen ja viel freundlicher gesehen werden als von der abendländischen Kultur –, von Schiffen, Löwen und Heiligen rings um die Jungfrau Maria ist kulturgeschichtlich einzigartig. Edward Conze hat darauf aufmerksam gemacht, daß in Kulturen, die einen Drachenkult hatten, also etwa in China und Japan, sich der Buddhismus ausbreiten konnte, nicht aber in Kulturen, in denen das Drachentöten als verdienstvolles Werk galt. Die Legende vom drachentötenden St. Georg und die Mythen von den schützenden und bewahrenden Drachen Chinas sind offenbar unvereinbar, und wir wissen nicht, welche frühen Vorstellungen und Erfahrungen sich mit diesen Mythen verbanden.

Am Fuß der großen Treppe werden wir anderer Mythen gewahr, auch sie sind unverständlich. Lachende Japaner und Scharen von hollywoodbunten Amerikanern mit riesigen weißen Schirmmützen haben einen Stand entdeckt, an dem ein cleverer Macanese chinesische Milizmützen, olivgrün und mit rotem Stern verkauft. In zehn Minuten ist der ganze Platz voller Rotarmisten, deren Kamerageräusche wie das Durchladen automatischer Waffen klingen. Da bleibt nur die rasche Flucht in den Schutz der nahegelegenen und über uns drohenden *Fortaleza do Monte*. Steil winden sich die Zickzackwege hinauf, dicke Kanonenrohre drohen aus den Schießscharten und aus den Mauerecken kragen die kleinen Pfefferbüchsen als Wachttürmchen vor.

Haben wir das Tor, an dem keiner etwas von uns will, durch eine tief eingeschnittene Kurtine passiert, so stehen wir auf einer baumbestandenen Plattform, rings um uns die sternförmig vorspringenden Bastionen, die einen schönen und freien Blick auf die Stadt erlauben. Das Wappen über dem Tor ist uns aufgefallen: Gottvater selbst lächelt milde über dem Wappenschild Portugals, das nicht von grimmigen Löwen wie in Hong Kong, sondern von lieblichen und lustigen Engeln gestützt wird. Der eine der Engel trägt ein Kreuz auf dem Kopf, der andere jenen goldenen Globus mit den Worten ›O spera mundi‹, ›O hoffe, Welt‹ – eine Hoffnung, der sich Portugal seit König Manuel I. verschrieben hatte.

Das ganze Arsenal von dicken Kanonen, das wir hier oben in allen Ecken herumstehen sehen, lehrte einst die Holländer das Fürchten, als sie zwischen 1604 und 1627 dreimal versuchten, Macau einzunehmen. Es war vor allem am 24. Juni 1622, dem Fest Johannes des Täufers, als die Jesuiten von São Paulo sich und den Mijnheers eine feurige Taufe bereiteten. Da, wo sich heute die Molen des Porto Exterior erstrecken, erschien ein holländisches Geschwader, nachdem es vergeblich versucht hatte, den jährlichen Geleitzug nach Nagasaki zu kapern. Unglücklicherweise waren auch die streitbaren und waffentragenden Kaufleute gerade auf einer Messe in Kanton, und so blieb es den Patres aufgegeben, zusammen mit den chinesischen Dienern, an die man zur Ermutigung eine große Ration Rum ausgab, die Feinde abzuwehren. Als sich diese am Fuß des Forts einrichteten und zum Sturm vorbereiteten, feuerte Pater Jeronimo Rho einen gut gezielten Schuß, der das holländische Pulvermagazin zur Explosion brachte. Im folgenden kühnen Ausfall trieb man die Invasoren auf die Schiffe, die Diener, die wohl eher Haussklaven waren, kehrten mit den abgeschnittenen Köpfen ihrer Gegner zurück und erhielten die Freiheit: was dem einen sein Kopf, ist dem anderen seine Freiheit.

Die Kanonen, die wir heute sehen, sind nicht mehr die alten schönen Bronzegüsse des macanesischen Kanonengießers Manuel Tavares Bocarro. Eines Tages verkaufte das ärmer gewordene Macau seine Geschütze an die chinesischen Mandarine in Kanton, von denen man ohnehin nichts zu befürchten hatte. Diese beschossen damit noch 1841 die englischen Kriegsschiffe in der Perlflußmündung während des ersten Opiumkrieges. Die siegreichen Briten schleppten sie in den Londoner Tower, wo man sie heute noch sehen kann. Dafür bekam Macau britische Geschütze von Vickers and Armstrong, die eine Illusion von Macht verbreiteten. Die letzten Bronzekanonen wurden übrigens 1942 als Buntmetall an die Japaner verkauft, um dringend benötigte Lebensmittel anzukaufen – eine rühmenswerte artilleristische Leistung. In der Nordwestbastion finden wir alte granitene Gründungs- und Gewölbeschlußsteine, deren verwitterte Inschriften von der Geschichte Macaus erzählen.

Inmitten des Plateaus steht ein kleines hellblaues Gebäude, einst Sitz der hohen Generalität, die von hier sorgenvoll nach sich nahenden Flotten Ausschau halten mochte. Heute hausen hier die Meteorologen und haben ihre Last mit dem widerspenstigen Wettergott, dessen nahende Taifune ebenso schwer einzuschätzen sind wie launenhafte Admiräle. Als der Verfall Macau zu zeichnen begann, Korruption die Beamten und Richter lähmte, erfand der Gouverneur Antonio de Menezes ein eigenartiges Gesellschaftsspiel. Er lud müßige Beamte zum Essen in seinen kleinen Palast auf der Festung, bewirtete sie üppig und winkte dann seinen chinesischen Hausdienern, die den Beamten ohne Vorwarnung heftig mit Bambusstöcken auf die Finger schlugen, bis Soße und Wein umherspritzte. Dann wurde weitergespeist als ob nichts gewesen sei. Ein verdorbenes Tischtuch war dem Gouverneur die Sache allemal wert, wie uns Charles R. Boxer in seinem Buch ›Fidalgos in the Far East‹ erzählt.

Wir verlassen das Fort wieder in Richtung São Paulo, lassen noch einmal den Blick aus der Höhe auf die Fassade von São Paulo auf uns wirken, die königliche Treppe zu ihren Füßen und rings umher die alte Stadt mit den wimmelnden Chinesenvierteln. Wir queren den Platz vor der Kathedrale mit seinen bunten Ständen, von denen uns Hunderte malayischer Buddhas, Konfuziusse und Daogottheiten blankpoliert entgegenlächeln. Der Tombakguß (Tombak malayisch = Messing mit 80 Prozent Kupfer und 20 Prozent Zink), in winzigen Gießereien gefertigt, ist noch heute in Malaysia und Indien sehr verbreitet, und sicher haben auch die berühmten macanesischen Bronzegießer von den Zinnvorkommen in Malaysia profitiert, mit deren Hilfe sie Kanonen- und Glockenbronze gewannen, die sich vom zinkhaltigen Messing durch größere Zähigkeit unterschied und für Schiffsbeschläge wegen ihrer Seewasserfestigkeit eignete. Solche kommerziellen Gedanken sind den alten Jesuiten wie den modernen Chinesen durchaus vertraut und galten weder den einen noch den anderen als Störung bei ihrer Andacht. So steht auch gleich hinter São Paulo ein Daotempel vor dem Eingang in ein höhlenartiges Warengewölbe, das sich wie Aladins Höhle in die Tiefe der Stadtmauer erstreckt und aus dem der ganze Orient quoll. Obwohl Buddhismus wie Christentum Mildtätigkeit gegenüber den Armen predigen, auch die älteren chinesischen Religionen dies ausdrücklich verlangen, scheint das Schicksal der wirklich Armen bedauernswert. Überall lungern sie, und da Betteln meist ignoriert wird und ihnen nichts bringt, entwikkeln sie einen fabelhaften Erfindungsreichtum mit Bauchläden aller Art. Joss sticks, also Räucherstäbchen, komplette Kleinaltäre aus billigem roten Kunststoff, bunte Gebetsfähnchen aus roter Seide, bedeckt mit glückbringenden goldenen und phantastischen Schriftzeichen, plüschiges Kinderspielzeug, meist als Pandabär und unschwer als rotchinesischen Ursprungs erkennbar, werden an den Mann, meist aber an die Frau gebracht. Dazwischen leben die Dim-Sum-Buden-Köche auf offener Straße, brutzeln und dämpfen auf blakendem Petroleumfeuer, umstanden von chinesischen Touristen vom Festland, die ihre Kinder füttern und hier alle die Waren wiedersehen, die sie zu Hause nicht kaufen können, wohl aber herstellen dürfen.

An Sonntagen aber ändert sich das Bild schlagartig, und plötzlich betritt wieder das alte, von atlantischen Erinnerungen geprägte Portugal die großartige Bühne vor São Paulo. Schwarzgekleidete und rotbeschärpte Senhores und weißbestrumpfte Senhoras in der schönen roten Tracht des Alentejo tanzen die Tänze zu den sentimentalen Klängen des Fado. Sieht man die Gesichter, zumal der Frauen, an – und welcher Mann wird das nicht tun –, so erblickt man erstaunlich frische europäische Züge neben interessanten eurasischen und chinesischen Zügen unter den hübschen roten Kopftüchern. Die weißen Spenzer sind blau gesäumt wie bei den Azulejos im Leal Senado, kurz wir können uns einen Augenblick in Portugals atlantischen Provinzen oder im Dourotal wähnen.

Wir gehen nun durch die **Rua do Sto. António** mit ihren landestypischen Geschäften, unter denen die *Porzellanhändler* zahlreich sind. Obwohl die Ware sicher aus China kommt, sich vom Boden bis zur Decke stapelt, trägt sie trotz der fabrikatorischen Herstellung noch immer ein qualitätsvolles handwerkliches Cachet. Vor allem die blauweiße Keramik, das Porzellan, als durchschimmerndes Knochenporzellan oder Bone China, auch Steinzeug oder Fayence erfreuen durch ihre ruhigen vornehmen Formen und Schmuckmotive, erinnern an das berühmte Blauweiß von Meißen oder die holländischen Zwiebelmuster, die hier in China ihren geschichtlichen Ursprung haben. Porzellane wurden in China bereits im 7. Jahrhundert hergestellt, schon Marco Polo schildert die Bereitung der Porzellanerde, und sie kamen zu seiner Zeit erstmals über Venedig nach Europa. Erst gegen 1600 haben die Holländer in der Delfter Fayence chinesische Motive mit den alten, im italienischen Faenza geübten Keramiktechniken verbunden, und 1708 gelang es dem Sachsen J. F. Böttger, das eifersüchtig gehütete Geheimnis des weißen Hartporzellans zu ergründen. Die Porzellane Chinas waren aus Kaolin, einem recht reinen Aluminiumsilikat gebrannt, die Tongefäße Europas aber aus silikatischen Tonen sehr unterschiedlicher Zusammensetzung, denen gelegentlich mit einer weißen Zinnglasur ein porzellanartiges Aussehen gegeben wurde. Um das Kaolin als natürlichen Rohstoff schön weiß zu bekommen, ließen die Chinesen ganze Berge aufgehäuften und von Eisenoxiden rötlich gefärbten Kaolins Jahrhunderte von Wasser und Atmosphärilien ausbleichen, wobei das Eisenoxid von der Kohlensäure herausgelöst wurde. Das hätte Böttger bereits bei Marco Polo nachlesen können.

Es war die Zeit des Mandschu-Kaisers Kang Xi, von dem wir im Zusammenhang der Dispute mit dem päpstlichen Legaten de Tournon noch hören werden, die als Blütezeit chinesischen Porzellans gilt. Das berühmte Ch'ing oder Blauweiß aus dem Umkreis Nankings entstand gegen 1670 und wurde in Europa heiß begehrt, wiewohl bereits das Porzellan der Ming-Zeit das köstliche Farbenspiel des blauen Kobaltschmelzes entdeckt hatte. Als bestes Kang Xi Blue gilt das reine Saphirblau, das weder einen violetten noch einen grünen Farbstich zeigt. Auch die famille-vert-Porzellane entstanden in dieser Zeit, bezaubernd leuchtende und sehr dunkle Grüns, denen helles Korallenrot, klare Cadmiumgelbs und Türkistöne zugesellt waren. Die Kunst der alten Chinesen, anorganische oxidische Pigmente wie das Kobaltoxid mit den silikatischen Aluminiumoxiden so zu verbinden, daß im Schmelzfluß besondere Farbeffekte entstehen, verdient noch heute die Bewunderung des Chemikers – ganz zu schweigen von den kunstvollen Formen, die dem Hartporzellan im Gegensatz zur ›Weichkeramik‹ wie Terrakotta, Steingut und Fayencen abgerungen werden konnte. Kein Wunder, daß der Handel über Macau blühte.

Am Ende der Rua do Sto. António öffnet sich ein Platz, hinter dem Park und das *Museu Luís de Camões* in einem schlichtweißen Kolonialbau auf uns warten (Öffnung erst ab 11 Uhr). 1770 von Manoel Pereira erbaut, diente das Gebäude seit etwa 1780 der britischen East India Company als Verwaltungssitz ihres Select Committee in Warteposition auf den von den Chinesen hartnäckig verweigerten Chinahandel, lange bevor Hong Kong gegründet wurde. Praktisch war es eine Art britischer Botschaft gegenüber einem Land, China, das nichts von solchem Botschafter wissen wollte. In der Casa Garden, wie es damals genannt wurde, weilten und warteten Lord Amherst und Lord Napier vergebens auf eine Einreiseerlaubnis ins Reich des Himmelssohnes. Es muß ihnen schwer gefallen sein. Nur hier unter der rotgrünen Flagge Macaus konnte sich die mißvergnügte und in Indien so mächtige Gesellschaft sehen lassen und profitierte von den guten Beziehungen Portugals zu den Mandarinen in Kanton, deren Name nichts mit den gleichnamigen Früchten, die ja auch aus China kommen, zu tun hat, sondern sich vom portugiesischen Wort mandar = befehlen ableitet.

Die Ostindische Gesellschaft hat hier neben einer kleinen Kapelle den protestantischen Friedhof angelegt. Der *Cemitério Protestante* mit seinen immer noch gepflegten Grabdenkmälern ist ein Abbild der Geschichte jener Jahre, könnte an den Protestantischen Friedhof in Rom erinnern. Zahlreiche Diplomaten, Kaufherren, Botschafter, Schiffskapitäne, Seeoffiziere und Missionare liegen hier bestattet. Unter ihnen der englische Maler George Chinnery, dessen Bilder wir gleich nebenan sehen werden, Winston Churchills Onkel, Lord Spencer Churchill, der als Deckoffizier des Schiffes HMS ›Druid‹ 1840 starb, ein Enkel des amerikanischen Präsidenten John Adams, Offiziere aus Commodore Perry's Flotte, als sie im Winter 1853/54 vor der Fahrt der ›Schwarzen Schiffe‹ nach Nagasaki in Macau überwinterte, und schließlich ganz schlichte Seeleute, die fern der Heimat an Pest und Cholera, Pocken und Skorbut oder Wundbrand gestorben waren. Ein fast anrührendes Denkmal nennt

F. W. SCHNITGER
gebohren zu Pleuhn (Plön)
in Holstein am 31. May 1773
gestorben nach langem Leiden
in Macao am 30. May 1807

Fast alle hier Begrabenen sind im Alter von weniger als vierzig Jahren gestorben. Klima und rauhes Leben forderten ihren Tribut, und Macau war der einzige Ort weit und breit, in dem die Casa da Misericórdia und ihr St.-Raphael-Krankenhaus Hilfe und Erleichterung boten. Kein Wunder, daß sie alle diesen rettenden Hafen anliefen, gleich welcher Nation, Freunde und

Feinde. Macau war der Schlüssel zu allem: Reichtum, Erfolg aber auch Hilfe und letzte Ruhestätte.

Das *Museum* ist nach dem großen portugiesischen Dichter Luís Vaz de Camões (1525-1580) benannt, der mit seinem Werk ›Os Lusiades‹, den Lusiaden, ein bedeutendes künstlerisches Dokument der großen Zeit Portugals geschaffen hat. Geboren in Lissabon, kämpfte er in Nordafrika – nicht unähnlich dem streitbaren Cervantes – gegen die Mauren, dann war er als Pfleger von Hinterlassenschaften ab 1559 für Jahre in Macau tätig und hat Teile seiner Lusiaden in dem nach ihm benannten Garten hinter dem Museum geschrieben. Stets verschuldet, wie sich das für einen ritterlichen Lyriker gehört, saß er wiederholt in Schuldhaft, wurde von Freunden wieder ausgelöst und starb verarmt in Lissabon an der Pest. Trotz seiner wirtschaftlichen Nöte sind die Lusiaden das bedeutendste Epos Portugals, Cervantes' ›Don Quichote‹ verwandt. Beide Werke geben ein umfassendes Gemälde ihrer Zeit, ihrer Gesellschaft, ihrer Hoffnungen und Vorstellungen, und beide sind entstanden, obwohl ihre Dichter eben nicht Teil der hochmütigen Gesellschaft wurden, die sie dennoch in freundlichen Worten, aber auch mit einer gewissen Ironie, beschrieben.

An Camões' Büste vorbei, in deren Sockel einige Verszeilen der Lusiaden eingemeißelt sind, betreten wir das Museum, dessen weite und helle klassizistische Räume, um einen Binnenhof gruppiert, ein Gefühl für den Lebensstil einer Zeit geben, die zu leben wußte, aber auch wissend, daß der Friedhof gleich nebenan liegt. Das Museum enthält chinesische Kunstwerke aus zweitausend Jahren, unter ihnen Pinselmalereien der Guandhong-Schule, Shek Wan-Töpferei und -Porzellane und Poon Yuk Su-Skulpturen. Der Wandel der Kunsttechniken und des Geschmacks von den schlichten und beeindruckenden, teilglasierten Tonpferden der Tang-Dynastie (ca. 900 n. Chr.), den Einhörnern, Fröschen, Krabben über die Exponate der Ming-Zeit (1368-1644) bis zu den späten, nur noch listig und verschlagen wirkenden Mandarinfiguren und Buddhastatuen der Chung- oder Mandschu-Zeit (1644-1911), den verspielten und überzüchteten Prachtlöwen in Stein und Porzellan, die auf den Verticos unserer Großmütter ein rechter Kinderschreck waren, ist bemerkenswert: ein grundsätzlich nie geändertes Weltbild in ständig neuen Varianten des Ausdrucks.

In anderen Räumen sehen wir europäische Gemälde und Stiche, die die beiden durch Handel verbundenen Städte Macau und Kanton, ihre Gebäude und Bewohner zeigen. Der schon genannte englische Maler George Chinnery, der französische Lithograph Auguste Borget und der weißrussische Aquarellist George Smirnoff, der im Zweiten Weltkrieg hier Zuflucht fand, sind mit Bildern vertreten. Es ist bemerkenswert, daß das überfüllte und buchstäblich nach Luft ringende Macau jener Zeit noch Kraft und Möglichkeiten fand, einigen Flüchtlingen die Basis für künstlerisches Wirken zu geben, einige haben wir in Gedanken bereits in der Loggia des Bela Vista kennengelernt. Auch der englische Historiker Charles R. Boxer hat 1942, als er als japanischer Gefangener in Hong Kongs Stanley Camp saß, mit der Hilfe von Freunden in Macau sein Geschichtswerk ›Macau na Epoca da Restauraçao‹, 1940 und 1941 in Hong Kong geschrieben, in einer zweisprachigen Ausgabe drucken können. Später englischer Dank an Macau, aber auch eines der letzten Geschenke dieser hochherzigen Stadt.

Vom hinter dem Haus gelegenen Camões-Garten hat man einen guten Ausblick über das Viertel an der Isla Verde und die nahen Inseln und Uferkonturen, die bereits zu China gehören. Wir wollen uns hier ein Taxi nehmen und über die am Ufer entlangführende Avenida do Almirante Lacerda das grenznahe Viertel **Bairro Tamagnini Barbosa** aufsuchen, ein geschäftiges einfaches Wohngebiet, das vor allem die hunderttausend Chinaflüchtlinge 1937 nach dem Sacco di Shanghai und dann wieder beim Anrücken der japanischen Truppen auf Kanton und später der Armee Mao Dse Dongs aufgenommen hat. An den Ufern der Petrabucht und des Canal dos Patos, der nach Kanton führt, rostet noch der Stacheldraht mit dem sich Macau 1940 umgeben mußte, stehen die Betonbunker mit ausgebrochenen Schießscharten, weht plötzlich ein fröstelnd machender Wind von See.

Ganz im Norden dieses Viertels erhebt sich gelb und mit der rotgrünen Flagge Portugals auf dem Dach das Tor nach China, die *Porta do Cerco*. Gegen 1650 errichtet, später erneuert, haben endlose Kolonnen mit Gütern dieses Tor passiert, ungezählte

Menschen, Kaufherren, Reisende, Hilfesuchende. Nur 95 Kilometer ist es nach Kanton, und heute fahren Omnibusse durch dieses gewaltige Tor und bringen sowohl chinesische Touristen nach Macau als auch westliche Touristen nach Kanton. Besieht man die Anlage, zu der mein chinesischer Taxifahrer keinen Mut hatte, näher heranzufahren, durch das Laub der Maulbeerbäume und Platanen, erblickt man die oft abenteuerlich zusammengeflickten uralten Lastwagen, einen Zug von schwarzen Wasserbüffeln, der in Macaus Schlachthof schon erwartet wird, alte Chinesinnen mit ihrem breiten Strohhut, so bekommt das Tor eine zeitlose Dimension. Durch seinen Rundbogen ging über Jahrhunderte der Weg vom Westen nach dem Fernen Osten und umgekehrt, der Weg der Gedanken, der Weg der Missionare, päpstlicher Legaten und kaiserlicher Emissäre, buntgewandeter chinesischer Mandarine und der endlose Strom der grau und schwarz gekleideten Bauern, Handwerker und Kaufleute. Die Inschrift unter dem First: A PATRIA HONRAI QUE A PATRIA VOS CONTEMPLA.

Ein weiterer Ausflug dieses an Eindrücken reichen Tages könnte dem *Tempel der Kun Yam* gelten. Es ist, wie wir schon hörten, die buddhistische Göttin der Barmherzigkeit, die auch Kuan Yin im Mandarinchinesisch und im Japanischen Kwannon heißt. Ursprünglich als eine geschlechtslose Gottheit verstanden, nahm sie später weibliche Züge an und gilt als Beschützerin der unschuldig Verfolgten, der Heimatlosen und Schiffbrüchigen. An allen diesen war in Macau kein Mangel, und so erklärt sich die Anziehungskraft dieses 1627 an der Stelle eines älteren Bauwerks aus dem 13. Jahrhundert erbauten Tempels, den wir im Winkel zwischen der Avenida do Coronel Mesquita und der *Rua de Francisco Xavier Pereira* finden. Ein kunstvoll geschnitztes Tor führt uns in einen von Banyanbäumen beschatteten Hof, die Friese und Dachecken sind mit glasierten Ziegeln und mythologischen Figuren aus der Ming-Zeit geschmückt. Die Freitreppe wird bewacht von zwei grimmigen Löwen, deren jeder eine Steinkugel im Mund hält. Wer sie dreimal nach links drehen kann, gewinnt Glück, und damit das nicht so schwer ist, sind die Kugeln gefettet, also ein ehrwürdiges Kugellager. Die Treppe führt zu einem dreiachsigen Tempel mit Pagodendach, hinter dessen perlmuttgeschmücktem Mitteltor uns die Drei Goldenen Inkarnationen Buddhas erwarten: Sakyamuni, der Gründer, Amitabha, der Herr des westlichen Paradieses und der Heilende Buddha. In der zweiten Halle thront der Erleuchtete Buddha in der Lotusblüte, und in der dritten Halle stellt sich die Göttin Kun Yam dar, die als Göttin der Gnade und Königin des Himmels aufgefaßt wird. Wir können gar nicht umhin, an Maria als Himmelskönigin zu denken, wozu auch das Gewand Kun Yams verleitet: ein chinesisches Brautkleid. Wenn von Göttern gesprochen wird, so ist das eigentlich ganz falsch, es handelt sich um Bodhisatvas, die den Zustand des Nirwanas erreicht haben wie Buddha selbst. Doch Kun Yam entzog sich dem Paradies der Vollkommenheit und beschloß, den Menschen in ihrer Unvollkommenheit zu dienen: die Frauen sind manchmal doch etwas praktischer veranlagt. Der Schmuck des Kun Yam-Altars ist möglicherweise beeinflußt von christlichen Altären in Macau aus der gleichen Zeit, doch sind die Farben Rot, Gold und Grün typisch chinesisch, sie bedeuten Glücklichsein, Reichtum und Frieden. Ansonsten fehlen diesem Tempel alle buddhistischen Mischformen mit daoistischen Symbolen.

Die gläsernen Wandvitrinen beherbergen achtzehn weise Männer Chinas, unter denen erstaunlicherweise Marco Polo als letzter der linken Reihe erscheint. Nochmals tritt uns an diesem entlegenen Platz der Welt Venedig entgegen.

Rechts vom Altar führt ein Durchgang zu einem hübschen Lotusteich und einem Bonsaibaum, dessen gekrümmte Äste das Zeichen für langes Leben angenommen haben. Der Tempel ist von einem lebenden buddhistischen Kloster umgeben, ähnlich wie auf Lantau, und mit etwas Glück können wir die Zymbeln, Pauken und Flöten sowie den gutturalen Mönchsgesang erleben.

Der Klostergarten ist zugänglich. Ein lachender, dickbauchiger Buddha läßt uns eintreten in den Garten, der seltsamerweise und völlig überraschend ein historischer Platz der chinesisch-amerikanischen Beziehungen ist. Eine weiße Marmortafel kündet von dem Besuch des amerikanischen Botschafters Caleb Cushing 1844, der hier an dem runden granitenen Gartentisch mit dem Vizekönig Ki Ying einen Freundschafts- und Handelsvertrag abschloß. Nach Jahrzehnten völliger chinesischer Indifferenz gegenüber den jungen USA legte Ying angesichts der Inbesitznahme Hong Kongs 1841 durch England plötzlich ein atemberaubendes Tempo an den Tag, der den überraschten Botschafter ganz ohne Schreibzeug fand. Die Chinesen reichten ihm huldvoll lächelnd eine Reispapierrolle und einen Tuschpinsel, mit dem seine Exzellenz ihre liebe Not hatte.

Um den Kreis jener Eindrücke zu schließen, die uns deutlich machen, daß Macau weit mehr als Hong Kong Zentrum und Kristallisationspunkt der Geschichte west-östlicher Begegnungen ist, werden wir zum Abschluß noch mit dem Taxi das *Haus Sun Yat-sens* besuchen. Ein befremdliches Gebäude an der Rua Ferreira do Amaral in einem halb maurisch-islamischen Stil, gebaut und bewohnt von christlich gewordenen Chinesen, denn Sun Yat-sens Eltern wie er selbst waren Christen. Sun Yat-sen (1866-1925) wurde wenige Meilen nördlich von Macau auf dem Festland geboren und ging mit dreizehn Jahren zum Studium zu seinem Bruder nach Hawaii. In Honolulu besuchte er die Britische Missionsschule, dann das Queens College in Hong Kong und die Canton Medical School, um sich schließlich als Arzt in Macau niederzulassen. Daß ein intelligenter und lebhafter, auch willensstarker und sein chinesisches Vaterland liebender Mann angesichts der korrupten Mandschu-Dynastie nur einen Wunsch haben konnte, sie durch etwas Besseres zu ersetzen, ist einleuchtend. Das Bessere war für Dr. Sun Yat-sen die europäische Demokratie. Ebenso einleuchtend ist aber auch, daß diese Ideale eines chinesischen Akademikers für die chinesische Oberschicht wie für das einfache Volk unverständlich waren.

Es folgte eine Odyssee durch die halbe Welt, verfolgt oder doch gemieden, um diplomatische Schwierigkeiten zu vermeiden, mußte er nach einem mißlungenen Putschversuch, 1895 in Kanton, erneut fliehen. Er gründete vorzugsweise unter den zahlreichen Exilchinesen die Kuo Min Tang-Partei und gelangte nach dem unrühmlichen Ende der Mandschu-Kaiser 1911 als erster Präsident an die Spitze der neugeschaffenen chinesischen Republik, die mehr das Ergebnis europäischer Interventionen als chinesischer Aktivität war und der Sun Yat-sen als eine Art Gallionsfigur diente. Schon bald mußte er dem Marschall Yuan

Schek Kai weichen, China kam einfach nicht los von seinen War Lords. Kaum gegründet, zerfiel das Reich denn auch schon wieder in zwei Lager, die altbekannt waren: Südchina und Nordchina mit ihren so unterschiedlichen Temperamenten und Lebensformen. 1921 wurde Sun Yat-sen Präsident der südchinesischen Gegenregierung und verband sich mit den Sowjets, um seine Ziele durchzusetzen. In Peking 1925 gestorben, hat ihm die Volksrepublik China ein prächtiges Mausoleum am Hang eines Berges gebaut. Nicht minder verehrt ihn die Kuo Min Tang-Regierung in der Nachfolge von Chiang Kai Schek auf Taiwan. Sun Yat-sen war sicher kein Revolutionär mit charismatischer und mitreißender Kraft. Er war eher der Typus des chinesischen Gelehrten, gebildet in der Philosophie Chinas wie den staatsrechtlichen Auffassungen des Westens. Pragmatischere Militärs und Staatsmänner haben ihm sein Werk aus den Händen genommen, und selbst die häufige Nennung seines Namens durch zerstrittene Parteien und der Bau von Monumenten kann dies nicht wieder gutmachen. Letztlich war dem Riesenreich keine Zeit für Evolution gesunder Prinzipien gewährt, der Gewalt gehörte die Stunde. Das Haus Sun Yat-sens ist heute so eigentümlich leer wie sein Bild, trotz vieler Worte, in der Geschichte vage geblieben ist.

Das scheint aber die vielen Mädchen gar nicht zu beeindrukken, die gerade aus dem nahen College Santa Rosa de Lima oder aus dem Salesianer-Gymnasium herausquellen. Mit dem schwarzen Rock und der weißen Bluse werden die Standes- und Rassenunterschiede überspielt, und das ist gut so. Flügelhaubige Schwestern mitten in der strömenden und lärmenden Flut rudern mit den Armen, um den Autoverkehr zum Stehen zu bringen. Was werden alle diese Schulwilligen tun, deren Ausbildung heute von Spendern bezahlt wird und für die Macau keine ausreichenden Berufsmöglichkeiten besitzt. Und China? Aber immer noch sieht sich Macau in der Pflicht, Glauben und Wissen in alter Tradition zu vermitteln.

Das nahebei befindliche Quartier der São-Francisco-Kaserne mit dem Militär-Club von Macau beherbergte bis in die siebziger Jahre das I. Linienbataillon. Es hat sich zurückgezogen und mit ihm das elegante Leben im Club, eine andere Zeit hat auch

Blick über Macau und Porto Exterior nach den Inseln

Portugal mit Macht ergriffen und die alte, auch nicht immer bessere, hat ihre Waffen im Museum hinterlassen, auch eine riesige Kanonenkugel, die ein japanischer Taucher 1952 auf dem Hafenboden von Nagasaki fand. Sie gehörte einst dem portugiesischen Schiff ›Madre de Deus‹, das von einigen hundert wilden Samurais 1610 dort angegriffen wurde, die wütend die Herausgabe allen Silbers verlangten. Der Kapitän Andre Pessoa zögerte nicht lange, ließ ein Gebet sprechen und sprengte das Schiff mit sich und seinen Leuten in die Luft. Entschlossenheit und Milde sind die beiden Gesichter Portugals und Macaus.

Vielleicht setzen wir uns an diesem langen Tag noch eine Stunde in ›Henry's Galley‹ an der *Ufermole der Rua da Praia*. Einige Camaroes grelhado, gegrillte Shrimps, oder ein Caril de Camarao aus Shrimps oder eine Sopa de mariscos, eine Art Bouillabaisse, werden uns nebst einem kühlen Vinho verde gut tun. Nichts klärt den Blick auf ein fremdes Land gleichermaßen wie die Übereinstimmung bei Tisch. Am Straßenrand steht derweilen ein Pedicab, eine der macanesischen Fahrrad-Rikschas, dessen betagter Fahrer, Maschinist und Generalunternehmer in einem, sein Gefährt einer notwendigen Inspektion unterzog, geduldig beobachtet von seinen Fahrgästen, während draußen auf dem Wasser ein Sampan mit schilfgedeckter Heckducht geruhsam seinen Weg auf der violett schimmernden Wasserfläche nahm – amanha, morgen, ist auch noch ein Tag. Pedicabs und Autorennen sind die beiden technischen Extreme in Macau, das eine still und leise, das andere im November laut und röhrend beim Grand-Prix auf dem Platz am Porto Exterior hinter der Nobre de Carvalho-Brücke nach Taipa. Aber man täusche sich nicht, das dolce far niente, das Macau in krassem Gegensatz zu Hong Kong zu zeichnen scheint, verbirgt den Fleiß und die Emsigkeit seiner Bewohner. 1984 hat das kleine Macau für eine knappe Milliarde US-Dollar Güter exportiert. Wo dies in der Enge der zwischen seine Hügel gezwängten Stadt geschah, in den Schluchten seiner Straßen und Gäßchen, in den katastrophal übervölkerten Flüchtlingsquartieren, das ist ein Rätsel, um dessen Lösung nur Macau selbst, die Göttin A Ma und die singenden Engel an der Fassade von São Paulo wissen …

Begegnung mit Pater Teixeira

Die Lichter am Hafen von Macau sind entzündet, das letzte Fährschiff von Hong Kong kommt herein, fern sind über dem dunklen Graublau des unruhigen Meeres die lila Bergsilhouetten von Lantau noch erkennbar. Gegen Westen funkelt auf den Wassern zwischen den Inseln Macaus ein letzter Schimmer von Licht, schwärzliche Silhouetten von Shrimpkuttern ziehen vorbei und zeigen im Gegenlicht ihre bizarren, spinnenbeinigen Fanggeschirre. Der Banyanbaum vor meinem Fenster hat in dieser Stunde zu sich selbst gefunden, zu den Träumen seiner bengalischen Heimat. Dick und üppig schmiegen sich die aus dem Stamm quellenden Luftwurzeln um ihn.

Eine unerwartete Begegnung führte mich an jenem Abend tief hinein in jene jahrhundertelangen Bemühungen, von Macau aus abendländische Gedanken und das Christentum China nahe zu bringen und im Austausch etwas von der Weisheit des Ostens zu gewinnen. Bis in unser Jahrhundert überwog in Europa ein teils exotisches, teils kurioses Chinabild, das weit mehr durch unbestimmte Vorstellungen von des einsamen Konfuzius' Lehren, chinesischen Tuschmalereien, malerisch gekleideten, aber korrupten Mandarinen und seit Jahrhunderten berühmten Porzellanen geprägt war als von der Realität. Unsere Zeit hat mit den Büchern von Pearl S. Buck einen neuen Mythos von der ›guten Erde‹ geschaffen, politische Lehrer und Anführer wie Sun Yat-sen und Mao Dse Dong haben unser modernes Bild beeinflußt, verändert und doch im Unklaren endloser Veränderungen gelassen. Jenseits eines modischen, spekulativen oder populär oberflächlichen Interesses fand ein echter und subtiler Austausch zwischen Ost und West vor allem in jenen Jahrhunderten statt, in denen wagemutige, anpassungsfähige Missionare den Schutzwall aus chinesischem Desinteresse und den tiefen Graben gegenseitiger Selbstüberschätzung durchdringen konnten, der China weit mehr als die Große Mauer abgeschirmt hat.

Dieser Austausch besteht noch heute, und wir sollten ein wenig diese Geschichte der Hoffnungen, Enttäuschungen und

Mißverständnisse verfolgen. Wir verstehen im Widerschein jener Ereignisse auch unsere Kultur und Religion ein gutes Stück besser, auch die Möglichkeiten und Grenzen gegenseitiger Annäherung.

In der Loggia von Macaus Bela Vista Hotel stieß ich eines Tages zufällig auf Pater Manuel Teixeira. Weißbärtig, barhäuptig und im weißen Habit, ein lebhafter Mann, dem man seine mehr als siebzig Jahre kaum ansieht. Seine Familie lebt seit dreihundert Jahren in dieser portugiesisch-chinesischen Stadt, hat deren Schicksal an sich selbst erfahren. Wir verabredeten uns mit großer Selbstverständlichkeit für den nächsten Abend zum Essen, und selten ist mir Geschichte so gegenständlich erschienen wie in den Gesprächen dieser Nacht.

Als die Windlichter unter den Arkaden, deren granitene Säulen und Bögen an Palladio und Vicenza erinnern, entzündet worden waren, begann Pater Teixeira von den frühen Wanderungen nestorianischer Christen nach China zu erzählen. Sie stammten aus Persien und haben die ersten kulturellen Kontakte während der T'ang-Dynastie (618-906) zwischen dem christlich gewordenen Mittelmeerraum und dem Fernen Osten hergestellt. Einer der ihren, der Mönch A Lo Pen, wird ausdrücklich in den Pekinger Annalen erwähnt. Als Anhänger des 431 auf dem Konzil von Ephesos der Häresie bezichtigten Patriarchs Nestorius von Konstantinopel sind sie ein frühes Beispiel geduldigen Miteinanderumgehens, das aus der Ungeduld anderer erwuchs. Pater Teixeira zupft sich am Bart, er wird auf dieses Thema der Intoleranz in der Kirche nochmals zurückkommen. Da mag auch manches unvergessene antike Erbe aus den Tagen des großen Alexander in Indien wiederbelebt und bis nach China gelangt sein, jene selten wahrgenommene Durchdringung griechischer und buddhistischer Ausdrucksformen in den Steinplastiken von Mathura und Gandhara, die mir erstaunlicherweise zum ersten Mal in einem sonst nüchternen Industriebüro gezeigt wurden. Die Wandlung des in Stein gehauenen Buddhabildes, die Anpassung seines Gesichtsausdruckes an die durchwanderten rassischen Merkmale ist eine Geschichte für sich, und ständig drohten wir bei unserem Gespräch uns in allerlei Einzelheiten zu verlieren.

China, das sich historisch so schwer abgrenzen läßt und wie eine Qualle mal diese, mal jene Form und Ausdehnung annahm, hatte sich unter dem T'ang-Kaiser Tsai Tsung gerade nach Westen ausgedehnt, erreichte auf militärischem Wege Turkestan, Tibet und, den Pamir querend, Nordwestindien. So waren sich Nestorianer und Chinesen ein Stück Wegs entgegengekommen, auch wenn sie von sehr verschiedenen Motiven bewegt wurden. Der Hof der T'ang-Dynastie residierte damals in Chang-an, dem späteren Xi'an im zentralen China und ermutigte viele Reisende aus verschiedenen Ländern und von mancherlei Religion zu Besuchen. Mohammedaner und Nestorianer wurden gleichermaßen willkommen geheißen, und vor allem die Nestorianer gründeten eine größere Anzahl Kirchen und Missionen, die sich Jahrhunderte hielten. 1625 fand man in Xi'an eine Steintafel aus dem Jahre 781, die in chinesischer Schrift einen Abriß des nestorianischen Glaubens wiedergibt. Der Islam mit seiner selbstbewußten militanten Unduldsamkeit hatte in China angesichts eines gewissen Phlegmas und der Indifferenz seiner Bewohner keine Chance.

Noch Marco Polo trifft im späten 13. Jahrhundert in fast namenlosen Landstrichen zwischen dem Baikalsee und China auf Nestorianer: »Tenduk, im ehemaligen Reich des Priesters Johann gelegen, ist eine östliche Provinz mit vielen Städten und Schlössern, die zur Herrschaft des Großkhans gehören ... Der jetzige König ist Nachkomme des Priesters Johann und heißt Georg. Er ist Christ und Priester; der größere Teil der Einwohner ist christlichen nestorianischen Glaubens ... Der Großkhan gibt ihm wie den übrigen Prinzen seine Töchter zur Frau. In diesem Land findet man in großer Menge und sehr schön den Stein, aus dem die Azurfarbe gewonnen wird [vermutlich das Mineral Lapislazuli] ... Der erwähnte Georg ist der sechste Nachfolger des Priesters Johann ... Zwei Landstriche gibt es dort, über welche diese ihre Herrschaft ausüben; sie werden bei uns Gog und Magog genannt.«

Unter den *Sung-Kaisern* (960-1279) fanden der schon im ersten Jahrhundert n. Chr. aus Indien eingewanderte Buddhismus, der Daoismus, der etwa im dritten nachchristlichen Jahrhundert entstand, und der Konfuzianismus aus dem dritten vorchristlichen Jahrhundert ihre im wesentlichen noch heute gültige Ausprägung. Vor allem im Chan-Buddhismus, den die Japaner Zen-Buddhismus nennen, gewann China eine erste, auch das Jenseits einschließende Religion, die durch manche Verwandtschaften inhaltlicher wie formaler Art mit dem Daoismus und Konfuzianismus dem Christentum den Rang ablief.

Die Mongolenkaiser, von den Chinesen *Yüan-Dynastie* genannt (1279-1368), überwanden rasch den anfänglichen Widerstand der ihnen rassisch fremden Chinesen und öffneten China mehr denn je fremden Einflüssen. Die Nestorianer breiteten sich wieder aus. Naturgemäß konnten die Mongolenkaiser den altberühmten Handelsweg nach dem Westen, die Seidenstraße, die durch weite Gebiete ihrer Herrschaft verlief, ausgezeichnet sichern, so daß ein größerer Strom von Handelsleuten aus dem Nahen Osten und dann auch von Europa aus China erreichte. Der berühmteste unter ihnen ist der Venezianer Marco Polo, der seinen Vater Nicolò und seinen Onkel Matteo auf ihrer zweiten Reise begleitete. Marco Polo, dessen Berichte im Westen mit Unglauben gelesen wurden, wurde ein enger Vertrauter des großen Kublai Khan. Dies alles führte zu einer Intensivierung des venezianischen Handels mit dem Fernen Osten, und 1294 wurde im Gefolge von Kaufleuten der Franziskaner Giovanni di Monte Corvino von der Kurie entsandt, um einen neuen Missionsanlauf zu nehmen. Er wurde der erste Erzbischof von Cambulac, dem heutigen Beijing oder Peking.

Die folgende *Ming-Dynastie* (1368-1644) war politisch schwach, führte aber zu einer Neubesinnung der chinesischen Kultur, die sich von manchen mongolischen Einflüssen wieder freimachte. In einer gewissen Parallele zu Europa wurde China von neuen Pflanzen und landwirtschaftlichen Produkten erobert, die als Folge des erweiterten Handels ins Land kamen. Hierzu zählt die Baumwolle, der Mais, die Süßkartoffel und die Erdnuß. Da die Pflanzenwelt der Erde mehr vom Nord-Süd-Gefälle als vom Längengrad bestimmt ist, ist es nur natürlich, daß die Chinesen im tropischen Asien ähnliche Früchte fanden und aufnahmen wie die Europäer der gleichen Zeit in Süd- und Zentralamerika. Das bemerkten wir auch auf der Speisenkarte des Bela Vista, auf der uns Pater Teixeira einige portugiesische und brasilianische Gerichte, in angenehmster Weise von der chinesischen Küche abgerundet, empfahl.

Inzwischen hatten sich die Europäer am Südrand der chinesischen Küste festgesetzt, die Portugiesen waren von Indien (Goa) und Malakka aus gegen 1540 in Macau seßhaft geworden. In einer neuerlichen Missionsbewegung fanden die Jesuiten, als die vielleicht Begabtesten im Zugehen auf fremde Kulturen, den Weg nach China. Franziskus Xaver starb 1552 in Macau an der Schwelle Chinas, das zu betreten ihm noch nicht gestattet war. Der Italiener Matteo Ricci (1552-1610) arbeitete dann etwa dreißig Jahre in China, zuletzt in Beijing, vom Kaiser Wan-li empfangen, beliebt am Hof wegen seiner mathematischen und astronomischen Kenntnisse und enger Freund der Intellektuellen um den letzten Ming-Kaiser Chu Yu-chien. Er leitete schließlich das kaiserliche Observatorium in Beijing, und für Jahrhunderte war Matteo Ricci unter seinem chinesischen Namen Li Ma-tou eine freundliche Erinnerung im Soll und Haben der West-Ost-Beziehungen. Jesuitenastronomen waren damals auf der Höhe der Zeit. Es war der bayerische Jesuit Pater Clavius, auf dessen Anraten Papst Gregor XIII. am 4. Oktober 1582 den Julianischen Kalender enden ließ, die Uhren von St. Peter samt urbis et orbis mit seinem Hirtenstab anhielt und den folgenden Tag zum 15. Oktober 1582 bestimmte, womit der Gregorianische Kalender beginnt. Mögen nun auch Ricci in Beijing und Clavius in Rom eine zeitlich-astronomische Übereinstimmung im Geiste der Zeit Kopernikus', Tycho Brahes und Keplers hergestellt haben, das gegenseitige Verstehen wurde nur sehr bedingt hergestellt.

Die *Mandschu-* oder Quing-(tsching-)*Dynastie* (1644-1911) führt uns zur Neuzeit. Die Bürde einer überalterten, verkrusteten Gesellschaft, die Immobilität von Handel, Gewerbe und Landwirtschaft, auch die sich in immer gleichen Ritualen erschöpfende und nicht zu neuen Ufern vorstoßende chinesische Kultur wurden in ihren Mängeln von manchen klugen Köpfen erkannt. Einer von ihnen war der Mandschu-Kaiser Kang Xi (1661-1722), der erneut Jesuiten über Macau an seinen Hof zog und an die Arbeiten Riccis anknüpfte. In den Regesten Kang Xi's, die der Amerikaner Jonathan D. Spence aufgearbeitet hat, werden uns diese Dinge anschaulich geschildert, die modern anmutende Unregierbarkeit des Riesenreiches, das hoffnungslos zurückgebliebene chinesische Wissen jener Zeit, die mathematischen und naturwissenschaftlichen Disputationen des Kaisers mit den Jesuiten Verbiest, Gerbillon, Pereira und Grimaldi. Den ersten unter ihnen hatte er noch im Gefängnis umkommen lassen. In den Regesten des Kaisers Kang Xi lesen wir seltsame, ichbetonte und hochmütige Sätze: »Die Europäer scheinen Prinzipien zu folgen, die sich im Buch der Wandlungen [des Konfuzius] finden, indem sie das, was dort steht, mit Hilfe von vier Achsen und vier Punkten ausdrücken ...« Der Hang zu mystischen Zahlenspielen wird sichtbar, und ständig wird versucht, die eigene geistige Suprematie zu betonen, es wird fremdes Wissen nur als Frucht älterer chinesischer Studien akzeptiert.

Die achtstufige Tonleiter macht den Chinesen große Schwierigkeiten, die bislang eine fünfstufige bevorzugten, die sich nicht im Einklang mit den physikalischen Gesetzmäßigkeiten befand und diese Musik für uns zugleich reizvoll, aber auch fremd macht. Der Kalender geriet alle paar Jahre aus der Ordnung, da astronomische Beobachtungen unkorrekt und überwuchert von alten abergläubischen Vorstellungen waren. Mühsam macht sich der Kaiser selbst auf die Reise, um seinen Beamten das Vermessen von Straßen und Kanälen nach westlichen trigonometrischen Prinzipien beizubringen. »Ich befahl den Jesuiten Thomas, Gerbillon und Bouvet Mandschu zu lernen und in dieser Sprache Abhandlungen über westliche Arithmetik und die Euklidische Geometrie zu verfassen ... in den frühen neunziger Jahren arbeitete ich oft mehrere Stunden am Tage mit ihnen.«

Von Religion und Christentum ist kaum die Rede. Die Jesuiten hatten klar erkannt, daß zunächst eine Angleichung des Wissensstandards, das Legen von logischen Fundamenten nötig sei, um subtilere Diskussionen führen zu können, ohne sofort den Boden unter den Füßen zu verlieren. Ob diese Annäherung je eine Chance gehabt hätte, ist zweifelhaft. Letztlich betrat der päpstliche Legat de Tournon, der 1705 am Hof eintraf, die Pekinger Bühne und machte alles zunichte. Der folgende Streit der Orden – und wieder zupft sich Teixeira am Bart – ist exemplarisch dafür, wie wenig man erkannt hatte, daß Religionen der Spiegel der Seele und des Charakters eines Volkes sind. So muß sich die allen Religionen innewohnende Grundwahrheit einer überirdischen Macht naturgemäß auch in vielen Facetten spiegeln.

Der so unendlich schwierig zu fassende Begriff der menschlichen Seele, ihre Abgrenzung von Geist, Charakter und Naturell machte den Jesuiten schwer zu schaffen. Der Chinese, buddhistisch geschult, hat sehr wohl ein Bewußtsein für diesen Begriff. Aber die ›chinesische‹ Seele wird kreatürlicher gesehen, sie ist nicht unbestimmter Ausdruck des Wesens eines Menschen, sondern in der alten Tradition animistischer Frühformen chinesischer Vorstellung im Bauch beheimatet. Der Bauch bildet für den Chinesen so etwas wie den Koordinatenschnittpunkt des Wohlbefindens. Essen und Trinken haben höchsten Rang, gute Verdauung befördert das seelische Gleichgewicht, und schließlich – Pater Teixeira lächelt ein wenig amüsiert – der Bauch ist auch der Ort des sexuellen Vergnügens. Der Kopf dagegen ist ein Werkzeug, nicht unähnlich der Hand, und wie diese beim einen geschickter und beim anderen eben ungeschickter. Gegen diese uralten Vorstellungen kommt man nicht an, sie sind auch nach siebzig Jahren so etwas wie die Quintessenz von Pater Teixeiras Erfahrung mit Chinesen. Ein Graben wird hier aufgezeigt, eine tiefe Desillusion und Enttäuschung fern allen Hochmuts.

Die Jesuiten hatten also die grundlegend andere Natur des chinesischen Menschen erkannt, sein Phlegma, seine geringeren metaphysischen Bedürfnisse, seinen spekulativen Charakter. Sie wollten darum Anpassung an gewachsene chinesische Kulturformen, sahen keine Veranlassung, die mehr philosophischen Weisheiten des Konfuzius auszuschließen und fanden viele Freunde unter den Gelehrten und Beratern des Kaisers. Kardinal Maillard de Tournon schmeckte darin einen Ruch der Ketzerei, beharrte auf dem westeuropäischen Ritus, in dem ebenso jüdische, wie griechische und römische Webmuster zu finden sind. Dahinter stand natürlich die Erfahrung der katholischen Kirche, die nach den Kämpfen der Reformation, erschrocken über ein ihr fremdes Begehren, und nach dem Trienter Konzil wieder selbstbewußt geworden war. Die eigentliche Natur der reformatorischen Bestrebungen, die Ablösung vom mediterran-antiken Denken und Machtanspruch, die ursprünglich gar nicht in Luthers Sinne war, und die Herausforderung einer größeren Welt hatte die römische Kirche nicht verstanden. Indem sie die innere Reform verweigerte, wurde sie zum willkommenen Wunschgegner weltlicher, politisch-pragmatischer Kräfte. Teixeira wirkt bedrückt, und der Kaiser Kang Xi schreibt:

»De Tournon war krank, als er 1705 am Hof eintraf, und so behandelte ich ihn großmütig, indem ich ihm gestattete, bis vor die Türe der Audienzhalle getragen zu werden, und ihn lediglich seine Knie beugen ließ, anstatt sich in voller Länge zu Boden zu werfen ... Ich schickte ihn zu den heißen Quellen von Tang shan. Während der Audienz ließ ich ihn mit Tee, Fleisch und Früchten bewirten und reichte ihm meine goldene Weinschale, wobei ich ihm sagte, daß ich ihm auf diese Weise die Ehre erweise, weil er vom Papst geschickt worden und ein Mann sei, der sich des Dao befleißige.«

Das Wort Dao mag de Tournon, kantig wie seine savoyischen Berge, ungern gehört haben. Dao bezieht sich auf das Lehrwerk ›Dao de dsching‹ des Laodse, das ›Buch vom Wege und von der Tugend‹, und auf diesem Wege sah sich de Tournon in seinem Selbstverständnis gar nicht. So fährt denn Kang Xi fort:

»Doch er war ein voreingenommener und unzuverlässiger Mensch, der Recht und Unrecht durcheinanderbrachte ... Er nannte drei Zwecke seiner Mission: Der Wunsch des Papstes, sich um seine Gläubigen zu kümmern, dem Kaiser seine Wertschätzung mitzuteilen und ihm für den Schutz zu danken, den er den Verkündern des Glaubens in China gewähre ... Ich ließ ihm mitteilen, daß mir dies allein kein Grund für eine Weltreise zu sein schien. De Tournon fügte hinzu, daß der Papst eine kluge und gebildete Persönlichkeit in Peking residieren lassen wolle, die als ›Oberer‹ aller Missionare fungieren und mit dem Papst Kontakt halten solle ... ich fügte hinzu, daß der ›Obere‹ jemand sein solle, von dem ich wußte, daß er mit dem Leben, der Sprache und den Gebräuchen Chinas vertraut sei und seit zehn Jahren hier lebte.« (Im Hintergrund stehen bei diesem Gespräch ehrerbietig Grimaldi, Pereira und Gerbillon.)

De Tournon ließ nun durchblicken, daß er befürchte, die Jesuiten könnten einen dem Papst nicht genehmen Weg gehen. Kang

Xi erwidert: »Wir sprechen nun nicht mehr formell miteinander. Ihr dürft freier sprechen und sogar dabei lächeln.« Das fiel de Tournon schwer. Der Kaiser machte ihm klar: »China und der Westen haben keine gemeinsamen Interessen. Der Religion zuliebe dulde ich Euch.« Dann fügt Kang Xi auf des Legaten Insistieren hinzu: »Genug davon. Von den Tagen Matteo Riccis bis heute haben wir an diesem Hof Europäer gehabt und wir haben nie einen Grund gehabt, sie zu tadeln.« Damit wurde de Tournon in Ungnade entlassen, und Kang Xi sagte zu Pereira und seinen Gefährten: »Offensichtlich mag er euch nicht; er mißtraut euch und argwöhnt das Schlimmste.« Dabei hatten die Pekinger Patres 1700 gerade eine klärende Schrift herausgegeben, in der sie feststellten, daß Konfuzius von den Chinesen als Meister verehrt, sein Name jedoch nicht im Gebet angerufen wird; daß die Ahnenverehrung Ausdruck der Liebe und des kindlichen Gedenkens sei und nicht dazu diene, dem Andächtigen Schutz zu bringen ... und wenn dem Himmel geopfert werde, so gelte dies nicht dem blauen materiellen Firmament, sondern dem Herrn und Schöpfer aller Dinge.

Edward Conze hat in seiner Geschichte des Buddhismus auf eine chinesische Entwicklung hingewiesen, die eine Entsprechung jener jesuitischen Toleranz zu sein scheint. Der Buddhismus übte eine bemerkenswerte Milde in dogmatischen Fragen.

»Man verwandte viel Mühe darauf, die Unterschiede zwischen buddhistischen und nichtbuddhistischen Auffassungen auf ein Minimum zu reduzieren und soviel wie möglich von den früheren Auffassungen derer zu übernehmen, die sie bekehrt hatten, waren es nun Daoisten, Anhänger der Bon-Religion, Shintoisten, christliche Manichäer oder Schamanen. Eine solche tolerante Haltung läuft natürlich Gefahr, in moralische Lässigkeit und dogmatische Willkür abzugleiten. Der letzteren Gefahr entging man im ganzen erfolgreicher als der ersteren, und die besten Werke der mahayana-Literatur enthalten wenig, wenn überhaupt etwas, das irgendeinem aufrichtigen Buddhisten als unorthodox [und damit anstößig] erscheinen konnte.«

Das Christentum ist in den Nachwehen der Reformation den umgekehrten Weg gegangen und hat die strenge Dogmatik geradezu gesucht.

Bei diesen Betrachtungen ließen wir die zweite Flasche des kühlen portugiesischen Vinho verde entkorken, und Teixeira fuhr fort: »Die Jesuiten haben klar erkannt, daß ohne Anpassung keine Mission möglich ist. Der Papst hatte klar erkannt, daß Anpassung letztlich alles Mögliche entstehen ließ, aber kein eigentliches, weil antik-europäisches Christentum. Also hatten beide recht, wie die Kirchengeschichte bis zum heutigen Tage lehrt.« Doch wird die römische Kurie im Umgang mit der Dritten Welt, wie ich ihm entgegenhielt, andere Formen finden müssen, die freilich erneut die Gefahr einschließen, das abendländisch vertraute Bild des Christentums zu verlieren, ein circulus vitiosus.

Die ungeheuere Größe des Reiches der Mitte, dessen Selbstverständnis dem des Abendlandes in seiner antiken wie mittelalterlichen Ausprägung glich, das sich als Zentrum der Welt, als Nabel des Universums verstand, führten im Verein mit schwer überwindlichen Grenzen, der See im Süden, den Wüsten im Norden und Nordosten, den gewaltigen unwirtlichen Gebirgen im Westen und Nordwesten, zu einer Isolierung, die zwar nicht größer war als in den Jahrhunderten zuvor, aber durch die Kontakte mit den Missionaren und Kaufleuten nun deutlicher empfunden wurde. Der Zustrom von Jesuiten, Franziskanern, Dominikanern und Augustinern hielt an, man zählte gegen 1800 etwa 300000 Christen.

Die gegen 1700 einsetzenden Kämpfe der eifernden Dominikaner und anderer Orden mit den Jesuiten sind tragische Ereignisse der Kirchengeschichte, die sich bis ins 19. Jahrhundert hineinzogen. Die Querelen der Orden in Macau und Peking sind aber nur die Ausläufer einer von Europa ausgehenden zunehmenden Ablehnung der Jesuiten. Weltweite Auseinandersetzungen waren ihnen vorausgegangen oder sollten folgen, die vom spanischen Amerika bis ins chinesische und japanische Asien reichten. Irgendwie war es den Gegnern des Ordens gelungen, ihm das Odium allzu glatter Anpassung mit allerlei Verdrehungskünsten anzuhängen. Was Weltoffenheit war, wurde zur Häresie, was soziales Engagement war, etwa in den jesuitischen Kolonisationen in Südamerika, zu suspekten Experimenten, die man besser unterband, ehe den spanischen Haziendeiros Schaden erwuchs. Auch der aufgeklärte, den Naturwissenschaften stets offen gegenüberstehende Geist der Jesuiten, ihre Gelehrsamkeit, mit der sie ethnische Eigenheiten, etwa der Indianer im damals französischen Kanada um Quebec herum studierten, war dem Zeitgeist suspekt, der die Offenheit des frühen Humanismus längst hinter sich gelassen hatte. Das geschickt angehängte Etikett der unchristlichen Freigeisterei in Verbindung mit angeblicher politischer Wühlarbeit und Abweichlerei führte in Portugal, Spanien und anderswo zur Auflösung des Ordens. 1773 schloß sich Papst Clemens XIV. mit dem umstrittenen Breve ›Dominus ac Redemptor‹ den politischen Gegnern der Jesuiten aus dem Umkreis der Bourbonen und des Marquis de Pombal in Lissabon an. Unter unwürdigen Umständen wurde der Ordensgeneral Lorenzo Ricci, ein Nachfahre des Pekinger Matteo Ricci, in der Engelsburg eingekerkert, wo er 1775 starb.

Dabei standen die Jesuiten nur der Tatsache pragmatisch gegenüber, daß der monotheistische christliche Gottesbegriff der Mentalität vieler Völker, auch der Mentalität des chinesischen Volkes fremd war, das Wort ›Gott‹ in chinesischer Sprache nicht ausdrückbar war und das Wort ›Ich‹ nur dem Kaiser zustand. Die ganze Spanne geistiger Auseinandersetzungen in Europa, zwischen ›Gott‹ und dem ›Ich‹, war in China empfindlich eingeengt. Auch sahen die Jesuiten, wie gesagt, keinen Grund, die Ahnenverehrung und pansophischen Gedanken des Konfuzianismus zu bekämpfen, sahen in ihnen arttypische Ausprägungen chinesischen Wesens, die dem Christentum nicht im Wege standen, das ja selbst in seinen Heiligenlegenden eine Art interner Ahnenverehrung betrieb.

Die Kirche hat damals in einem vermeintlichen Streben nach Reinheit der Lehre – in Wahrheit aus Schwäche und politischen Rücksichten – vielleicht ihre größte Chance verspielt, und die Problemfremdheit Roms gegenüber den Wünschen der ›Zweiten und Dritten Welt‹ war damals nicht kleiner als heute, wobei sich nur die Begriffe, was als Zweite und was als Dritte Welt zu gelten habe, verschoben haben. Am bedrückendsten war das mangelnde Vertrauen der Kirche in den Glauben und die in ihm wohnende Kraft. Diesen Mangel glaubte man durch emsige und sehr irdische Politik wettmachen zu müssen, und je eifriger man sich diesem Ziel zu nähern suchte, um so gründlicher verfehlte man es. Das Ende dieser ganzen unglücklichen Ära symbolisiert 1870 die Belagerung des Papstes im Vatikan unter dem Kanonendonner jener, die in weltlichen Dingen erfahrener oder gerissener waren.

Die zunehmend aggressivere Politik der europäischen Mächte im Kampf um den Fernosthandel mußte zwangsläufig zu einer Verschlechterung dieser geistigen Beziehungen führen. Der Wechsel der Macht zwischen den europäischen Mächten, der Auszug des Handels von Macau nach Hong Kong, brachte sie völlig zum Erliegen. Wir sollten aber erneut sehen, gleich wie wir dem Geanken der christlichen Mission gegenüberstehen – über die man in der Tat sehr geteilter Meinung sein kann –, daß die Begegnung der Missionare mit dem Fernen Osten über ein halbes Jahrtausend auch eine wesentliche kulturelle Begegnung war und vielleicht noch ist; daß sich an keiner Stelle im geistigen Raum China und Europa so nahe gekommen sind, sich gegenseitig geöffnet und ausgetauscht haben.

Es war lange nach Mitternacht, als Pater Teixeira ging. Er will in Macau bleiben, auch wenn die portugiesische Kolonie 1998 oder 1999 an China zurückgegeben wird. Macau war der erste Vorposten Europas in China. Er wird auch der letzte sein, es ist, als ob diese alte Stadt auch in ihrer letzten Stunde noch einen Hafen der Hoffnung bieten wollte. »Meine Heimat ist diese Stadt und ihre Menschen«, sagt Pater Teixeira. Unser Gespräch war auf beiden Seiten nicht frei von Zweifeln an der Zukunft, aber seine Zuversicht und sein Glaube an eine Weisheit, die größer ist als unsere bescheidene irdische, überwog seine Zweifel. »The Lord be with you, my son«, dann ging er in die Nacht.

Auf den Inseln und in den New Territories

(Karte am Buchende)

Bei den Dschunkenbauern und Fischern auf Cheung Chau

Wie ein Taifun anhebt und eine Königin warten muß

Abends prachtvoller Sonnenuntergang, die Flanken der Hochhäuser in Victoria spiegeln die gleißenden Wasserflächen silbrig und goldgetönt. Gegen Osten heben sie sich von dunklen Wolkenbänken ab. Wir wollten am nächsten Morgen nach Cheung Chau, der kleinen Fischerinsel vor der großen Kulisse Lantaus.

Gegen 10 Uhr geht unser kleiner Dampfer vom Outlying Islands Ferry Pier, der zwischen der Star Ferry und dem Macau Pier auf Hong Kong Island liegt. Es ist windig und bedeckt am frühen Morgen, bereits die Star Ferry schaukelte ganz fröhlich im kabbeligen Hafenwasser. Beim Verlassen des im matten Graugrün liegenden Meerarmes sinkt die Skyline von Hong Kong zurück, die Möwen kreischen und sitzen auf den riesigen Ankerbojen, an denen die Seeschiffe auf Reede festgemacht haben. Lantau steigt am Horizont hoch, abweisend dunkelgrau, irgend etwas stimmt heute nicht. Der Wind kommt heftig von Osten und treibt Schaumköpfe auf den Wellen entlang. Beim Passieren des Leuchtturms von *Green Island* sehen wir den schwarzen Warnball, das Taifun-Signal Nummer Drei, am Mast gehißt. Der Dampfer setzt seinen Weg fort, der chinesische Captain wird sein Revier kennen.

Aus dem Schutz der Küstenlinie herauskommend, wird die Fahrt unruhig, durch rasch sich verändernde Wolkenlöcher scheint die Sonne, das Meer in der Weite des Südens glitzert heimtückisch, »gusty easterly winds« hatte der TV angesagt und einen Taifun mit dem schönen Namen ›Ellen‹ angekündigt, der dreihundert Meilen südwestlich von Hong Kong vorbeiziehen sollte. Wir werden sehen, jetzt ist ohnehin nichts mehr zu machen. Die Silvermine Bay auf *Lantau* ist nun auszumachen, wir fahren an Hei Ling Chau vorbei, kahl und unbewohnt, und schippern nach einer knappen Stunde in den winzigen Hafen von **Cheung Chau**, vollgesetzt mit rotbraunen vor sich hindümpelnden Dschunken, Rumpf an Rumpf.

Cheung Chau oder die ›Lange Insel‹ hat die Gestalt einer Hantel. An ihrem ›Griff‹ hat sich seit undenklichen Zeiten ein kleines Fischernest und ein malerischer Hafen entwickelt, an dessen Uferstraße, Praya nach dem portugiesischen Praia genannt, wie in den Fischernestern der ägäischen Inseln, offene Tavernen, portugiesische Bodegen und chinesische Dim Sum-Restaurants den Fremden gleich festhalten wollen. An der Mole sitzen ein paar Fischhändler und preisen ihre Schätze an: Zumeist große Meerkrabben in geflochtenen Schilfkörben, Shrimps aller Größen, Seeaale, glasige Garneelen, Bocaidafische, Red Pacific Snappers und Yellow Tails, die in Holzbütten auf Käufer warten.

Wir wandern die Mole links entlang, der Blick schweift über dicht gedrängte Dschunken und Sampans, kleine Bootchen besorgen den Personenverkehr, Kinder kehren aus der Schule heim, die Frauen haben eingekauft, die Männer sitzen meist an Deck, flicken die Netze und spielen dazwischen eine Partie Mahjong, ohne das in China gar nichts geht. In den ufernahen Häusern sitzen Mädchen im offenen Erdgeschoß und pusseln an irgendwelchen Kunststoffblumen. Ihr Fleiß könnte Besserem dienen, aber sie sind fröhlich und lachen, als meine Tochter mit ihnen reden will.

Vom Dschunkenbau und seiner Geschichte

Weiter draußen am Rand der Bucht sind vier oder fünf Werften, Handwerksbetriebe, in denen kleine schmächtige Zimmerleute an rohen Vierkanthölzern und Dielen mit Axt, Handbeil, Säge und Stechbeitel zugange sind. Die in der richtigen Krümmung zugehauenen Spanten werden in ein schweres Kielholz eingefügt und dann von außen mit Dielen verplankt. Hierzu werden Holznägel verwendet, die in mühsam mit dem Handbohrer gedrillte Löcher eingedübelt werden. Ist das Gröbste getan, so kommt der Lehrling mit einem scharfen, hackenartigen Beil und glättet alle Kanten, putzt die Fugen und stopft sie mit teergetränktem Werg. Dieses Handwerk wird seit mindestens tausend Jahren in immer gleicher Weise ausgeübt, doch nimmt man heute statt der einheimischen chinesischen Rotkiefer, die gleich um die Ecke auf Lantau wächst, lieber sogenanntes Hardwood aus Thailand, das wohl Teakholz ist und seewasserfester.

Die auf einer hölzernen Helling schräg liegenden unfertigen und hellbraunen Dschunken, wie das Skelett eines ausgeweideten Wales ihre aufgebrochenen Rippen gen Himmel streckend, die zwischen ihnen gerade Essenspause machenden Schiffszimmerleute, der starke, bittere Duft nach frischen tropischen Hölzern, die Frauen, die aus den nahen Häusern den dampfenden Reis bringen, alles gehört einer älteren Gesellschaft an, die von Mao oder anderen Beglückern nicht viel Kenntnis genommen hat, auch Touristen gelassen erträgt und dennoch freundlich ist. Nahebei basteln zwei ruß- und ölgeschwärzte Halbnackte, deren Kleidung aus Lendenschurz und Strohhut besteht, einen Dieselmotor aus den Resten von ausgeschlachteten Veteranen zusammen. Die Mindestforderung heißt: Der Kolben muß in den Zylinder passen, alles andere kann irgendwie arrangiert werden, die Kurbelwelle, die Lager, die Nockenwelle werden angepaßt, es wird aufgeschweißt oder abgefeilt, eine Ölwanne aus irgendwelchem Blech zusammengenietet; für die Zündelektrik samt Anlasser dient ein uralter Benziner, egal, die Menschen werden hier nicht lange gefragt, was sie wollen, da muß auch ein Motor mit dem vorliebnehmen, was am Wege liegt.

So wenig sich das Zimmermannsgeschäft geändert hat, so haben sich doch die Schiffsformen verschiedenen Bedürfnissen angepaßt. Die ältesten Dschunken, von denen wir durch Marco Polos Beschreibungen aus dem 13. Jahrhundert wissen, waren die großen Petschili-Dschunken, deren Rumpf elliptischen und fast geschlossenen Querschnitt hatte, auf den man ein Laufdeck setzte und somit ein gegen Wellenschlag recht sicheres Schiff erhielt. Besegelt mit drei bis vier im Fuß beweglichen einfachen Masten mit rechteckigen Bastmatten zwischen Bambusstäben, oft noch ein oder zwei Steuersegel am Heck, waren diese Schiffe eine Augenweide. Malerische Drachenschiffe mit rot und blau bemalten grotesken Masken am Bug, mit großen Tieraugen, mythologischen Drachen und Seeschlangen geschmückt, konnten sie als Kriegsdschunken am Horizont auftauchend einen Gegner bereits durch ihren Anblick schrecken. Die Handelsdschunken waren einfacher, aber grundsätzlich ähnlich.

Später entwickelte sich die Futschau-Dschunke, die noch heute, wenn auch selten, in voller Besegelung im Perlflußdelta zu sehen ist. Natürlich ist das Bastmattensegel inzwischen durch ein braunes Stoffsegel ersetzt worden. Sie dienten bis in unser Jahrhundert zum Holztransport auf dem Perlfluß, zwischen den waldreichen Bergen Nordwestchinas und seinem Mündungsdelta, und wurden darum stock-junks genannt. Die Futschau-Dschunke hatte einen Schiffskörper ähnlich dem der alten Koggen und später der Galeonen. Zu dieser Ähnlichkeit trug vor allem die hohe achterliche Schanze bei, eine Art Heckkastell, in der Kapitän und Besatzung wohnten. Die Segel wurden gegen 1800 an Zahl reduziert und größer, sie nahmen die Form von trapezförmigen Lateinersegeln an und wurden durch eingeschobene zahlreiche Bambusstäbe verstärkt, die wie eine aufgestellte stachelige Rückenflosse ihnen erst recht etwas Drachenartiges verliehen. Das Heck zierte oft ein blauer Vogel Phönix, und ein blutrotes Seeungeheuer am Quarterdeck zeigte Fukien als Heimat an. Die Chinesen, sonst eher landorientiert, hatten als erste das in der Mitte sitzende Heckruder eingeführt, während die abendländischen Schiffe noch im Mittelalter ein Seitenruder an dem danach genannten Steuerbord führten.

Die vielen heutigen Dschunken sind als Nutz- und Fischereifahrzeuge auf einen Dieselmotor angewiesen. Das hat ihnen zu einem abgeplatteten Kreuzerheck verholfen. Dennoch hat man den malerischen Heckaufbau, oft mit schön gedrechseltem Holzgeländer, belassen und führt hie und da noch ein Stützsegel, um das Schiff am ständigen Rollen im Seegang zu hindern.

Eine Dschunke als schwarze Drachensilhouette durch einen gelbflimmernden Sonnenuntergang segeln zu sehen, ist ein wunderschönes Erlebnis, nichts assoziiert intensiver das Bild des meernahen China und die Romantik vergangener Zeiten, die freilich oft genug die Romantik blutrünstiger Piraten war. Dieses im Sinn, können wir auf Cheung Chau gleich *Pirates Cave* besuchen, in der der berüchtigte Pirat Cheung Po Chai im 19. Jahrhundert seinen Unterschlupf hatte. Wir finden die Höhle bei einer kleinen Sampanfahrt von der Praya nach dem Sai Wan Pier am Westende der Insel, unweit dem Jin Hau-Tempel, der Göttin der Frauen und Mütter.

Auf dem Rückweg streifen wir durch die Gassen des Fischerdorfes. An der dem Hafen abgewandten Seite liegt der Country Club und das Warwick Hotel mit einem guten Strand zum Baden und Surfen, und mitten im Ort stoßen wir auf den 1783 errichteten daoistischen *Tempel des Pak Tai,* des Herren des Nordens und lokalen Schutzpatrons Cheung Chaus. Die Sage erzählt, er sei einst ein irdischer Prinz gewesen, der nach Perfektion strebte, und zum Dank für seine soldatischen Tugenden den Titel eines Obersten Herrschers der dunklen Himmel erhielt. Sein Abbild wird flankiert von dem grimmigen Gott mit dem Tausend-Meilen-Auge und seinem Gehilfen, dem Gott mit dem Ohr des günstigen Windes. Am Altar sieht man darum ein etwa sechshundert Jahre altes Eisenschwert, das Fischer vom Meeresgrund fischten.

Daß der Oberste Herrscher der dunklen Himmel im Anzug war, hatten wir inzwischen deutlich bemerkt. Der Wind von Osten blies mit großer Heftigkeit, wir eilten zum Schiff, um vor dem sichtlich seinen Weg ändernden Taifun nach Hong Kong zurückzukommen. Rote Warnflaggen am Pier, mächtig rollend und stampfend gleitet der Fährdampfer aus der schützenden Westbucht. Das Meer hatte eine flaschengrüne Farbe angenommen, der Wind fegt Gischtschleier vom Bug über Deck. Ein kleiner mutiger Sampan, gesteuert von einer einsamen Frau, kreuzt in den jagenden Wellen taumelnd unseren Kurs. Lantaus Bergmasse liegt nun fast schwarz unter dem niedrigen bleigrauen Himmel, ein großes und erregendes Bild. Nach einer halben Stunde kommt Green Island mit seinem kreisenden Leuchtfeuer in Sicht, der Peak drohend dahinter. Das Taifun-Signal Nummer 8 ist gehißt, und das heißt, aller Verkehr wird in Kürze eingestellt, die Schulen und Büros geschlossen, der Orkan ist knapp fünfzig Meilen entfernt und dreht auf Macau zu. Unsere Haare und Kleider sind naß von klebrigem Meersalz.

Das Hafenwasser scheint zu brodeln, Hunderte von großen und kleinen Schiffen suchen Schutz, Polizeiboote mit flackerndem Orangelicht und jaulender Sirene dazwischen, das letzte

Hoovercraft von Macau donnert aufstiebend an den Pier, einige der Dickschiffe lösen sich von der Ankerboje und suchen noch das freie Meer zu gewinnen. Die lichtglitzernden Fassaden der Skyline, die im Sturm sich schief biegenden Palmen am Ufer, der leuchtende Gischt der Wellenkämme, alles dramatisiert das Bild. Wir gelangen noch auf die Star Ferry, der Regen peitscht nun nieder, zu Hause, im Hotel, zerrt der Sturm an den großen Scheiben als ob sie zerspringen würden. Kow Loon ist wie leergefegt.

Königlicher Besuch

›Ellen‹ tobt immer noch, zieht aber nach Westen ab. Unendlicher Regen, es gießt wie aus Eimern. In den Passagen von Kow Loon kommt das halb verdrängte Shopping nun doch zu seinem Recht. Interessant sind die meist engen und kleinen chinesischen Geschäfte, betrieben von Familien, die fast rund um die Uhr die Stellung halten, gemütlich ihren Cha, den Tee, trinken und höflich und fachkundig ihre Kunden beraten. Optische Geräte, aufwendige Brillen, Kameras aber auch Schuhe und Textilien sind deutlich billiger als bei uns, doch wird man nur dann günstig einkaufen können, wenn man genaue Preisvergleiche zu ziehen in der Lage ist. Im Grunde ist es ein antiquiertes Spiel, mehr Spaß als Sinn machend, und die Gefahr, Ausschuß mit falschen Etiketten großer Namen und speziell für Hong Kong hergestellte Kameras ohne weltweite Garantie zu kaufen, groß.

Lästig sind eher die Inder, die oft Schneidergeschäfte betreiben und sehr aufdringlich sind, fast wie die Portiers von Nachtlokalen ihre Kunden anmachen. Vor ›schnellen‹ Anzügen, »three for the price of two in 24 hours«, hastig zwischen Landung und Start mit der heißen Nadel zusammengestichelt, sei gewarnt. Der Mentalitätsunterschied der Inder zu den viel gelasseneren Chinesen ist auffallend, vielleicht sind die letzteren auch schon länger im Geschäft etabliert und wissen, daß Touristen nicht am Ärmel hereingezerrt werden wollen. Bildschöne junge Chinesinnen begegnen uns hier, kühle nur wenig geschminkte Gesichter von feinem Ebenmaß. Schon beim Frühstück im Grandstand Grill des Sheraton fällt uns auf, wie selbstverständlich eine wohlhabende chinesische Gesellschaft in Hong Kong herangewachsen ist, elegant aber unauffällig gekleidet und von erstklassigen Manieren.

Wir wollten zum Frühstück einmal Dim Sum probieren, hatten den angenehmen Geruch oft genug auf der Straße wahrgenommen. Sie wurden uns frisch am Tisch zubereitet, hauchzarte Maultaschen aus fast durchsichtigem Reismehlteig, begleitet von grünem Tee, unter denen Har Gau mit zarten Shrimps, Siu Fong Gau mit zerkleinerten Shrimps und Weißkohl, Nok Mai Gai als Reisbällchen mit zerkleinertem Fleisch und die auch bei uns geläufigen Frühlingsrollen (Chuen Kuen) am besten mundeten. Auf der englischen Speisekarte findet sich Dim Sum meist als Shrimp oder Meat Dumplings. Es gibt in Hong Kong auch regelrechte Dim Sum-Restaurants, die man am besten zu mehreren besucht, wobei so viele Sorten bestellt werden, wie Gäste am meist runden Tisch sitzen.

Am nächsten Morgen war es dann endlich so weit, ›Ellen‹ hatte sich in den Weiten des Südchinesischen Meeres verloren, die königliche Yacht ›Britannia‹, vor dem Taifun an der südchinesischen Küste entlang flüchtend – Damen sind untereinander nicht immer sehr rücksichtsvoll –, nahm ihre Chance wahr, und Königin Elizabeth II. konnte Hong Kong besuchen. Die Wolken sind plötzlich wie weggewischt, strahlend blauer Himmel, bei der Kieler Woche würde man ›Kaiserwetter‹ sagen. Kaum daß der morgendliche Dunst sich gehoben hatte, säumten tausende die Straßen an Queens Pier, und auf den Plätzen vor der Shanghai and Hong Kong Banking Corporation sind die Nebenstraßen voller kaum bewachter Rolls Royce und Jaguar.

Ein ungewöhnliches Bild: Ströme von Touristen aus aller Welt, viele sofort als eingefleischte Engländer erkennbar, Empire Loyalists, im Wind gerötete Gesichter, Bärte auf der Oberlippe, Pferdegebisse, viel Tweed und Schottischkariertes, die Damen excited: »What will she wear?« Aber all das geht fast unter im chinesischen Aufgebot, Schulkinder, alte und junge Männer, zahllose Frauen, sie kämpfen lautlos mit den Ellenbogen um einen Platz am Pier. Die Gurkha Rifles haben ihre Not, die Wege freizuhalten.

Auf den weiten Wasserflächen des Hafens der Königin Victoria – einer Königin, die ihre Kronkolonie nie eines Besuchs für wert hielt – haben sich Hunderte von Dschunken, Seglern und vor Menschen überbordende Fähren gesammelt, das Blau-Weiß-Rot des Union Jack beherrscht farblich das Bild, aber die Augen richten sich auf eine alte Futschau-Dschunke, getakelt mit einem prachtvollen tiefbraunen Drachensegel vor der Kulisse von Kow Loon, die alte Dame aus dem Geschlecht der Neun Drachen, die Kow Loon ihren Namen gaben, möchte auch ihre Aufwartung machen.

Endlich erscheint im blauen Frühdunst die Royal Navy in der Lei Yue Mun Passage. Die königliche Yacht ›Britannia‹, eigentlich ein Ozeandampfer mit klassisch eleganter Linie, führt im Top das königliche Banner, eine gewaltige hausgroße Flagge mit heraldischen Löwen und Lilien aus einer fernen Zeit. HMS ›Tamar‹ feuert Salut, die begleitenden Fregatten antworten, Pulverdampf legt sich aufs Wasser. Die Königin betritt die Pinasse, die sie an den Pier bringt, am Bug ein hünenhafter Seesoldat, überall Decksoffiziere in schneeweißen Uniformen, auch die Pinasse führt einen löwengeschmückten riesigen Stander, die Ehrenkompanie der Ghurkhas tritt ins Gewehr, die Glocken Hong Kongs läuten, die Militärkapelle fällt mit einem Marsch ein, der sich sehr wienerisch anhört. Und da rauscht das Verkehrsboot unter uns vorbei, eine hellblau in der Farbe der Himmelssöhne gekleidete, sehr damenhaft wirkende Königin, mit der einen Hand winkend, mit der anderen ihren großen cremefarbenen Hut festhaltend, an ihrer Seite ein verschmitzt lächelnder Prinz Philipp, der eben gerade in Peking ins Fettnäpfchen getreten war und englischen Studenten der dortigen Universität gesagt hatte: »If you stay longer here, you'll get slitty eyes.« Hong Kong schmunzelt über so etwas, und einer in der Familie darf auch mal sagen, was er denkt – nur die Queen nicht. Dafür darf oder muß sie jetzt ›God save the Queen‹ anhören, die Engländer um uns herum sind ganz aus dem Häuschen, sie singen mit, und einige der Frauen haben Tränen in den Augen.

Vom Dach einer nahen Garage sehen wir den Fortgang, den Weg vorbei an den scharlachroten Cold Stream Guards mit ihren schwarzen Bärenfellmützen, zum Kenotaph, vielleicht ist es der letzte Kranz einer britischen Majestät, der dort niedergelegt wurde. Alle wissen oder ahnen es, auch die unzähligen chinesischen Gesichter, an denen unser Blick entlangschweift, Männer, Frauen, Kinder, sind sehr ernst, nachdenklich und manchmal, will es uns scheinen, von einer tieferen Affektion als die unbeweglichen Gesichtsmuskeln verraten wollen.

Fahrt durch die New Territories

Zwischen Kow Loon und der chinesischen Reichsgrenze erstreckten sich die New Territories, die 1898 von Sir William Robinson im Auftrag der englischen Regierung von der Pekinger Regierung gepachtet worden waren. Sir Henry Blake sprach am 11. 10. 1898 vor der Legislative in Hong Kong folgende Worte: »Es wird angenommen, daß die Kenntnis der gerechten Behandlung der Chinesen in Hong Kong und Britisch-Kow Loon auch die Bewohner der Pachtgebiete dazu führen wird, die britische Oberhoheit mit Gleichmut, wenn nicht Vergnügen hinzunehmen.« Obwohl dies nicht frei von einer gewissen Selbstgefälligkeit zu sein scheint, so haben die folgenden Jahrzehnte Sir Henry recht gegeben. Hunderttausende strömten aus China in diese New Territories, abgerissen, mit einem Leinenbeutel als einziger Habe, ihre Kinder auf dem Arm. Mögen sie auch nicht Vergnügen gefunden haben, so doch Sicherheit und eine Lebensqualität, wiewohl von unserer verschieden, die sie im China der ersten Hälfte unseres Jahrhunderts nicht finden konnten.

Der Grund für die Pachtverträge war ein zweifacher. Zum einen hatte gerade, 1898, Amerika Manila und die Philippinen im Spanisch-Amerikanischen Krieg den Spaniern abgenommen, und die amerikanische Flotte hatte die Mirs Bay, östlich der heutigen New Territories, als Monsunquartier benutzt. 1897 hatte das Deutsche Reich Tsingtau, die ›grüne Insel‹, mit dem Pachtgebiet Kiautchou an sich genommen. Rußland nahm sich Port Arthur, kurz, der Ausverkauf Chinas war in vollem Gange, und rings um Hong Kong sah man ständig die Rauchfahnen fremder Kreuzer und kanonenstarrender Linienschiffe. Das beunruhigte die Briten in Hong Kong, die ja auf einer Insel saßen und nicht in China selbst. Zum anderen war abzusehen, daß die Insel Hong Kong mit der Stadt Victoria auf Dauer Schwierigkeiten mit der Wasserversorgung und den nötigen frischen Lebensmitteln haben würde. Diese hoffte man mit den Neuen Gebieten zu sichern.

Die Neuen Gebiete boten Hong Kong auch die Erfüllung des naheliegenden Wunsches nach einer Eisenbahnverbindung, sagen wir einfach nach London. Der einsame Uhrturm der Hong Kong-Kanton Railway nahe der Star Ferry in Kow Loon aber auch der heutige Bahnhof Hung Hom erzählen noch von der Realisierung dieses kühnen Wunsches. Das zaristische Rußland hatte gerade die Transsibirische Eisenbahn bis Wladiwostok verlängert, die Chinesen waren nicht unwillens, ihr Land zu öffnen, und 1898 schlossen sich die Hongkong and Shanghai Banking Company und Jardine, Matheson und Co. als Kapitalgeber für eine Strecke durch die New Territories zusammen, nicht ohne vorher mit der Deutsch-Asiatischen Bank ein Deal auszuhandeln, wer denn nun wo in China Bahnen bauen wolle. England und Deutschland waren damals die führenden Länder beim Bahnbau in unerschlossenen Ländern, man denke nur an die Bagdadbahn, gelegentlich war man sich im Wege, gelegentlich aber auch handelseinig. So entstand auch die an Kanton anschließende Shanghai-Nanking Railway in englischer Regie und die Tientsin-Pukow Eisenbahn unter deutscher Verwaltung.

Reisfelder in den New Territories

Die Neuen Gebiete waren auch das Aufmarschgebiet der Japaner, als sie am 8. Dezember 1941 mit zwei Divisionen die Grenze überschritten, denen auf englischer Seite nur wenige britische und kanadische Einheiten gegenüberstanden, die sich rasch nach Hong Kong Island zurückziehen mußten. Wie an anderer Stelle schon geschildert, griffen die Japaner, im Nachtgefecht geschult, nach der Repulse Bay und teilten die Insel. Am 24. Dezember, einem trostlosen Weihnachtsabend, kapitulierten die Engländer. Erst im August 1945 kapitulierten die Japaner ihrerseits vor Admiral Sir Cecil Harcourt, und schon protestierte Chiang Kai Schek. Er sah die Zeit gekommen, daß Hong Kong chinesisch werden müsse, wie nach ihm die Roten Brigaden unter Mao Dse Dong.

Warum dies alles erzählen? Nicht die Eisenbahn, sondern ein Bus bringt uns als geführte Tour nach ›The Land between‹. Eine Einzelreise lohnt bei beschränkter Zeit nicht. Kaum haben wir, nach Nordwesten der Küste folgend, die engen Stadtquartiere Kow Loons hinter uns gelassen, erblicken wir links den **Yaumati Taifun-Schutzhafen.** Wie in Aberdeen leben dort Zehntausende auf ihren Dschunken und Hausbooten als Tanka People, denen der ständige Aufenthalt auf dem Festland versagt ist. Beängstigend steilen neue Hochhausgebirge in den blauen Himmel, Flüchtlingsquartiere, dennoch umgeben von nahen Märkten mit unbeschreiblichen Gebirgen von Früchten und Gemüsen, eben frisch angelandet. Hong Kong ist der Welt größter Orangenverbraucher, pro Kopf versteht sich, aber auch der bedeutendste Importeur französischer Cognacs und britischer Rolls Royce – wie paßt es zusammen, fragen wir uns, mit der drangvoll fürchterlichen Enge, den überfüllten Wohnquartieren, und an der Ecke sind bereits die Bulldozer dabei, für neue Quartiere zu planieren.

Man versteht das Ganze ein wenig besser, wenn man die Umtriebigkeit und Hektik der verschiedenen Anlandehäfen und ihrer Warenhäuser sieht, die Industrialität, womit ganz einfach im englischen Wortsinn der zähe, biegsame Fleiß der Chinesen gemeint ist, die lautlos und klaglos schuften: »to stop work is to stop eating«, heißt hier die Parole. Zwar gab es 1967 einige Streiks im politischen Umfeld des Vietnamkriegs, denn auch viele Vietnamesen, Thais und wer weiß noch wer alles leben hier in einem Camp, das ›Jubilee‹ heißt, obwohl es wenig mehr zu Jubilieren gibt als über die Freiheit, das Leben und den täglichen Reis, aber das ist schon viel in diesem unruhigen Teil der Welt.

Der Containerumschlag Hong Kongs liegt an dritter Stelle der Welt nach Rotterdam und New York. Das bedeutet einen jährlichen Besuch von über 13 000 Ozeanschiffen, die kleinen Küstenfahrzeuge und Dschunken nicht gerechnet. Etwa siebzig Milliarden DM betrug 1985 das Gross Domestic Product, das Bruttosozialprodukt von Hong Kong, die Summe aller Waren- und Dienstleistungen. Hong Kong ist zollfreies Gebiet, nur Tabak, Alkohol und Erdöl werden dem Zoll unterworfen.

Auch der nahe Buddhatempel, den wir ganz unerwartet in **Cheuk Lam Sim Yuen** am Hang der Berge ansteuern, was soviel wie ›Kloster im Bambuswald‹ heißt, ist ganz und gar nicht dem Finanziellen abhold. Das waren schließlich unsere reichen Klöster des Mittelalters auch nicht. Einige Bambusstauden sind noch vorhanden, ansonsten ist der altrotfarbene Tempel mit seinen Treppen, Umgängen und rotgold geschmückten Hallen gut gepflegt und wie bei manchem europäischen Kloster auch Heimstatt der Alten. Für dreißigtausend Hong Kong Dollar kann man sich einkaufen, das sind etwa achttausend DM, und die alten Männer und Frauen, die wir hier sehen, auf den Höfen und Balkons ihrer klösterlich engen Wohnungen, machen einen glücklichen und zufriedenen Eindruck.

Während der Bus das fast tausend Meter hohe **Tai Mo Shan-Gebirge** im Zentrum der New Territories erklimmt, weitet sich der Blick auf die Meereslandschaft vor der Küste, die Deep Bay, die bereits an den chinesischen Distrikt Shenzhen grenzt. Drei, vier Busse mit Schulkindern sind uns zum Aussichtspunkt gefolgt, quirlig und doch diszipliniert von einigen ihr englisches Gehabe sichtlich betonenden Lehrerinnen. Die meisten unserer Mitreisenden wie die patente Reiseleiterin sind selbst Engländer und amüsieren sich köstlich.

Die Straße windet sich nun nordwärts, steil hinab nach **Shek Kong**, in einer fruchtbaren Talaue gelegen, die sich bis Yuen Long hinzieht, das im Süden des Mündungsdeltas des Sham Chun-Flusses liegt. Endlose Karpfen- und Ententeiche, von schmalen Dämmen zerteilt, manchmal wie zum Augentrost mit ein paar Maulbeerbäumen bewachsen. Dazwischen selten gewordene Reisfelder, die sieben Ernten im Jahr versprechen, ein im Sonnenlicht schimmernder, in Stückchen graphischer Vielecke zerbrochener Spiegel und ein typisch chinesisches Landschaftsbild. Wine Factories locken am Straßenrand, und wer aus der Pfalz kommt, der schaut da besonders mißtrauisch. Gemeint ist der Reiswein, der im Grunde ähnlich unserem Korn, dem beliebten ostfriesischen Landwein, aus Reis statt Roggen, Hefe und Wasser ergoren wird. Unserem Gaumen nicht besonders zusagend, hilft man ihm geschmacklich auf die Beine, indem man vielerlei Kräuter gegen alle möglichen Leiden und für alle denkbaren Freuden zumischt, auch den Reiswein in großen Glasflaschen auf Schlangen ›ziehen‹ läßt, bis er deren alchimistische Potenzen aufgenommen hat.

Da besehen wir uns lieber die sonnenflimmernden Ententeiche, ganze Flottengeschwader von schneeweißen Ducklings, angeführt von einem Flaggschiff, wie sich das gehört, kommen uns entgegen, und die Netze der Karpfenfischer hängen an den Eukalyptusbäumen zum Trocknen. Nun der Straße ostwärts folgend, stoßen wir auf das alte umwallte Städtchen **Kam Tin**. Die Territories bewahren mehrere dieser winzigen Festungsstädte mit ihren vorsintflutlichen Kanonen, in denen sich die Hakka und andere Chinesen seit Jahrhunderten gegen vorbeiziehende und marodierende Soldateska, kriegslüsterne War Lords und andere Ausbeuter verschanzten. Manchmal sieht man noch alte schmale Haustüren, meist feuerrot, von denen uns grimmige Hausgötter, golden auf die Bretter gemalt, entgegenblicken. Die Hakka sind ein von den Chinesen seit undenklichen Zeiten als barbarisch angesehener Volksstamm, dem man mangelnde Kultur nachsagte, ähnlich wie den Tanka People, und sie entsprechend geringschätzig behandelte. Nur hier unter englischer Ägide haben sie sich mit Fleiß und Zurückhaltung ein Refugium schaffen können. Sie waren es übrigens auch, die Formosa, das heutige Taiwan, für China gewannen. Formosa, die Wunderschöne, wie sie die Portugiesen auf Macau nannten, hatte eine heute nur noch auf der Orchideeninsel lebende Urbevölkerung der steinzeitlichen Yami.

Der breiten Reisaue zwischen den Bergen ostwärts folgend und vorbei am kolonialen Clubhaus des ehrwürdigen Fan-Ling Golf Course erreichen wir später die Stadt **Luen Wo Hui**. Am Südhang des Kai Kung Leng-Berges, auch einem der Neun Drachen, bedeckt mit Kasuarinen, Rotkiefern, Farnen und Eukalyptus, entdeckt man mitten in den Berghängen kleine Totenhäuser, Grabstätten mit fung shui, guter Emanation, auch kleinere buddhistische Tempel und Pagoden, die der Landschaft etwas reizvoll Chinesisches vermitteln.

Auf den Feldern und an den Ententeichen um Luen Wo Hui arbeiten Hakkafrauen, schwarzgekleidet und mit dem typischen breitrandigen Hut, von dessen Krempe noch ein handbreiter Saum hinabfällt, um das Gesicht zu verbergen. Die Hakka und die Tanka auf den Booten haben sich auch in unseren Tagen unbeirrt ihre althergebrachte Lebensweise erhalten, sind auch nicht erfreut, wenn man sie photographiert. Sie bearbeiten ihre kleinparzelligen Kulturen mit Hingabe, unzählige Kohlarten, Wasserspinat, Ceylon-Spinat, der besonders zarte an Feldsalat erinnernde Chinesische Spinat, Sellerie, Spargel, der grün geerntet wird, Bambussprossen aus dichten seesäumenden Hecken, Broccoli, der auf Chinesisch Sai Lan Fa heißt und zu vielen Hühnergerichten paßt, von dem aber nur der geschwollene Stengel gegessen wird, Melonen, Paprika, Loofah-Gurken, Auberginen und hundert andere Gemüse und Früchte, an denen China so reich und derentwegen seine Küche so abwechslungsreich ist.

Fügen wir den Gemüsen, die hier wachsen, noch die Gingerwurzel hinzu und den würzigen Strohpilz, von den Früchten die Zitrone, die Apfelsine, die im holländischen Namen – Sinaas appel – noch klarer ihren hiesigen Ursprung verrät, die Mandarine, die Wampee genannte kleine, herbsaure und in Trauben wachsende Citrusfrucht, die Kumquats, nicht zu reden von Ananas, den süßen und tomatenähnlichen Persimmonen, den Feigen und pfirsichfleischigen Mangos, den Lichees, die geschält und gekocht gern genossen werden, Granatäpfeln und vielen anderen. Eine Schönheit dieser Landschaft sind die auf ihre Blüte hin getrimmten Pfirsichbäume. Sie sind das Gegenstück zur japanischen Kirschblüte. Auf dem überdachten Markt von Luen Wo Hui, der wie ein gedeckter orientalischer Bazar aussieht, können wir das ländliche Volk sehen wie es einkauft, Dim Sum schmaust und einen Vormittag beim Plauschen mit Verwandten und Freunden in der Stadt genießt.

In dieser bukolischen Landschaft, wenn auch nicht ohne strenge Züge im Landschaftsbild, handeln einige Kapitel aus Pearl S. Bucks 1931 geschriebenem Roman›Die gute Erde‹, der ihr den Nobelpreis einbrachte. Der arme nordchinesische Bauer Wang Lung kommt mit seiner Familie, halb verhungert und ohne einen Groschen in die nach seinen Begriffen unendlich reiche Landschaft Südchinas nach Kiang Su. »Wenn im Norden ein Mann wie Wang Lung ein gutes Stück Brot hatte und darin ein wenig Knoblauch, so war das für ihn eine gute Mahlzeit, die jedem genügte. Aber hier wurden Schweinefleischbällchen und Bambusschößlinge und Hühnchen mit Kastanienmus und Gänseklein mit allerlei Gemüsesorten gegessen, und wenn ein braver Mann vorbeikam, der nach Knoblauch roch, so rümpften sie die Nasen und riefen: ›Schon wieder so ein stinkender Bauer aus dem Norden!‹ ... So wurde die ganze kleine Gemeinde von Strohhütten, die an der langen Mauer klebten, niemals ein Teil der Stadt.«

Der Wesensunterschied zwischen dem weichen Südchinesen und dem Entbehrungen und Kälte gewohnten Nordchinesen wird hier offenbar. Es ist wie in Europa: Was der Norden nicht an selbstverständlicher Lebensqualität, an Wärme und Freude zu bieten hat, das ersetzt er durch Härte, stoische Gedanken und hohe politische Ziele, die nicht immer nach dem Glück des einzelnen fragen, eher nach Ruhm und abstraktem Erfolg.

Nahe der Grenze, die bei **Lo Wu** mit Straße und Bahn ins Gebiet von Shen Zhen, also nach China führt, sind die Gurkhas stationiert, jene kolonialen Eliteeinheiten, die noch heute auf Grund eines Vertrages mit Nepal und Indien in Hong Kong Dienst tun. Die Straße führt nun zum Starling Inlet der Mirs Bay, die im Osten die New Territories begrenzt, wo wir in **Luk Keng** über die schilfumstandene Bucht einen nahen Blick auf China haben, bewacht von einem einsamen Rotgardisten. Ansonsten täuscht die Stille. Im nahen Shen Zhen mit seinem ehrgeizigen Entwicklungsprojekt will China zeigen, daß es sehr wohl imstande ist, ein industrielles Zentrum aus dem Boden zu stampfen, Wohnblöcke in den Himmel wachsen zu lassen, gewissermaßen ein ›Klein Hong Kong‹ zu schaffen. Freilich, neunzig Prozent der Baukontrakte wurden mit Firmen aus Hong Kong abgeschlossen.

Interessanter ist der Blick auf die azurblauen Wasserflächen des Naturschutzgebietes am künstlichen Wasserreservoir des Plover Cove, das samt der Tolo Harbour Bay tief in die New Territories einschneidet, bevölkert von zahlreichen Herons und Fischreihern. Im **Plover Cove Country Park** stehen Fischerhütten auf Pfählen im flachen Wasser, sind breite Netze an Stangen ausgehangen, werden auch Fische in kleinen Käfigen mitten im natürlichen Seewasser großgezogen. Sanft erheben sich am Ufer die Hänge der Pat Sin Berge, gewellt wie das Fell eines kurzhaarigen Welpen, allenfalls am Fuß schattiert von graugrüner Vegetation. Ein Sampan zieht über den Süßwassersee, oder segelt er bereits außerhalb des Dammes im offenen Meer, in der flachen seeseitigen Landschaft ist es nicht zu unterscheiden.

Über **Tai Po** am westlichen Ende der Tolo Harbour Bay fahren wir, vorbei an der Chinese University mit ihren fünftausend Studenten, zum Restaurant ›Yucca de Lac‹, wo sich ein hübscher Blick auf den verlandenden **Tolo Harbour** öffnet. Wer Zeit hat, kann die Art Gallery der Universität mit ihren Malereien der kantonesischen Schule und Bronzesiegeln besuchen, sie reicht von der Ming-Zeit bis zu unseren Tagen.

Dann nähern wir uns wieder Hong Kong, durch das zentrale Shing Mun-Tal, das die New Territories teilt. **Sha Tin** mit seiner neuen Pferderennbahn, einst ein malerischer Ort vor dem Lion Rock, heute ein aus dem Boden gestampftes Wohnsilo, Station der MTR, der Schnellbahn Hong Kongs, wird rasch durchfahren, wir sehen links den zweihundert Meter hohen **Amah-Felsen**, ein Aussichtsfelsen, an den sich die Sage heftet von der Liebe einer Fischerfrau, die während eines Taifuns mit ihrem Kind voller böser Ahnungen auf die spitze Felsgruppe geklettert war, um nach ihrem Mann Ausschau zu halten. Als sie von seinem Seemannstod erfuhr, erstarrten beide zu Stein. Die Chinesen nennen die Felsgruppe Wong Fu Schek, was Warten-auf-den-Ehemann bedeutet.

Amah nannte und nennt man die wenigen verbliebenen chinesischen Dienstmädchen, die einst zu jedem wohlhabenden Haus gehörten, in dem ein Taipan, ein wohlhabender Kaufmann, wohnte. Sie, die Amahs aber nicht die Taipans, sind in Hong Kong genauso am Aussterben wie in Europa. Dafür ist die Zahl der Tai Tai angestiegen, der verheirateten Chinesinnen, deren Männer gut verdienen, so daß sie eine Menge leisure time haben. Der Leser und die Leserin werden bemerkt haben, daß Tai Tai, eigentlich eine Anredeform für eine verheiratete Frau, einen leicht pejorativen Charakter hat, etwas von Mißgunst mitschwingt. Doch sieht Hong Kong alle diese Dinge offenbar gelassen, ist man nicht gewillt, eine Hierarchie unter den Chinesen aufkommen zu lassen, allenfalls die Hierarchie des Geldes. Die in anderen Gebieten ›östlich von Suez‹ zu beobachtende Hierarchie irgendwelcher Mafiosi hat sich hier, trotz mancher Ansätze, nicht ausbilden können. Einerseits ist der physische Druck der Nachdrängenden zu groß, andererseits hat das englische und strikt durchgesetzte Recht die Verfestigung von krimineller Macht unterbunden.

Nahebei liegt der buddhistische Tempel von Sha Tin und das alte reizvolle Dorf Tsand Tai Uk, die leider nur individuell zu erreichen sind. Der **Tempel der zehntausend Buddhas** ist erst 1950 in diesem riesigen neuen Wohngebiet errichtet worden. Ein Mönch namens Yuet Kai soll den Bau des weiten Tempelbezirks mit seiner neunstufigen Pagode betrieben haben. Man kann den Tempel mit der MTR kurz vor Sha Tin erreichen, es ist ein wahres Wallfahrtsziel der Chinesen von nah und fern.

Fast noch beliebter ist der 1956 geöffnete **Tempel des Gottes Wong Tai Sin**, einer daoistischen Gottheit, vor dem *Lion Rock* gelegen, mit Blick auf die See, einem traditionell guten Fung Shui, wörtlich einer guten Lage ›an Wasser und Wind‹. An arbeitsfreien Tagen drängt sich hier die Menge beängstigend, muß man Eintritt bezahlen, um dem Gott seine Aufwartung zu machen, dessen Statue in der hinteren Tempelhalle thront, kaum sichtbar in dem dichten blauen Weihrauchdunst. Durch eine Vorhalle mit einem Portikus aus vier feuerroten Säulen, abgekröpften reich verzierten Verzargungen, man könnte von Kapitellen sprechen, schiebt sich die Menge: Männer, Frauen und

方五器

◁ 28 *Auf Cheung Chau:*
Bun-Fest zur Besänftigung der Ahnen

29 Dschunken in der Silvermine Bay, Lantau

30 In den Dschunkenwerften von Cheung Chau ▷

31 Boat People ▷▷

◁ *32/33 Gemüsefelder in den New Territories, Hakkas beim Feldbau*

34 Hong Kong–Canton Railway am Grenzübergang Lo Wu

Kinder, Bündel von Räucherkerzen in der Hand, kostspielige und zwanzig Tage glimmende Räucherspiralen, an denen Namensschildchen hängen, denn auch ein Gott könnte vergeßlich sein. Schwere, mit Sand gefüllte Bronzekessel stehen im Heiligtum, dicht, fast erstickend quillt der bitter-aromatische Rauch auf den Boden, wird ›Millionengeld‹ geopfert, wertlose Scheinbanknoten, mit denen der eigene Wohlstand erbeten wird. Sind die Götter so blind? Die Wirklichkeit mag diesen Eindruck bestätigen. Der Chinese sieht diese Dinge in einer uns materialistisch erscheinenden Weise. Zug um Zug wird geopfert und das Glück eingefordert. Und doch täuschen sich diejenigen, die dies als eine geschmacklose Lotterie abtun. Mögen die äußeren Umstände – am Wong Tai Sin-Tempel besonders kraß zu sehen mit seinen Verkäuferbuden, Glückstäbchen in 64 Arten und bestallten Tempelwahrsagern –, mögen sie die Vermutung der Oberflächlichkeit auch bestätigen, am Rande der drängelnden Menge, der schwatzenden Heiterkeit sehen wir doch auch einsame Menschen, die still zum Gebet in einer Ecke knien, andächtig und weltabgewandt. Wir möchten wünschen, daß Wong Tai Sin seine Aufmerksamkeit ihnen bevorzugt zuwende.

Illusionen in den Gärten des Sung-Dorfes

Das Sung-Dorf (Sung Village) in **Lai Chi Kok**, erreichbar mit der MTR-Schnellbahn Tsuen Wan Line, auf halbem Wege zwischen Yaumati und Tsuen Wan an der Küste gelegen, oder mit dem Bus 6A von der Kow Looner Seite der Star Ferry oder aber als Package Tour über die Hotels zu buchen, ist die Replik eines ländlichen, aber stadtnahen und von ihr beeinflußten Dorfes aus der Zeit der Sung-Dynastie (960-1279 n. Chr.). Warum man ein Dorf gerade aus dieser Zeit Chinas gewählt hat, erklärt sich aus den engen Bezügen der New Territories und Lantaus zu den letzten Kaisern aus diesem Hause. Wie an anderer Stelle schon erwähnt, hatte sich die kraftlos gewordene Dynastie in ein nördliches und ein südliches Herrschaftsgebiet geteilt. Der Norden war bald darauf von den Mongolen in der Nachfolge Dschingis Khans überrannt worden, der Süden hielt sich, bis der Kaiser Kung Tsung 1278 starb und die Kindkaiser Tuan Tsung (bis 1278) und Ti-Ping (bis 1279) auf oder bei Lantau bei einem letzten Widerstand umkamen.

Das im Stil der Zeit nachgebildete Ensemble ist eigentlich ein großes chinesisches Herrenhaus mit umliegendem, zur Herrschaft gehörenden Dorf. Die Idee hat man aus Amerika importiert, wo es viele historische Orte gibt, in denen ›Darsteller‹ im Kostüm der Zeit diese dem Besucher nahebringen. Trotz der solchen Orten manchmal anhaftenden Kommerzialität und des bunten Rummels sind sie doch sehr geeignet, in der Architektur, den Interieurs, der Kleidung und den ausgeübten Handwerksformen ein gutes Bild versunkener Zeiten zu geben. Das gilt auch für das Sung-Dorf und seine engagierten Laiendarsteller.

Um einen langgewundenen Ententeich, den eine jener reizvoll gewölbten Brücken überspannt, die wir so oft in europäischen Parks des Rokoko nachgeahmt sehen, erstrecken sich ein- und zweistöckige Gebäude mit leicht angeschwungenen niedrigen Dächern, kleine daoistische und buddhistische Tempel, offene Handwerksbetriebe, in denen Süßigkeiten hergestellt, elegante Fächer bemalt oder Räucherkerzen aus Papier und Sandelholzmehl gerollt werden.

Das *südchinesische Haus,* das wir hier sehen, aber auch als Tempelbauten in Hong Kong, Kow Loon und Lantau finden, ist meist ein hölzerner Ständerbau, dessen Wände mit Lehm-Strohmischungen oder mit Ziegeln ausgefüllt werden. In der Bauweise gleicht es damit dem deutschen Fachwerkhaus, und doch ist der Eindruck ein völlig anderer. Das liegt zum einen an den Dachformen, mit denen wir uns noch beschäftigen wollen, zum anderen an der Ohrenhaus-Architektur, bei der kleinere Seitengebäude sich ohne Zwischenraum dem Haupthaus anschließen. Die sich von der Mitte zu den Seiten hin abstufende Höhe erhält ihren besonderen architektonischen Reiz durch die Dachformen, die in der Höhe der Abstufung folgen, und durch die straßenseitig offenen schmalen Veranden, die eigentlich nur regengeschützte Durchgänge sind, an den Seiten durch Wände gefaßt.

Reizvoll sind auch die kreisrunden oder achteckigen Fensteröffnungen, meist geschmückt mit kalligraphischen Schriftsymbolen aus Metall, die zugleich Schutzgitter sind. Die tragenden Holzpfosten, eigentlich sollte man von Pfeilern und Säulen sprechen, enden in interessanten Quasi-Kapitellen, in denen sich schmückende Motive wie Drache, Phönix oder hängende Kiefernzapfen und allerlei florale Schmuckmotive mit statischen Elementen der Verzargung von Säule, Pfette und Sparren treffen.

Die Dächer sind das eigentlich Chinesische dieser Häuser, Tempel und Pagoden. Ihre leicht durchhängende, konkave Firstlinie, auch in Korea und Japan anzutreffen, bringt jenes malerisch schwingende Element zur Geltung, das sich in Firstenden, Graten und Traufen fortsetzt. Die wie ein Horn den Bereich des architektonisch Notwendigen überragenden First- und Gratenden, wie eine Feder aufschwingend, besetzt und durchdrungen von mythologischen Fabelwesen, dem dicken Karpfen mit seinem nach Luft schnappenden Maul als Glückssymbol, dem geschwinden Hasen als Symbol der Klugheit, dem Vogel

Phönix als Zeichen der sich immer erneuernden Erde, geben den Bauten ihren außerordentlichen Charme. Holzgeschnitzte oder grün oder gelb glasierte Dachziegel verwandeln die Dachelemente und seine Stützen in ein Reich der Phantasie, einer Phantasie, die stets wohlproportioniert und ›klassisch‹ sich von der blühenden Üppigkeit Indiens unterscheidet. Manches deutet darauf hin, daß die geschwungenen Dachformen, die wir unwillkürlich mit dem Begriff Pagodendach verbinden, der Schiffbaukunst der Dschunkenbaumeister entlehnt wurden. Auch die chinesische Dschunke erfreut das Auge mit ihren ebenso gefällig wie phantasievoll geschwungenen Linien und dem figurenreichen Schmuck am Bug und am Heckkastell.

Die Pagode ist nur eine Abwandlung dieser Bauformen. Als vielstöckiges, meist polygonales, turmartiges Bauwerk ist sie in Indien als Stupa, in Japan als To und in China als T'a heimisch. Verjüngend setzt sich bei ihr Stockwerk auf Stockwerk, jedes mit einem vorkragenden Dach der oben beschriebenen Art versehen, bis das oberste Geschoß ein komplettes Dach erhält. Die einzige Pagode Hong Kongs von einiger Höhe haben wir bereits im Tiger Balm Garden gesehen, sie ist eine Nachahmung wie die Pagode im Münchner Englischen Garten, was beider Beliebtheit nicht schadet.

Das Sung Village bietet noch ein *Wachsmuseum* mit chinesischen Trachten und häufige Darbietungen eines Hochzeitszuges und anderer Festlichkeiten in alten Seidengewändern, hochgetürmtem Kopfputz der Frauen, die dabei den trippelnden Schritt der vornehmen Damen von einst nachahmen, deren Füße von Kindheit an in grausamer Weise eingebunden und verkrüppelt wurden, um sie klein und ›elegant‹ zu halten. Böse Zungen behaupten, man habe dies getan, weil der Trippelschritt erotisch anregend sei. Dies Thema hat sich heute auf anderem Wege erledigt und so geht die chinesische Frau inzwischen selbstbewußt auf normalem Fuß.

Die geschwungenen Tempeldächer, ihre floralen, vegetabilisch fließenden Formen, breite Lotusblätter und lanzenschmale Bambusmotive stehen im auffallenden Gegensatz zu den geometrisch, kristallin-kühlen Formen der Skyline Hong Kongs.

Das Gesetz euklidischer Baukörper mit ihren strengen, ebenen Flächen, abweisend metallgleißend, allenfalls gemildert, hier und da, durch turmartige Rundbauten, ihrerseits wieder dem Diktat der Kreisgeometrie unterworfen, das ist die Welt des Westens, eine Welt, die über die Jahrhunderte zunehmend rational und abstrakt geworden ist. Die *anorganische*, mineralische Natur, ihre Kristallformen von streng mathematischer Schönheit standen ihr Pate, spiegeln aber auch oft unmenschlich empfundene Kühle und Härte.

Die tradierten Bauweisen des Fernen Ostens suchten eher die *organische* Welt der Pflanzen und Bäume nachzuvollziehen. Das mag sich auf erste Sicht aus der Verwendung von Holz als Baumaterial erklären, doch haben auch die frühen Griechen ihre Säulentempel, die uns heute so kühl und geometrisch anmuten, ursprünglich aus Holz erbaut, den Säulenhallen des Waldes ähnelnd, dann aber sehr bald durch Steinsäulen ersetzt und den Tempel der geometrischen Proportionalität der euklidischen Gesetze unterworfen, Gesetze, die griechischem Wesen gemäßer waren als die vegetabilische ›Unordnung‹ des Waldes, der, fast symptomatisch, heute in Griechenland fast verschwunden ist.

Der Osten dagegen liebte das Schwellende, Wuchernde, Rankende und Knospende lebender Formen. Die Statik, die Teilung in tragende Elemente und lastende Dächer und Wände, ist in den Tempeln Buddhas und der Dao-Götter noch immer die vegetabilische Statik des Pflanzenbaues. Die dachtragenden Säulenverkröpfungen sind eigentlich Astgabeln, die Pagode erinnert an die sich verjüngende Palme mit ihrem sich von Blattstumpf zu Blattstumpf enger und enger ziehenden Stamm, die aufwölbenden Dachtraufen an sich aufrollende Seerosenblätter, der Dschunkenrumpf an eine gehöhlte Nußschale, ihr Segel an die stachelige Rückenfinne eines Fisches – nur die Tempeltore in ihrem feierlich rechteckigen Umriß mit dem schweren aufgelegten Balken wollen mahnend das Besondere und Abstrakte andeuten.

Seltsamerweise ist in dem Maße, in dem der Osten die westlichen Baurationalismen übernimmt, in Europa und Amerika auch wieder eine gegenläufige Tendenz zu sehen, die bereits mit dem heute wieder geschätzten Jugendstil begann. Die Schönheit sich malerisch durchdringender Dachformen etwa, die Abkehr von der Linie, von Kubus und Quader und die Hinwendung zum sanften Schwung pflanzlichen Ornaments, zu hyperbolischen und parabolischen Körpern, wie sie schon das Entzücken des Rokoko waren, der rocaille als konkav und konvex geschwungenem Muschelornament, eines Rokoko, das auch die Chinoiserie überaus geschätzt hat.

Das Fenster nach China

Ausflug nach Guangzhou (Kanton), Guilin (Kweilin) und dem Li-Fluß

Siehe Karte Seite 14

Hong Kong ist ein praktischer Ausgangspunkt für Reisen nach Südchina. Der Norden ist besser mit einem Direktflug nach Beijing zu erschließen. Erwägenswert ist auch ein Reiseplan, der einen Flug nach Hong Kong, etwa mit der Lufthansa, vorsieht, von Hong Kong aus Kanton und Guilin in einer Package Tour besucht und nach Hong Kong zurückführt; dann einen innerchinesischen Weiterflug nach Beijing, der in Xi'an, der alten Hauptstadt Chinas, unterbricht, um die erst 1974 ausgegrabenen Terrakottakrieger zu besuchen; von Beijing aus weiter die Große Mauer besucht, um schließlich von Beijing aus mit der Lufthansa nach Frankfurt zurückzufliegen. Eine solche Reise kann heute bequem als Individualreise durchgeführt werden, doch ist es in mancher Hinsicht angenehm, wenn sich drei oder vier Personen darin teilen. Der Individualtourist sollte dazu das innerchinesische Ticket Hong Kong–Xi'an–Beijing zusammen mit dem Lufthansaticket in Deutschland kaufen, um sich in Hong Kong und Beijing auf den guten Bodenservice der Lufthansa abstützen zu können. In diesem Fall ist vor Reiseantritt ein Visum durch die chinesische Botschaft in 5300 Bonn, Kurfürstenallee 12, F 0228-361095, oder das Generalkonsulat in 2000 Hamburg 13, Harvestehuderweg 39, F 040-448851, zu beantragen. Für österreichische Staatsangehörige in 1030 Wien, Metternichgasse 4, F 0222-753151, für Schweizer in 3006 Bern, Kalcheggweg 10, F 031-447333.

Wer es vorzieht, den innerchinesischen Teil der Reise als Package Tour erst in Hong Kong zu buchen, wofür sehr viele praktische Überlegungen sprechen, der sollte zu Hause nur die Lufthansastrecken buchen, das in Hong Kong erworbene Package für China schließt dann die innerchinesischen Flugstrekken, Hotelbuchungen und örtliche Besichtigungsarrangements ein, auch das in Hong Kong erteilte Visum. Es empfiehlt sich aber, unabhängig zu bleiben und für den Fall einer Transitreise Hong Kong–Beijing in jedem Fall zu Hause das generelle chinesische Visum im Paß eintragen zu lassen.

Im Rahmen dieses Buches sollen nur die Ausflüge nach Guangzhou (Kanton) und Guilin (Kweilin) besprochen werden, die man am einfachsten und preiswertesten als Package Tour erst in Hong Kong oder Macau bucht. Das chinesische Visum war 1986 in Hong Kong und Macau durch die Reiseveranstalter mit drei Tagen Vorlauf zu erhalten, manchmal genügt sogar ein einziger Tag.

Dies ist heute eine Domäne von quasi-staatlichen Reiseveranstaltern aus der Volksrepublik China geworden, die mit Visafragen die wenigsten Probleme haben. Empfehlenswert ist

China Travel Service (K.K.) LTD
Hong Kong Island, 77 Queens Road, F 5-259121, und
Kow Loon, 27 Nathan Road, F 3-667201
angeschlossen: Luxingshe (H.K.) LTD als Reiseagentur 6. Stock, Turm II South Sea Centre, 75 Mody Road, Kow Loon

Der CITS oder China International Travel Service (praktisch identisch mit der oben genannten Firma und mit den gleichen Adressen) fungiert als offizielles Reisebüro und demonstriert die bei uns nicht übliche Verflechtung von Staatlichem Touristikbüro und Reiseveranstalter. Viele hongkong-chinesische Firmen sind in diesem Geschäft ebenfalls tätig, über ihre Leistungen und Zuverlässigkeit ist dem Autor nichts bekannt mit Ausnahme der renommierten amerikanischen Gray Line, Kow Loon, F 3-687111. Da sich in Hong Kong alles sehr schnell ändert, empfiehlt es sich ohnehin, sich vom Tour Desk des Hotels beraten zu lassen, aber stets den Preisvergleich mit dem CITS und Gray Line zu suchen.

Mangelhafte hygienische Verhältnisse, nicht trinkbares Leitungswasser und die besondere Empfindlichkeit des nicht mehr ›abgehärteten‹ Europäers lassen eine Schutzimpfung zumindest gegen Cholera und Tetanus empfehlenswert erscheinen, für die ein International Certificat of Vaccination mitgeführt werden sollte, doch ist diese nicht vorgeschrieben. Schutzpräparate gegen Malaria (vor allem in Südchina) und infektiöse Hepatitis sowie gegen Magen-Darm-Infektionen sind unbedingt mitzuführen und gegebenenfalls auf ärztliches Anraten des vor der Abreise konsultierten Hausarztes prophylaktisch einzunehmen. Alle Hotels stellen trinkbares Wasser ins Zimmer. Ich habe es nie getrunken, sondern nur original abgepackte Getränke.

Technisch gesehen werden die Ausflüge nach Kanton als Ein- oder Zwei-Tages-Ausflüge durchgeführt. Dies kann per Bahn ab Hung Hom-Bahnhof im östlichen Kow Loon erfolgen, was einen gewissen Eindruck der durchfahrenen Landschaft erlaubt, oder als Schiffsreise mit dem Hoovercraft vom Yaumati Ferry Pier abgehend. Von Macau aus ist die einfachste Form einer Busfahrt nach Kanton möglich.

Da Kanton, eine ausgedehnte Großstadt, am Ufer des Perlflusses, recht europäisch anmutet, in den Jahren der ständigen Umwälzungen freilich heruntergekommen, hat sich mir die Frage gestellt, was Kanton Besonderes an Chinesischem zu bieten hat. Ich habe keine rechte Antwort darauf gefunden.

Empfehlenswerter ist darum der Ausflug nach einer der schönsten chinesischen Flußlandschaften bei Guilin, der zu einer ganztägigen Bootsfahrt auf dem Li benutzt wird. Diese Ausflüge beziehen manchmal Kanton mit ein, zumal der Weg ohnehin per Hoovercraft oder Zug über Kanton führt, von dem aus Guilin auf dem Luftwege erreicht wird. Bahnfahrten nach Guilin sind auf direktem Wege nicht möglich, die Entfernung von 400 Kilometern Luftlinie macht auch die Busfahrt mühsam. Die von der Gray Line geführte kombinierte Kanton-Guilin-Tour dauert vier Tage mit zwei Übernachtungen in Guilin und einer in Kanton. Der Vorteil liegt in der ganztägigen Tour auf dem Li. Andere Agenturen bieten nur eilige Halbtagesfahrten auf dem Fluß an. Durch Kanton und Guilin wird als Kurztour geführt. Kosten 1986 etwa 2900 HK$ oder 750 DM.

Guangzhou (Kanton)

Guangzhou oder mit altem Namen Kanton war lange das Tor des westlichen Handels nach China. Die engen Beziehungen vor allem zu den Portugiesen und später den Engländern sind im Kapitel über Macau und den Fernosthandel dargestellt. Ähnlich Shanghai, dessen große Uferpromenade The Bund am Yang Tse liegt, ist auch Kanton an manchen Teilen des Perlflußufers sehr europäisch anmutend. Es teilt aber mit Shanghai den etwas heruntergekommenen Eindruck aus den langen Jahren der ständigen Umwälzungen und Kriege.

Die Sehenswürdigkeiten der Millionenstadt Kanton sind darum für Europäer nur bedingt interessant. Das *alte Konzessionsviertel* um die Sandbank Sha Mian, die wie eine Perle im Fluß liegt und ihm den europäischen Namen Perlfluß gab, wird heute umkrustet von einem ausufernden liberalisierten, keinen Preisvorschriften unterworfenen Markt, dem Quing Ping. Er bietet nichts wesentlich anderes als die Märkte um Jardine's Bazaar und in Macau, ist nur um einiges grauer, sozialistischer und ärmer. Im Norden des Marktes liegt der *Hua Lin Si Tempel*, bereits im 6. Jahrhundert gegründet, doch stammen die heutigen Gebäude aus der Quing- oder Mandschu-Zeit. Die Statuen mehrerer hundert Heiliger sind in diesem buddhistischen Heiligtum aufgereiht, der 108. mit dem Kardinalshut gilt als Marco Polo – wir haben den Venezianer schon in einem buddhistischen Tempel Macaus angetroffen, er muß großen Eindruck hinterlassen haben, wurde hier, post festum wie wir sehen, zum Kardinal ernannt, was die römische Kurie nie zur Kenntnis genommen hat.

Der *Liu Rong Si-Tempel* in der Zhaoyang Road, ebenfalls dem buddhistischen Ritus gewidmet, ist als ›Tempel der Sechs Banyan-Bäume‹ bereits 537 erbaut worden, heute sicher stark verändert. Seine Entstehung ist wesentlich verbunden mit der buddhistischen Missionierung Südchinas, die von Siam ausgehend hier ihren Anfang nahm. In der chinesischen Eigenart, Dichtung, Politik und Kalligraphie als ein gemeinsames Ganzes zu sehen, einer Eigenart, die noch Mao Dse Dong verkörpert hat, hat der Dichter Su Dong Po in einer Eingebung den Namen

der Sechs Banyans zu Papier gebracht. Seitdem gelten die Banyans im Hof zusammen mit der Hua Ta oder Blumenpagode, die 57 Meter emporragt, als eine Art nationaler Schrein. Der mingzeitliche Buddha und die Statue des Hui Neng, des sechsten Patriarchen der Zenrichtung sind bemerkenswert. Erst in jüngster Zeit ist die Buddhahalle des Tempels wiederaufgebaut worden, nachdem die extreme Religionsfeindlichkeit des kommunistischen Systems etwas gelockert wurde.

Kanton war und ist eines der unruhigsten politischen Zentren Chinas, war lange Wirkungsfeld von Sun Yat-sen und Zhou En Lai und verstrickt in so ziemlich alle politischen Unruhen, die in China um die Jahrhundertwende entstanden. Auch in einer anderen Beziehung genießt Kanton einen, freilich friedlicheren, Ruf. Es besitzt den zweitgrößten botanischen Garten der Erde.

In der Zhong Shan Road ist kürzlich der Ahnentempel der Familie Chen, der *Chen Jia Ci*, äußerlich restauriert worden. Das Innere birgt ein Museum vorwiegend moderner Keramik. Solche Ahnentempel wohlhabender Familien waren einst häufig anzutreffen und sind Ausdruck der konfuzianischen Lehre vom Xiao, der ehrerbietigen Liebe, die Kinder an ihre Eltern und allgemein an ihre Ahnen bindet.

Die alte malerische Stadtmauer mit ihren vielen Tortürmen, gedeckt mit vorspringenden pagodenartigen Dächern, ist leider völlig verschwunden. Nur noch im Bereich des Yue Xiu-Parkes hat sich der *Zhen Hai Lou* erhalten, ›der Turm, der die See beherrscht‹. 1381 errichtet, waren dieser Turm und seine Gefährten für das Stadtbild ebenso charakteristisch, formschön und als Befestigung wirkungsvoll wie die gleichzeitig entstandenen runden Türme Nürnbergs mit ihrem vorkragenden Kegeldach oder die mailändischen Sforzatürme. Dies zeigt uns ein damals noch dem Abendland vergleichbar entwickeltes, lebenskräftiges Reich der Ming-Dynastie.

Westlich von Kanton liegt zwischen den aufgefächerten Mündungsarmen des Perlflusses die kleine alte Stadt **Fo Shan.** Reizvoll am Wasser gelegen, hat sie das Ambiente eines kleinen Landstädtchens erhalten.

Der uralte konfuzianische Ahnentempel trägt noch seine Dekoration aus Shi Wan-Keramik, das Innere ist aus kunstvoll geschnitztem Holz gefertigt. Auch der Tempel liegt an einem Teich, in dem eine steinerne Schildkröte als Symbol langen Lebens schwimmt, auf deren Rücken eine Schlange sich räkelt. Fo Shan ist berühmt für seine Töpferwaren.

Guilin (Kweilin)

Die Stadt Guilin, eher eine unschöne Industriestadt mit einer halben Million Einwohner, wäre wegen ihrer Zimtbäume oder Kassien, nach denen sie in der Blütezeit duftet, kaum bemerkenswert, wenn nicht zwischen Guilin und Yang Shuo sich der schönste Teil der prachtvollen und hochromantischen **Flußlandschaft des Li** erstrecken würde. Der Li oder Lijang ist ein Nebenfluß des Perlflusses und diente dem Kaiser Quin Shi Huang Di als Teilstück für sein erfolgreiches Projekt, den Yang Tse im Norden durch einen Kanal mit dem Perlfluß im Süden zu verbinden und damit auch die Städte Shanghai und Kanton. Der dem Yang Tse zufließende Xian und der dem Perlfluß zuströmende Li wurden durch ein Kanalstück unweit Guilins miteinander verbunden.

Die organisierten Flußfahrten mit Dampfern führen von Guilin abwärts nach Yang Shuo, wo der Dampfer wendet, aber auch Busse die Rückfahrt übernehmen. Guilin hatte 1986 nur ein akzeptables Hotel, das Rong Hu, während in Kanton gern

›The White Swan‹ gewählt wird. Da alles in der Saison überfüllt ist, wird vor Individualtouren nach Guilin gewarnt.

Der ganz besondere Reiz dieses Flußtales, das von pittoresken und höchst individuellen Kegelbergen gesäumt ist, entstand im Erdzeitalter des Karbon vor etwa dreihundert Millionen Jahren. Gewaltige Ablagerungen von Meeressedimenten bedeckten damals den Boden eines paläozoischen Meeres, das in späteren Entwicklungsstadien der Erde austrocknete. Der Boden hob sich und wurde in der Folge durch Wind, Wasser und Temperaturschwankungen erodiert. Dabei blieben härtere Teile der Kalkablagerungen stehen, schliffen sich ab und gewannen jene eigenartig abgerundeten und grünbewaldeten Kegelformen, die fast übergangslos wie altmodische Zuckerhüte aus dem Flußbett aufsteigen. Obwohl diese Landschaft kaum Siedlungsspuren des Menschen zeigt, allenfalls hie und da eine malerisch gipfelkrönende Pagode, wirkt sie in seltsamer Weise kultiviert und mythendurchwoben. Wir verstehen die Chinesen, die auf dem Grund dieses rasch und grünlich geheimnisvoll dahintreibenden Flusses die Heimat von Drachen wähnen, mit denen man sorgsam ein gutes Verhältnis unterhalten muß, die umgekehrt aber auch die Menschen beschützen. Wir erinnern uns erneut an die so unterschiedlich gesehene Rolle der Drachen im Abendland und in China. Ein drachentötender Ritter Georg wäre im Reich des Himmelssohnes als Frevler verstanden worden. Öfters sehen wir auf dem Fluß kleine Dschunken und Sampans, manchmal noch unter Segel, archetypische Formen und dunkelbraune warme Holztöne in den Dreiklang Jadegrün–Dunkelgrün–Weiß hineingesetzt. Gelegentlich schmiegt sich ein erdfarbenes winziges Dorf an den Bergfluß, ausgespart vom ansteigenden dunkelgrünen Bewuchs, der wie ein Fell die Felsflanken überwuchert, gelegentlich stehen Schroffen am Fluß und engen ihn ein, an der Uferlände waten Wasserbüffel in ihrem Element, kaum ragen die Nüstern aus dem Naß, in etwas größeren Seitentälern sieht man die hellgrünen Schachbrettmuster der Reisfelder in Terrassen schimmern, ein einsamer Fischer stellt seine Reusen, sein schwarzer Kormoran äugt nach Beute, die zu verschlucken ihn ein Halsring hindert – zugunsten seines Besitzers –, ein Bild aus einer sehr alten Zeit …

Zumal wenn in der Dämmerung die dunkelrundlichen Bergkegel wie kapuzentragende Riesen aus dem Nebel auftauchen, hat diese Talaue eine ungeheuere Faszination des Geheimnisvollen, Mythischen und zugleich Hochästhetischen. Die Maler Chinas haben diese Landschaft geliebt und sind nicht müde geworden, sie in zart lavierten Tuschzeichnungen darzustellen, den das Wasser begleitenden Bambus, dessen lanzettartige Blattform sie mit einem unnachahmlich kunstvollen Pinselstrich erfaßten. Wir wollen uns mit dieser Malerei noch in anderem Zusammenhang (S. 290 ff.) befassen.

Im Nordwesten Guilins ist die *Lu Di Yan-Höhle* oder Schilfflötenhöhle zu besichtigen, eine schöne Tropfsteinhöhle, genannt nach dem Schilf, das an ihrem Eingang wächst und das zur Herstellung von Flöten dient. Um solche Höhlen zu besichtigen, muß man aber nicht nach China fahren. Im Nordosten Guilins findet sich am Hang eines Berges die *Grotte Fu Bo Shan* mit einer Reihe von Buddha-Skulpturen der Tang- und Song-Zeit. Im Süden erhebt sich die *Xiang Bi Shan-Pagode* auf einem Berge, der den Eindruck vermittelt, ein kniender Elefant trinke mit seinem Rüssel aus dem Li-Fluß. Wir können Berg und Pagode auch vom Dampfer aus sehen. Da China in geschichtlicher Zeit keine Elefanten kannte, ist dieser Einfall offensichtlich zusammen mit dem Buddhismus aus Bengalen und Siam eingewandert.

Die Flußlandschaft Guilins wird uns lange in Erinnerung bleiben, die dunkelgrün bemoosten Bergkegel, das helle, frische Reisgrün der Vegetationsoasen, der violette, im Abendlicht sanft dahinfließende Fluß. Zusammen mit der die Berge hinauf und hinunter laufenden Großen Mauer, den Geheimnissen der Kaiserlichen Palasthöfe der Verbotenen Stadt und den rätselhaft im Boden wurzelnden Terrakottakriegern von Xi'an gehört sie zu den vier großen Sehenswürdigkeiten Chinas.

Auf der Insel Lantau

(Karte am Buchende)

Am frühen Morgen geht die Fähre vom **Outer Islands Ferry Pier** nach Lantau. Keine Touristenstunde, aber Hunderte von Chinesen nutzen den Tag, der sich als buddhistischer Feiertag herausstellen sollte, um das jadegrüne Meer zu queren, zu den bizarren, dunkel hingetuschten Eilanden jenseits des West Lamma Channels zu gelangen. Diese Fahrten kosten in unserer Währung nur wenige Mark, trotzdem sind die Schiffe sauber und nach strengen Normen instandgehalten. Auf dem Achterdeck unter der heftig im Wind hin- und hergezerrten Flagge Hong Kongs, im Grunde der britischen roten Handelsflagge mit dem Wappen Hong Kongs in der Gösch, werden Liegestühle ausgebreitet, eine chinesische Familie läßt sich auf einer Decke an der Reeling nieder, der Vater genießt seine beiden Kinder, die wie fast alle kleine Chinesen mit ihrem dunklen ausdrucksstarken Haar bildhübsch sind, frühreif und geistig hellwach wirken. Die Mutter strahlt ob der allgemeinen Anerkennung und füttert die obligate Nudelsuppe, alles was sie aus ihrem Picknickbeutel kramt, ist blitzsauber.

Der Wind frischt auf, als wir erneut Green Island mit dem Leuchtturm passieren, die Haare wehen waagrecht, das Meer changiert seine Farben von einem dunklen Russischgrün zu hellem Apfelgrün, das an die zarten Porzellane der ›famille vert‹ erinnert. Lantau kommt näher, wir lassen Cheung Chau links liegen, und im Licht der steigenden Sonne wächst mächtig aus dem Dunst der auberginenfarbene Lantau Peak empor.

An der **Silvermine Bay** steigen wir aus, und hier scheiden sich nun die Geister. Manche wandern die kurze Strecke nach Mui Wo, dann über eine kleine Brücke nach Chung Hau und schließlich nicht ohne Anstrengung über einen steilen Anstieg nach dem Trappistenkloster ›Trappist Haven of Our Lady of Liesse‹, einst in Peking beheimatet. Vertrieben von Mao, war den Mönchen 1956 von der englischen Kolonialregierung in diesen Bergen ein neuer Platz zugewiesen worden.

Andere wollen die buddhistischen Tempel Lantaus besuchen. Wer einen ganzen Tag daran wenden will, der wird nicht bereuen, dem im folgenden beschriebenen Weg zu folgen. Die kleinen Busse an der Silvermine Bay haben sehr verschiedene Ziele. Niemand spricht hier Englisch, aber der Name des buddhistischen Klosters *Po Lin Tse* oder der Ortschaft *Ngong Ping* wird verstanden. Wie üblich sind wir die einzigen Europäer im Bus, umgeben von Frauen, die offenbar eine Wallfahrt vorhaben. Die Europäer und Amerikaner ziehen meist organisierte Busfahrten vor, teuer und immer schön unter sich.

Der Bus fährt lange Zeit an der Südküste Lantaus entlang, hier und da eine Fischer-Dschunke im Meer, magere Vegetation, einzelne Ortschaften, dann windet sich die Straße die steilen Hänge empor, Eukalyptusbäume säumen den Weg, in den Seitentälern Gemüsekulturen, Bananenstauden mit üppig reifenden Früchten, einzelne Reisplantagen in den Bambuslichtungen, Erdnußkulturen, die Bewaldung nimmt zu und bald taucht die stille blaue Fläche des **Shek Pik Reservoirs** auf. Obwohl ein künstlich von den Briten angelegter Stausee zur Wasserversorgung Hong Kongs, ist Shek Pik landschaftlich sehr schön, umrundet von herrlichen langnadeligen Kiefernwäldern. Es ist die chinesische Rotkiefer (Pinus massoniana), deren Blaugrün zusammen mit dem tiefblauen Auge des Sees und dem in der Ferne schimmernden Türkis des Meeres eine sparsame, aber um so eindrucksvollere Farbpalette bildet. Die Ästhetik und Harmonie chinesischer Landschaftsmalerei kann man auf Lantau angenehm nachempfinden, wir werden das noch in der City Hall von Hong Kong Island vorgeführt bekommen, die Ästhetik der Auslassung von komplementären Farben, der Andeutung von Formen durch Leerräume der Phantasie.

Vielleicht entscheiden wir uns, an einer Haltestelle vor dem Paß auszusteigen, etwas umherzustreifen und mit dem nächsten Bus weiterzufahren. Dem Chinesen bedeuten diese von Höhe und Fernblick gekennzeichneten Landschaften angesichts des Meeres ungemein viel. Sein Traum ist, in einer solchen ›guten‹ Landschaft begraben zu werden, wo seine Seele nach seinem Glauben frei mit seinen Ahnen sprechen kann.

Während Hong Kong im Rahmen der mittelalterlichen chinesischen Geschichte so gut wie keine Rolle spielt, hier am Shek Pik-See kommen wir ihr nahe. Auf den kiefernbestandenen Hügeln oberhalb des Sees starb 1279 der letzte Kaiser der südlichen Sung-Dynastie. Sein Schicksal war tragisch, wie das so vieler Himmelssöhne. Die in der Mandschurei lebenden Dschurdschen hatten die Sung-Kaiser vertrieben, das Reich wurde durch Reformen und Gegenreformen geschüttelt, die Erfindung der Buchdruckerkunst verbreitete wie in Europa die Gedanken weit mehr als in früheren Jahrhunderten, die alte Gentry verlor den wirtschaftlichen Wettlauf mit der Zeit, das Bürgertum erstarkte, gesellschaftliche Unruhen erfaßten das Land, und wir sehen, wie ähnlich diese Entwicklungsphasen den entsprechenden im nachreformatorischen Europa sind. Die Sung-Kaiser, in den milden Weisheiten des Konfuzius erzogen, eher Gelehrte als Krieger, wichen nach dem Süden aus, hielten sich eine Weile unter Kaiser Kung Tsung in Hang Tschou, bis den Kindkaisern Tuan Tsung (1276-1278) und Ti Ping (1278 bis 1279) nur noch die Flucht in die Inselwelt der Perlflußmündung blieb, wo der letzte, Ti Ping, wie die Sage berichtet, nach dem Untergang seiner Schiffe 1279 in diesen Kiefernhainen starb. Eine andere Legende läßt ihn mit seinem Admiral Wen T'ien Hsiang auf einer Kriegsdschunke vor Lantau untergehen.

Weiter oben, am **Paß,** der zur Nordküste führt, müssen wir in den Bus überwechseln, der zum Kloster Po Lin führt. Im Busch liegt britische Kolonialinfanterie, Gurkhas aus Indien, netzgetarnt, sie spähen mit dem Fernstecher auf den arg bösen Feind. Wer mag es wohl sein? Mitten im Busch steht auch ein chinesischer Aufpasser, der sehr korrekte Listen führt, wieviel Leute von wo kommen und wohin umsteigen. Das ordentlich Britische, es hat sich in hundert Jahren tief eingeprägt. Das ficht aber die vielen jungen und alten Chinesinnen nicht an, gestikulierend und im Rudel klettern sie mit uns in den noch kleineren Bus, der die letzten steilen Bergstraßen am Hang des Lantau Peaks hochzieht. Sie sind sehr schmal und voller Geröll, so daß die Achsen wild klappern.

Ein breites Hochtal teilt hier die Insel wie eine Furche, und da sind auch schon die ersten Devotionalienstände, an denen getrocknete Blumen, Lebensmittel als Opfergaben und Räucherkerzen aller Größen verkauft werden, Kirchweihstimmung.

Ein mächtiges steinernes Portal mit waagrechten Querbalken führt zum **Kloster Po Lin**, was soviel wie ›Kostbarer Lotus‹ bedeutet. In der kargen und einsamen Landschaft des Bergsattels, überragt vom mächtigen, kegelförmig strengen Lantaugipfel, den die Chinesen Fung Wong Shan nennen, ›Berg des Phönix‹, erheben sich unter Laubbäumen die weiten Anlagen des Monasteriums. Offene Hallen und geschlossene Gebäude mit gelbglasierten, in der Sonne glitzernden Dachziegeln, bekrönt von mystischen Tierfiguren, dem Hahn, dem Hasen, dem Drachen und von pummeligen Karpfen, die sich krümmen als wollten sie glückbringend vom Dach springen. Die ganze Tiermythologie Chinas scheint sich auf dem Dach eines buddhistischen Tempels ausgesprochen wohl zu fühlen.

Im Nähertreten quillt bläulichweißer Weihrauch aus den schweren bronzenen Opferkesseln vor der Freitreppe zum großen Tempel, betäubend liegt der Geruch nach glimmendem Sandelholz und Aloe über dem Hof, dumpfe Gongs erschallen, helle Zymbeln respondieren. Die Menge steigt die Treppe hinauf, Gebetsschnüre mit vielen Perlen um den Hals, schwer und hallend ertönt der Gesang der buddhistischen Sutren, intoniert von rotgewandeten und kahlgeschorenen Mönchen. Wir sind in einer anderen Welt mit anderen Wertmaßstäben, aber nicht durchwegs fremd. Wenn wir die erste Überraschung überwunden haben, wird uns manches an katholische Wallfahrten erinnern, der Gesang ist den alten Gregorianischen Gesängen in ihrem geheimnisvoll dunklen Auf- und Abschwellen nicht unähnlich.

In der nahen Mönchsherberge kann man für wenig Geld ein vegetarisches Mahl zu sich nehmen, ganz Kühne sind auch zum Übernachten in den nach Männlein und Weiblein getrennten Dormitorien eingeladen. Die Wallfahrer sind überwiegend dunkel gekleidete Frauen, ist das in Europa anders? Aber es sind sehr viele junge Frauen darunter, sehr ernsthaft in der Befolgung der Riten, wie sie die roten Räucherstäbchen in den Sand der Bronzeschalen stecken oder Sandelholz in den Kohlebecken anzünden, andächtig und versunken ihre Hände, dem Gesicht nahe, aneinanderlegen. Die wenigen Männer stehen eher unten vor der Tempeltreppe und müssen ihre japanischen Kameras ausprobieren.

Wir durchwandern die Anlage, überaus malerisch schimmern die pagodenartig geschwungenen, mehrstöckigen chinesischen Dachformen durch die Bäume, rote Säulen umreihen den Haupttempel, vor und hinter dem sich weitere ältere Nebentempel anschließen; in den kleinen Wasserbecken kriechen rotgerandete Schildkröten umher, die obligate Alte (wer macht es sonst) sammelt abgebrannte Stäbchen auf, Chrysanthemen prangen gelb und wetteifern im Leuchten mit den Dächern. Nach dem Gottesdienst können wir den Tempel betreten, schwer liegt noch der Weihrauch in der weiten Halle. Der Boden ist bedeckt mit Hunderten von ledernen Kniekissen, der Altar mit rotbemalten üppigen Schnitzereien aus der Buddhalegende und mit zahlreichen roten Lampions geschmückt. Dahinter thront schwer und füllig eine goldene Buddhastatue, die uns Eindringlinge freundlich, aber unverbindlich anlächelt.

Hinter dem Kloster hat ein spleeniger englischer Anwalt einen Teegarten angelegt, er ist schon halb im Gestrüpp versunken, aber dennoch kann man den Teestrauch hier kennenlernen. Der Weg führt nun links an den spartanischen Einrichtungen des ehemaligen Barristers vorbei, windet sich über zunehmend offenes Gelände leicht aufwärts. Wir können ihn nicht verfehlen, rechts thront massiv und dunkel der Lantau Peak in seiner strengen geometrischen Schönheit, und den frischbetonierten Anfang des Wegs hat ein Hund freundlicherweise mit seinen Pfoten wie für die Ewigkeit markiert. Nach wenigen hundert Metern erreichen wir ein steinernes Balkentor, das uns aus dem Klosterbezirks entläßt. Von hier windet sich der Weg leicht abwärts nach Tung Chung, wir sollten ihm folgen und etwa drei Stunden, umweht von einer kühlenden Seebrise, in einer stillen, ungemein harmonischen Landschaft mit weiten Ausblikken auf das grüne Meer, die chinesische Küste und die langsam näherkommende bukolische Tallandschaft verbringen. Unten im Tal wartet die alte chinesische Festung und der Bus nach der Silvermine Bay.

Elegante schillernd blaue Schmetterlinge mit einer himmelblauen ›Schärpe‹ umflattern uns, die weiße falsche Kamelie (Gordonia axillaris) und die duftende zartrote Wildrose der Berge begleiten den Weg. Auf den weiten, langansteigenden Hängen stehen einzelne Pagodentürme und tragen ein melancholisches aber auch geistiges Element in die Landschaft. Einmal sahen wir einen weidenartigen Baum, auf dem Tausende von tiefschwarzen Trauerfaltern saßen, ein fast beunruhigendes Bild. Die meist baumlosen Hänge sind reich an seltenen Wild-Rhododendren. Die rote Azalee (Rhododendron simsii), rosafarbene Farrers Rhododendren (Rh. farrerae), weiße Westlands Rhododendren (Rh. westlandii) und die ovalblättrige Azalee (Rh. ovatum) schmücken im März und April die Hänge. Im Herbst sind es zahllose schwarze und rote Beerensträucher, der leuchtendrote Sumachbaum, wilde Chrysanthemen und seltene Orchideen wie die gelbe Buttercup Orchid, die weiße Phantom Orchid und die seltene Hong Kong-Orchidee (Bauhinia blakeana), florales Emblem der Kolonie, die uns erfreuen.

Auf dem Wege stoßen wir auf das kleinere buddhistische *Kloster Tei Tong Tsai,* hinter dem sich der Pfad nach links hinabschwingt, die kleinen Tempel Lo Hon und Han Wong passiert, bis wir die fruchtbare Talaue erreichen. **Tung Chung** war einst ein Piratennest unter dem berüchtigten Cheung Po Tsai, doch Anfang des 19. Jahrhunderts erbauten die Mandarine von Kanton zur Abwehr der ihnen lästigen Europäer hier ein Fort aus Stein, dessen Wälle und ein paar alte Kanonen sich aus den Auseinandersetzungen von 1817 erhalten haben. Hong Kong war damals noch eine arme Fischerinsel, und die Kanonen von Tung Chung richteten sich auf die Urstrom-Meerenge als einen der Zufahrtswege nach Kanton. 1815 hatte der Hof in Peking Lord Amherst als Botschafter Georgs III. zurückgewiesen, und als Antwort kreuzte HMS ›Alceste‹ in diesen Gewässern und beschoß die chinesischen Küstenforts. Die Chinesen in ihrer damaligen Neigung, die Wirklichkeit einfach nicht zur Kenntnis zu nehmen, haben dies anders gesehen. Die Annalen des Hofes meldeten, daß ein Botschafter eines fremden Landes dem Kaiser und Himmelssohn durch freiwillige Unterwerfung tributpflichtig geworden sei.

Von Tung Chung führt eine weitere Wanderung von etwa drei Stunden über Ngan Kwu Long nach der Silvermine Bay zurück, deren Reiz in einer unverfälschten chinesischen Bauernlandschaft mit alten Lehmhäusern zwischen Reis und Gemüsefeldern besteht.

Der Bus, der andere Wanderer von Silvermine nach Tung Chung bringt, fährt uns zurück nach der **Silvermine Bay.** Wann, das wissen die Dao-Götter, denen das Irdische mehr obliegt als dem großen Buddha in seiner entrückten Pracht, irgendwann fährt er bestimmt, und Geduld ist in diesem alten Land in Verbindung mit Lächeln stets eine Tugend gewesen. Während der Rückfahrt auf dem Dampfer herrscht allgemeine Erschöpfung, die Kinder schlafen an der Brust ihrer Mütter, die Alten mit ihren dünnen Bärten sind eingenickt, und die Jungen sitzen engumschlungen, Kopf an Kopf, man kann das ineinanderfließende tiefschwarze Haar der Jungens nicht von dem der Mädchen unterscheiden. Auch einige Empire-Typen haben sich an Bord niedergelassen. Zähe, hartgesottene Burschen mit ihrem Rahmenrucksack, ewige Tramps, nicht unsympathisch mit ihren zwar harten, aber offenen Gesichtszügen, stahlblauen Augen und strohblondem Haar – unerhörter Kontrast zu den kleinen, höflich und urban wirkenden Chinesen, die ständig am Webstuhl des Wohlstandes Schuß und Kette fügen und sich anpassen. Das Empire oder sein Schatten ist dagegen immer noch das Reich jener Vaganten. Hart gegen sich selbst, genügsam und an Entbehrungen gewöhnt, verschlossen und unsentimental, sind sie die letzten Nachfahren jener, die auszogen, eine Welt zu erobern, Mitleid wollen sie nicht, Macht haben sie keine mehr, doch Stolz und Unabhängigkeit sind ungebrochen.

Die Trias:
Konfuzius, Buddha und Dao

Theologie und Philosophie waren dem abendländischen Menschen immer Verschiedenes. Die Philosophen versuchten, mit der Ratio eine Vorstellung von den Sinngehalten des Lebens zu finden, das Verhältnis von Mensch und umgebender Natur zu definieren, moralische Normen aufzustellen. Die Theologen bemühten sich angestrengt, die Existenz Gottes zu beweisen, zu ergründen, obwohl der Glaube doch allein genügt hätte und das Vertrauen in die Worte des Alten und Neuen Testamentes. Die Wortverbindung von theós und lógos ist mir immer sehr widersinnig vorgekommen, denn theós kann des lógos entbehren, und der lógos kann theós nicht ergründen.

Die Chinesen sind diesem Konflikt in ihrer langen Geistesgeschichte kaum begegnet, so will es scheinen. Das vorkonfuzianische China kannte wie andere Frühkulturen eine animistische Stufe, aus der ein Ahnen- und Geisterkult hervorging. Die starke Bindung an die Ahnen war auch für *Konfuzius* (551-479 v. Chr.), der fast ein Zeitgenosse Platons genannt werden kann, ein wesentliches Element, doch gewann Konfuzius aus dem Denken und Betrachten wie der praktischen Lebenserfahrung ein philosophisches Gerüst, das ihn und vielleicht eine aufgeklärte Oberschicht zu Weisheit, Güte, milder Humanität, kurz zu Tugenden führte, deren eigentlicher Kern die Menschlichkeit war. In der Praxis – wie unvollkommen auch immer durchgeführt – folgten hieraus Pietät, Achtung vor den Eltern wie Liebe zu den Kindern. Ins Größere übertragen bedeuten die Lehren des Konfuzius Achtung vor dem Staat, Loyalität gegen das Gesetz und überkommene gesellschaftliche Regeln. Eine Religion in unserem Sinne war der Konfuzianismus nie, aber eine bewunderungswürdige Anschauung der Welt, in der Betonung der Kardinaltugenden ›Weisheit, Tapferkeit, Besonnenheit und Gerechtigkeit‹ Platon nahekommend.

Thomas von Aquin hat diesen Kardinaltugenden die Worte des Apostels Paulus: Glaube, Hoffnung und Liebe hinzugefügt und damit jenes Siebengestirn benannt, das wir nicht nur in zahllosen Kunstwerken des Abendlandes verkörpert sehen, sondern das auch rechteigentlich jene Abgrenzungen und Ausgrenzungen liefert, mit denen wir des Begriffs der Humanitas habhaft zu werden glauben, damit freilich auch den ursprünglich mystischen Charakter des Christentums mit der antiken Ratio vermählt. Manche sehen darin eine Verwässerung der christlichen Lehre, andere empfinden die Übereinstimmung der Einzigkeit Gottes mit der aus der Anwendung der Ratio folgenden *einzigen* richtigen Aussage.

Das Zeitalter der alten Philosophen, um 500 v. Chr., zeigte in Platon und Konfuzius erstaunliche zeitliche wie inhaltliche Nähe. Beide lebten in der Phase des Niedergangs alter polytheistischer oder animistischer Religionen, ersetzten deren verblassende Ordnungskraft durch menschliche Einsichten. Beide haben in ihrer Art tragende menschliche Erfahrungen bis an die Schwelle der Zeitenwende gereicht, abgelöst im Westen vom Christentum und im Fernen Osten vom Buddhismus.

Dem human-zentrischen Denken des Konfuzius, nobel und dem Menschen aus scheinbar eigener Kraft moralische Normen schaffend, freilich nur weltlich und nicht religiös begründend, stand die Masse des chinesischen Volkes, geplagt von den Sorgen des Alltags, aber auch geistig wenig ambitioniert, fremd gegenüber. Dennoch ist das Konfuzianische in die eigentliche Religion Chinas, den um die Zeitenwende eingewanderten Buddhismus eingedrungen, nicht unähnlich der Einbringung neuplatonischen Gedankengutes in das frühe Christentum. Da die Lehren des Konfuzius nur Lebenshilfe einer Elite waren, die sich zwar ursprünglich nicht nach Geburt oder Reichtum so verstand, aber allmählich doch in diese simplifizierenden Kategorien hineinwuchs, hat die Lehre und Weisheit des Konfuzius, ähnlich den hochstehenden antiken Philosophien, die breiten Schichten nicht erreicht. Um diese Masse zu erreichen, bedurfte es in West und Ost transzendenter, das Unterbewußtsein einschließender Vorstellungen, die gewachsene Moralkodizes in sich aufnahmen. Diese Aufnahme geschah im Westen, historisch greifbar, bei dem Besuch des Apostels Paulus in Athen. Platonische Ideen verschmolzen in seiner Konsolidierungsphase mit dem aus einem anderem Kulturbereich stammenden Christentum. Ein ähnlicher Prozeß fand zwischen Konfuzianismus und dem aus Indien zugewanderten Buddhismus statt, doch ist er nicht so einfach zeitlich auszumachen, vor allem fehlte ihm die Breitenwirkung des Christentums.

Diese Lücke füllte im Alltag des Volkes der *Daoismus,* den *Lao Dse* oder Lao Tse (gegen 300 v. Chr.) begründete. Möglicherweise den alten animistischen Naturreligionen näher – und damit auch dem einfachen Menschen – rückt Lao Dse den Menschen in eine Randposition des breit dahinfließenden und ›guten‹ Geschehens der Natur. Stille, Reinheit, Einfachheit und Harmonie fließen aus dieser Natur und sollen auch das Leben des Menschen bestimmen, der sich unter- und einzuordnen hat, wozu ihm Meditation und Einsamkeit, ja Weltflucht verhelfen. Der Daoismus ist nicht transzendent, er ist keine Religion, die ein Jenseits kennt, und seine Götter sind besser als Erd-, Luft- und Wassergeister zu beschreiben, deren Wohlwollen man sich durch Opferung im Tempel versichert.

Der Daoismus betont das Nichthandeln, das Stillhalten, die Passivität des Menschen in der Natur. Er mag darin manchen modernen und alternativen Lebensformen in Europa nahe kommen und muß sich gemeinsam mit ihnen vorwerfen lassen, er erziehe den Menschen zum Dahintreiben, liefere ihn den Kräften der Natur aus, Kräften, die nicht so einfach als gut und harmonisch dargestellt werden können, sondern solche, in deren Spiel der Mensch auch zerrieben werden kann, verhungern, verdursten in heißen Sommern, schutzlos erfrieren in barbarischen Wintern, ertrinken in den Fluten der Frühjahrsüberschwemmungen, zermalmt werden von Erdbeben, und die zum Überleben Aktivität und Kampfesmut erfordern.

Stellt der Konfuzianismus den geistigen Menschen in den Mittelpunkt, der Daoismus die Natur, so sieht die dritte chinesische und nun wirklich Religion zu nennende Kraft, der *Buddhismus*, weder den Menschen, noch die Natur, sondern das Jenseits. Der Wunsch, die Welt zu überwinden und auf mühsamen Seelenwanderungen in ein ideales Nirwana einzugehen, hat sich zu einer breiten Vielfalt der Wege aufgefächert. Man kennt das Hinayana oder ›kleine Fahrzeug‹, das sich dem Glück des einzelnen, und das Mahayana oder ›große Fahrzeug‹, das sich dem Glück der ganzen Menschheit zuwendet. Die Transzendenz, die Hinwendung zum Jenseits, macht den Buddhismus zur echten Religion, trennt ihn von anderen, egozentrischen und pansophischen Lehren. Ursprünglich aus Indien über Siam nach China und Japan gelangt, ist der Buddhismus in Indien schon vor Jahrhunderten dem älteren Hinduismus weitgehend wieder erlegen. In China hat er sich zum Chan-Buddhismus und in Japan zum Zen-Buddhismus gewandelt und landesspezifische Formen angenommen. Das Wandernde des Buddhismus, der nirgendwo eine beständige Anhängerschaft gewinnen konnte, ist ein seltsames, nur dieser Religion eigenes Phänomen.

In der Praxis haben sich in China alle drei Lehren, Konfuzianismus, Daoismus und Buddhismus vermischt, zumal ihnen bruchstückhaft ohnehin gemeinsame Grundüberzeugungen anhaften. Auch der spekulative und ausgeprägt abergläubische Sinn des Chinesen sorgt offenbar für eine ›man weiß ja nie‹-Einstellung, und so wird der Leser wie der Autor seine größten Schwierigkeiten haben, buddhistische, daoistische und konfuzianische Tempel auseinanderzuhalten, auch überrascht sein, daß viele Chinesen von dem einen zum anderen Tempel ziehen. Es scheint, wie in Japan, eine pragmatische Mentalität vorzuherrschen: der Alltag wird vom Daoismus oder Shintoismus beherrscht, die bequem das Jenseits ausklammern, der Politik nicht im Wege stehen und mit keinen finsteren Höllenstrafen drohen. Doch naht das Ende oder gedenkt man eines Verschiedenen, so eilen Chinesen wie Japaner zum buddhistischen Priester, der allein etwas über dieses Jenseits zu sagen weiß. Das könnte spöttisch klingen, darum möge der Leser seine eigenen Beobachtungen hinzufügen.

Der Vielgleisigkeit der Entwicklung in China, der jedoch evolutionäre Züge fehlen, steht in Europa eben diese langsame Evolution eines Weges gegenüber. Unwiderstehlich und vergleichend drängt sich Platon erneut in unseren Sinn. Er ist der dialektischen Methode seines Lehrers Sokrates, einer Methode, die ja auch dem dialektischen Materialismus eigen ist, nicht gefolgt. Er hat dem ewig Bleibenden und von den Sinnen Erfaßbaren, das ewig Unveränderliche der Ideen entgegengesetzt. Doch während die Lehren Platons noch tief in unsere Zeit hineinwirken und damit beredten Beweis von der Unveränderlichkeit der Ideenwelt ablegen, hat China die Lehren des Konfuzius über die Jahrhunderte vergessen, verfälscht oder gewaltsam abgewürgt, ist dem bequemeren Daoismus gefolgt oder den das Diesseits gering achtenden buddhistischen Vorstellungen.

Dabei hatte die Lehre des Konfuzius alle Aussicht, eine bleibende Plattform der Gedanken zu werden. Der Kern dieser Lehre ist der Begriff des JEN, welches bedeutet: Höflichkeit des Verhaltens, Großmut, guter Glauben, Eifer und echte Freundlichkeit. Manche seiner Lehrsätze wie: »Tue andern nicht an, was Du nicht willst, daß man es Dir antue« oder »Liebe die Menschen« kommen uns sehr vertraut vor. Kein Wunder, daß die alten Jesuitenmissionare in Beijing mit den im Konfuzianismus geschulten Gelehrten des Hofes ein rasches Einvernehmen fanden. Der bemerkenswerteste Ausspruch des Konfuzius umschreibt das Bild des Gentleman chinesischer Prägung jener Zeit: »Ein wahrer Chuen Tsu stellt an sich selbst Ansprüche, der niedere Mensch an andere.« Mao hätte gut daran getan, des Konfuzius' Worte zu beherzigen: »Wird das Volk nur durch Regierungsmaßnahmen geleitet und wird Ordnung nur durch Androhung von Strafe aufrechterhalten, so wird das Volk zwar versuchen, nicht eingesperrt zu werden, aber keinen Sinn für Ehre und Schande entwickeln. Wird das Volk aber durch Tugend geleitet und durch Li [d. i. Sinn für das Überlieferte] in Zucht gehalten, so hat auch das Volk Sinn für Ehre und Respekt.« Das kann sich auch heute noch mancher Politiker hinter die Ohren schreiben.

Vielleicht teilt der Leser aber mit dem Autor mehr das Interesse an der Frage, was denn aus diesen drei geistigen und religiösen Strömen Chinas an praktischen Ergebnissen für das weltliche und geistliche Wohl des chinesischen Volkes erwachsen ist.

An dieser Stelle wird man zunächst einmal betroffen verstummen. Die Revolutionen, die China seit der Jahrhundertwende geschüttelt haben, insbesondere die von Mao Dse Dong geschaffenen Tatsachen sind wie ein eisiges Frösteln für jeden, der irgendwie an ein sinnvolles Fortschreiten gesellschaftlichen Lebens und damit an eine göttliche oder humanistische Sinngebung glaubt. Wer in den sechziger Jahren erlebt hat, wie auch bei uns die ›Mao-Bibel‹ von einer – meist jugendlichen – Hand in die andere ging, die Worte des Großen Vorsitzenden als eine neue Heilslehre umliefen, der kann sich heute und nach Bekanntwerden bisher verborgener Einzelheiten nur mit Grausen abwenden.

Der geschichtlich unzweifelhaft große Beweger aber auch Zerstörer *Mao Dse Dong* hat das konfuzianische, kulturell hochstehende China auf dem Festland im Verein mit seinen Widersachern und den War Lords, jenen lokalen Machthabern, den Condottieri des Seicento ähnelnd, so gut wie ausgelöscht. Man schätzt, daß aus der Schicht klassisch gebildeter oder zumindest beeinflußter Chinesen zwischen 3 und 5 Millionen in den Wirren dieses Jahrhunderts einfach ausgerottet wurden. Noch in der Kulturrevolution, dieser Wahnsinnsidee und Hybris des ständigen Alles-und-Jedes-Umpflügens, wurden die Intellektuellen, soweit sie keine Anbeter Maos waren, als ›stinkende neunte Kategorie‹ mit Stumpf und Stil wie Unkraut vertilgt oder entmachtet. Diesem Aderlaß an alter Kultur entsprach keine der westlichen Revolutionen. Die Französische etwa brachte allenfalls ein Prozent der alten Kulturträger unter die Guillotine, der Rest entkam oder überlebte im stillen, und bereits zwei Jahrzehnte später war eine kulturelle Kontinuität festzustellen. Ein fremder Beobachter, der nicht wußte, was 1789 geschehen war, hätte 1810 aus der Abfolge von Louis-Quinze, Louis-Seize und Empire kaum auf einen Stilbruch schließen können.

War der Konfuzianismus der Gebildeten praktisch ausgelöscht, so schien zunächst der Daoismus eher zu profitieren. »Verzichtet auf Weisheit und lehnt Wissen ab«, so lautet eine der daoistischen Maximen. Solche Sprüche haben wir auch auf mancher unserer Universitätstüren gelesen. Aber Lao Dse wollte nicht das politische und gesellschaftliche Chaos, das in seinen späten Jahren Maos vorzügliches Lebensziel zu sein schien, freilich ein Chaos, in dem er und die Viererbande herrschen konnten. Lao Dse wollte die große Gleichheit und Harmonie, von der er annahm, sie sei das innerste Prinzip der Natur und dem Menschen dienlich zur Findung seines Glücks.

Das letzte von Maos Gedichten hat, wie schon sein erstes, wenig im Sinn mit diesem bescheidenen Glück und dem Seelenfrieden seiner Landsleute: »Heiße Kartoffeln / Und Gulasch? / Hört auf zu furzen! / Seht ihr nicht? / Die Welt ist in Umsturz!« Als Mao Dse Dong 1957 auf den Gipfel des Berges Lushan stieg, von dem man weit die Tallandschaft des Yang Tse überschaut, da stand er auch auf dem Gipfel seiner Macht. Überliefert ist ein Gedicht, das er auf dem Lushan in seiner kühnen Kalligraphie hinpinselte:

Über vierhundert Biegungen bin ich zum grünen Kamm
gesprungen
Mit kaltem Auge überblicke ich jetzt die Welt
jenseits der Seen ...

An das durch ihn beglückte Volk Chinas ist kein Pinselstrich verschwendet. Die Geschichte war für Mao ein ewiger Zyklus von Ordnung, Verkrustung und Chaos, und darin berührt er sich mit dem Buddhismus, dem Glauben an das ewig sich drehende Rad der Geschlechter, dem wir nicht entrinnen, der ständigen Wiedergeburt. Die Revolution war für Mao Selbstzweck geworden, die permanente Umwälzung, die das Weltgeschehen umtreibt, Sinn zu Unsinn wandelt. Auch der Daoismus mag da hineinspielen mit seiner Neigung zur Bindungslosigkeit und zur Anarchie der Natur, die zwar Gesetze kennt, aber keine der menschlichen Vernunft einsichtigen.

Chinesische Sprache, Schrift und Malerei

Wenn wir abends durch Kow Loon gehen, erleben wir die farbenprächtigen, unerhört phantasiereichen Leuchtreklamen des Fernen Ostens, erblicken die kalligraphische Schönheit chinesischer oder japanischer Schriftzeichen, neonbunt wie mit elegantem Pinselstrich hingetuscht, eine wahre Orgie von Farbe und geheimnisvollen Formen. Steigen wir Tage später in Bangkok aus der Maschine, so sind wir von ganz anderen, seltsam abgerundeten, eine weichere Schönheit ausstrahlenden Schriftzeichen umgeben, und wir fragen uns, wie die Menschen des Ostens mit diesen komplizierten Formen voller subtiler Schönheit, von denen sich nicht zwei gleichen, die technischen und kommunikativen Anforderungen unseres Jahrhunderts meistern konnten.

Sprache und Schrift

Die chinesische Schrift, um hierbei zu bleiben, ist im Grunde eine Bilderschrift aus uralten Tagen. Ihre erste Ausprägung erhielt sie in der Shang-Dynastie vor dreitausendfünfhundert Jahren. Die als Knocheneinritzungen erhaltenen Orakelsprüche jener Zeit weisen bereits zweitausendfünfhundert selbständige Schriftzeichen auf und ein erstes Wörterbuch, in den Tagen der Han-Dynastie um die Zeitenwende kompiliert, enthält knapp zehntausend Zeichen, die sich bis heute auf mehr als hunderttausend vermehrt haben. Wer kann damit praktisch leben? Heute sprechen eine Milliarde Menschen Chinesisch und haben ganz andere Kommunikationsprobleme. Auch ist das Chinesische die Muttersprache des Thailändischen, Laotischen und Annamitischen, teilweise auch des Japanischen, ist damit eine der am meisten verbreiteten Sprachen dieser Erde, weit vor dem Englischen und Spanischen.

Nicht unähnlich den Hieroglyphen Ägyptens, den Keilschriften Babylons, aber auch den modernen Hieroglyphen, den

Piktogrammen, legt die chinesische Sprache nicht Lautwerte nieder, wie die Buchstabenkombinationen unserer europäischen Schrift, sondern einsilbige Begriffsinhalte. Das mag in vergangenen Zeiten, als das Leben in einfachen Zusammenhängen ablief, problemlos gewesen sein. Für den Begriff Vater oder Mutter fand man je ein Bildsymbol, das Kind sah natürlich, daß es neben den unmittelbaren Bezugspersonen wie Vater und Mutter noch andere Personen männlichen oder weiblichen Geschlechts gab. Nun mußte man differenzieren zwischen Vater und Mutter, Mann und Frau, Onkel und Tante und deren Mehrzahl.

Die einfachen Bezüge des Menschen in den frühen Kulturen waren kein großes Problem, die alten Völker lösten es auf optisch verschiedene, formal aber ähnliche Weise. Dabei kam den gebildeten Piktogrammen ein heute kaum mehr feststellbarer Lautwert zu, weshalb man die Hieroglyphen Ägyptens zwar entziffern, aber nicht mehr authentisch ›sprechen‹ kann. Und nun machen wir einen gewaltigen Sprung. Wir bitten einen der alten ägyptischen Papyrischreiber, den wir herzlos aus seiner Grabesruhe in einer Nebenkammer eines Pharaonengrabes reißen, er möge in seiner malerischen, charakteristischen Bilderschrift der Hieroglyphen doch, bitte, eine Bedienungsanleitung für einen der heutigen, komplizierten Videorecorder niederschreiben.

Die Japaner und Chinesen haben dieses Problem gewissermaßen aus dem Stand gelöst, wie wir in jedem Kaufhaus sehen und zu Hause in einer uns unverständlichen aber malerischen chinesischen oder japanischen Bedienungsanleitung nachlesen können. Dabei währt ihr Kontakt mit unserer technisch-naturwissenschaftlichen Welt kaum hundert Jahre.

Natürlich hat es schon früh in der Geschichte der Menschheit Versuche gegeben, das Begriffliche, das Bildsymbolische und die Aussprache zu normieren. Fast alle Sprachen, zumindest die indogermanischen, haben den Wandel vom Bildsymbolisch-Begrifflichen zur Lautsprache mit abstraktem Alphabet durchgemacht. Man kann darüber streiten, ob unsere Sprache an den ›Klangsymbolen‹ der Wörter wie Vater und Mutter hängt oder den ›Schriftsymbolen‹, mit denen wir diese Laute wiedergeben.

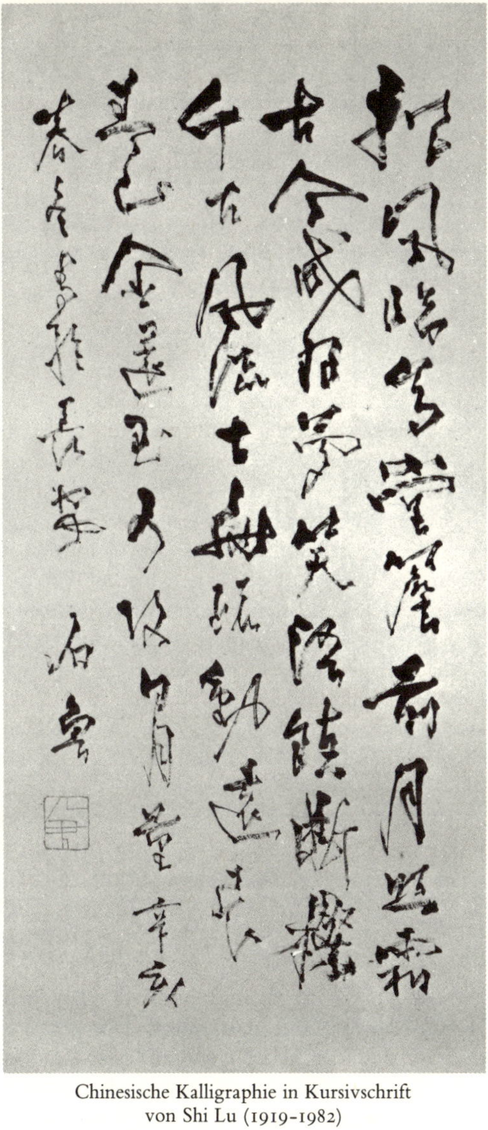

Chinesische Kalligraphie in Kursivschrift
von Shi Lu (1919-1982)

Unstreitig ist aber diese ursprüngliche Trennung von Begriff, Lautwert und Schreibsymbol heute aufgelöst oder wird doch nicht mehr empfunden.

Die chinesische Sprache hat diese Dualität beibehalten und mußte über die Jahrhunderte stets neue Bildsymbole durch kunstvolle Kombinationen alter Zeichen bilden. Um diesen Vorgang nicht ins Uferlose gleiten zu lassen, begann man bereits vor einem Jahrtausend, durch verschiedene Tonhöhen dem Piktogramm das Phonogramm hilfreich an die Seite zu stellen, dem heutigen Studenten der chinesischen Sprache sicher das größte aller Hindernisse.

Die einfache chinesische Volkssprache, wie sie uns im kantonesischen Dialekt noch weitgehend begegnet und die Hochsprache, Mandarin genannt, klafften schon bald sehr weit auseinander –, weit mehr als etwa das Hochdeutsche und Niederdeutsche, wie es Luther bei seiner Bibelübersetzung im 16. Jahrhundert vorfand. Als man gegen 1910 begann, die sieben Hauptdialekte Chinas mit dem Mandarin zu vereinen, da ging dies nicht ohne erhebliche Eingriffe in tradierte Schreibformen. Ebenso natürlich war der Widerstand der an chinesischer Kultur Interessierten, die fürchteten, solchen Reformen werde eben das typisch Chinesische im Denken und Empfinden zum Opfer fallen. Für den Touristen, der all dies nicht bewerten kann und will, ist trotzdem erstaunlich, welch schönes graphisch-dekoratives Bild auch die heutige Druckschrift bietet. Daß das Denken in Symbolen nicht tot ist, dafür ist das Zeichen für die Untergrundbahn in Hong Kong ein schönes Beispiel: . Wer ahnt da nicht sogleich, daß das Oben mit dem Unten verbunden wird.

Faßt man zusammen, so sind die Worte und Begriffe unserer europäischen Sprachen Teil einer indogermanischen Ursprache, aus der sie nach alphabetischer Abstraktion durch endlose Modifizierungen, die Benutzung zahlloser Präfixe und letztlich durch manchmal kühne Wortkombinationen entstanden sind. Solcher Fortschritt war, wie wir sahen, nur möglich durch die sehr frühe Ablösung des Begriffs vom Bildsymbol. Die ursprünglichen Schreibsymbole der antiken indogermanischen Sprachen reduzierten sich zumal im Westen und in frühgriechischer Zeit zu abstrakten Lautwerten, Konsonanten wie Vokalen, während die

Chinesen aber auch die östlichen indogermanischen Völker wie Perser und Inder zunächst bei ihrer Idee blieben, jeden neuen Begriff durch ein modifiziertes Zeichensymbol verdeutlichen zu wollen. Die europäischen Ursprachen sahen dagegen die Verwandtschaft der Worte nur noch im Lautlichen und setzten diese in eine abstrakt gewordene Schriftsprache um, in der sich die akustischen Begriffe in einer flexiblen und rekombinierbaren Weise darstellten. Dieser ständig fortschreitende Prozeß führt heute, wie wir täglich sehen, bei zunehmendem Verlust der Kenntnis der zugrundeliegenden Wortstämme zu einer Auflösung der Sprachsubstanz. Die europäischen Sprachen haben durch die Einfügung griechischer und lateinischer Wortstämme in eine lebende Sprache eine große Erleichterung erfahren, man möchte von einem ständigen Prozeß der Rückverpflanzung sprechen. Diese Wortstämme wurden und werden bei uns einfach mit neuen Sinngehalten besetzt und für medizinische, technische, physikalische oder auch politische Zwecke genutzt. Das heute abflauende Interesse an den alten Sprachen Latein und Griechisch verkennt völlig diese phänomenale Bedeutung.

Der Chinese hat einen anderen Trick gefunden, seine uralten Bildsymbole mit solchen neuen Sinngehalten zu besetzen, indem er jedes Bildsymbol in bis zu zehn verschiedenen Tonhöhen sprachlich wiedergeben kann, – ein Alptraum für den Europäer, eine Quelle stetiger Gefahr den ›falschen Ton‹ zu erwischen, da manches Wort, wie zum Beispiel ›fu‹ (in der englischen Umschreibung foo), sowohl Ehemann, Tiger, Herrenhosen, Charme, Frau oder Vater bedeuten kann. – »Ich möchte ein paar neue Hosen für meinen Mann kaufen«, kann bei falscher Betonung auch heißen: »Ich möchte meiner Frau einen neuen Tiger kaufen!« Doch die Chinesen wissen offenbar damit umzugehen, jedenfalls scheint der stets beliebte Umtausch von Geschenken das übliche Maß nicht zu überschreiten, ansonsten passen die auch in Kaufhäusern anwesenden und verschmitzt neben ihren roten Ampeln lächelnden Hausgötter auf, daß keine falschen Tiger eingepackt werden.

Für den Umgang mit den Europäern hat man schon früh versucht, das Chinesische mit seinen fünfzigtausend praktizierten Schriftzeichen, von denen im Alltag aber nur dreitausend benutzt werden, in einer lateinischen Umschrift wiederzugeben. Portugiesen, Engländer, Franzosen und Deutsche haben sich darin versucht, und jeder verlieh seiner Umschreibung die heimische Klangfarbe. So hieß die alte deutsche Handelskolonie Tsingtau, die Engländer nannten sie Chingtao und schließlich fanden die Chinesen, die es ja wissen müssen, das Quingdao angemessen sei. Damit sind wir bei der modernen und offiziellen Pinying-Umschrift angelangt, in der Peking zu Beijing, Nanking zu Nanjing, Sian zu Xi'an wird, und damit das nicht so einfach ist: Hong Kong zu Xiang Gang und Kanton zu Guang Zhou.

Chinesische Malerei

Das Malerische der Schrift führt uns unwillkürlich zur chinesischen Malerei, die wir im *Hong Kong Museum of Art*, das im 10. und 11. Stock der City Hall liegt, im *Fung Ping Shan Museum der Hong Kong-Universität* auf Hong Kong Island, der *Art Gallery in der Chinese University* bei Shatin und im (rotchinesischen) Museum of Chinese Historical Relics in Wan Chai bewundern können. Die großen Museen chinesischer Kunst und Malerei finden sich freilich anderswo. Als bedeutendstes Museum chinesischer Kunst gilt das Nationale Palastmuseum in Taipeh auf Taiwan. Aber auch die Museen in Beijing und vielen Städten Amerikas und Europas lohnen einen Besuch, insbesondere das Berliner Ostasienmuseum und das Asian Art Museum in San Francisco.

Mag die museale Auswahl Hong Kongs auch angesichts des hektischen Kommerzes und der ständigen Frage »How is business?« wenig beachtet werden, so hat es doch einen besonderen Reiz, in den wenigen Exponaten den malerischen Spiegel der Kiefernwälder auf Lantau, der Dschunkenhäfen und des so überaus hübschen Li-Tales bei Guilin zu erblicken. Das Museum in der City Hall zumal bringt Wechselausstellungen auch hohen Ranges, die wir nicht versäumen sollten.

Um dem Leser ein Gefühl dafür zu geben, welche Eindrücke uns hierbei erwarten, darf ich einen Besuch im Hong Kong Museum of Art in der City Hall schildern, bei dem es nicht um

Chinesisches Rollbild von Bai Xue Shi Yin
(geb. 1915), 1980

Exponate, sondern um Sehweisen geht. Es war ein Sonntagmorgen, und eine Art Hommage für den lebenden chinesischen Maler Chan Pui Leuk angekündigt. Die Besucher dieser Vernissage waren fast ausnahmslos Chinesen, oft junge Menschen und ungemein interessiert. Die meisten Bilder waren als Rollenbilder senkrecht oder waagrecht an den Wänden angebracht, umlagert von eifrig interpretierenden Besuchern. Das war die erste Merkwürdigkeit, die ich an jenem Morgen empfand: die Bilder werden offenbar nicht wie in Europa als Objekte tel quel genommen, gewissermaßen um ihres objektiven Inhalts, Stils oder ihrer technischen Malqualität willen beachtet. Chinesische Bilder sind innere, geistige Aussagen, mit denen der Maler einen bestimmten, meist eigenen, Seelenzustand verständlich machen will. Das beginnt schon mit den hübschen roten Siegeln am Rande der Bilder, in denen der Artist sein Signum, aber auch, wie ein Komponist, einen Grundton anschlägt, sagen wir c-Dur oder a-moll, mit denen in der Musik ja nicht nur Technisches für den Musiker ausgesagt wird, sondern die Stimmung des Stückes umrissen wird.

Die Bilder selbst wirken ungemein harmonisch und ähneln sich scheinbar, wir würden sie in Verkennung ihrer Aussage als romantisch bezeichnen wollen. Meist sind es Gebirgs- und Flußlandschaften von seltsamem Reiz: Ohne Randbegrenzung wächst aus der Fläche des Papieres oder der Seide eine beängstigend ansteigende, bizarr geformte Felsmasse, die Tiefen ahnt man mehr als man sie sieht; schmale, gewundene Pfade winden sich aus symbolischem Bambusgebüsch vom Rande eines Teiches aufwärts, die Pfade ziehen über kleine Plateaus, auf denen langnadelige, höchst individualistische Kiefern ihre verzweigten Äste über den Abgrund breiten, als ob sie den Wanderer vor dem Sturz bewahren wollten; aus den Klüften der Täler wabern Nebel herauf, fern auf einsamen kühlen Höhen ahnt man eine Pagode.

Der Bambus ist diesen Malern Symbol des Edlen, das in seinen spitzen Blättern und schlankem Rohr in die Höhe weist, und die immergrüne Kiefer ist das Zeichen für langes Leben und Durchhaltewillen, verkrüppelt durch viele Widerstände und Brüche und doch unbändig in ihrem Lebenswillen. Die

Steige der einsamen Pilger sind ausgesetzt, sie wollen die mühsamen Wege des Lebens darstellen, das menschliche Ausgesetztsein gegenüber dem Schicksal. Fern schimmert auf der Höhe das Ziel, ein sehr schlichter konfuzianischer Tempel, ein Hort endlich gewonnener Erkenntnis und Einsicht. Trostvoll nistet eine winzige Herberge in den Schroffen und Klüften, aus denen der Nebel heraufquillt und die mühselig gewonnene Klarheit wieder verwirrt. Die knorzigen Kiefern, je höher am Wege um so spärlicher angesiedelt, ihre eigenwillig steifen Nadeln sind wie ein tröstendes botanisches Gleichnis für die Ausdauer und Duldungskraft auch des alternden Menschen.

Sah und sieht der westliche Maler, wenn wir von demütigen Malern frommer Bilder und Heiligenlegenden einmal absehen, oft in Zustand und Handlung das eigentliche Sujet seines Bildes, einer Handlung, die meist verwoben ist mit seiner eigenen Persönlichkeit und Weltsicht, so ist der chinesische Maler bescheidener, es ist die Schönheit der kontemplativen Stille und die innere Heiterkeit, die er sucht, und seine Person tritt ganz hinter dieser zurück. »Beauty of tranquillity and not action and personality«, war denn auch das entscheidende Wort eines liebenswürdigen und hilfreichen chinesischen Gentleman, dem mein Interesse auffiel, auch, daß ich mir Notizen machte, und der sich mit vielen Verneigungen als Herr Lee Wai Yip vorstellte. Selbst ein Schüler des ausstellenden Malers, trug er viel zur Vertiefung meiner Anschauung bei. Wir erfreuten uns gegenseitig der Tatsache, daß wir die Bilder ähnlich sahen und deuteten, und Herr Lee identifizierte die meisten der Gebirgslandschaften mit den Gelben Bergen, den Yellow Mountains der Provinz An Hui und dem Jade Partition Peak, einer seit uralten Tagen von den Malern Chinas aufgesuchten und geliebten Landschaft.

Dann nahmen zartrosafarbene Päonien und gelbe Chrysanthemen meine Aufmerksamkeit gefangen – die eine die Charakterblume Chinas, die andere Japans –, das Hintuschen der lanzettförmigen Bambusblätter, für das man einen besonderen Pinsel benötigt, und immer von neuem die wunderschönen malerisch gewundenen, langnadeligen und verkrüppelten Rotkiefern, die graphischen Reize ihrer Nadelbüschel, in denen sich zarte Paynes-Graus mit den Schatten aus Preußischblau, helldurchsichtigen Chromgrüns und nur noch zu ahnenden Sepiatönen mischten. Lantau kam mir wieder in den Sinn, die Kiefern vor den flimmernden Wasserflächen des Shek Pik.

Die Verwendung der Farben ist überaus zurückhaltend; zwei, drei grünblaue Zweige geben einer ganzen Landschaft wie mit einem präludierenden Akkord die Farbstimmung. Ein Bild im New Yorker Metropolitan Museum fiel mir wieder ein, ein meterlanges Rollenbild mit einer sich panoramaartig ausbreitenden Gebirgslandschaft; fast eine Stunde hatte ich vor Jahren davor verweilt, aber den Sinn des Ganzen noch nicht verstanden, es mit europäischen Augen gesehen. Hier in Hong Kong wurde mir der Sinn zuteil, das nur Andeutende, die Faszination der Auslassung, die Abstraktion der Form, die im Weglassen den Betrachter stärker in die Welt der Phantasie hineinzieht als jeder Realismus.

Wenn man darum die chinesische Malerei einer europäischen Stilrichtung vergleichen will, dann allenfalls mit dem Impressionismus. Fast nie geändert und noch immer gültig, fühlen sich die Maler Chinas ihrem Urahn, dem berühmten Hsieh Ho verpflichtet, der in der Malerei Rhythmus und Bewegung forderte, der die vom Pinsel gelieferte Malstruktur nicht als technische Notwendigkeit ansah, sondern als eine aus der Natur kommende Form. Der Impressionismus chinesischer Malerei hat jedoch nie das Gegenständliche verlassen, wohl aber die reale Welt sublimiert. Jene Felskante, über die der unsichere Fuß des irdischen Pilgers streift, sie wird zur existentiellen Kante des Daseins am Rande des Nichts unter ihm, angedeutet allenfalls durch ein Nebelband im Abgrund von Herkunft und Wegbeginn. Perspektive ist dabei nur hinderlich, der Blick schweift frei über die ›Inseln‹ des Bildes, fast kontrapunktisch nebeneinander stehend. Die Gedanken sind es, deren kunstvolle Komposition einem philosophischen Tableau gleichkommen, das Leben des konfuzianischen Edlen von ärgerlicher Realität und Zwang befreien. Die geistige Konzentration des Malers verlangt dabei nach der Stille des Ateliers, nie wird nach der Natur gemalt, sie lebt allein in und von der Erinnerung.

Die fast rituelle Kunst, auf einem Reibstein die trockene Tuschstange mit etwas Wasser anzureiben, die unendlichen Abstufungen der erzielten Helligkeit machen selbst ein Schwarzweißbild ›farbig‹, und wir erinnern uns der Köstlichkeit der alten Schwarzweißfotographie, die heute in einem billigen Farbenrausch versunken ist. Nichts bedarf *mehr* der Sparsamkeit, ja des Geizes, als die Farbe, und für den chinesischen Maler wie Kalligraphen sind Pinsel, Tusche, Reibstein und Papier die vier Köstlichkeiten des Gelehrten. Wir verstehen darum auch den fließenden Übergang vom Bild zur Schrift. Die Schrift ist nur ein noch weiter abstrahiertes Bild, eben ein Piktogramm, in dem das Gegenständliche eine nahezu völlige Abstraktion erfahren hat. Malerei, Philosophie und Kalligraphie sind dem Chinesen darum fast zu Einem geworden, und noch heute hat ein Mann in diesem Reich der Mitte, unbeschadet politischer Zuordnung, keinen geistigen Rang ohne eine ausgeprägte, charaktervolle Kalligraphie. Selbst der Wandler Mao Dse Dong hat daran festgehalten. Tief bekümmert hat der Autor daraufhin seine eigene offenbar charakterlose Handschrift betrachtet.

Anhang

Register

Für liebenswürdige Anregungen und bereitwillige Hilfe dankt der Autor Pater Manuel Teixeira, Macau; Adam Graf von Schall-Riaucour, München; Mr. Kenneth K. K. Cheng, The Hongkong and Shanghai Banking Corporation; Lothar und Helga Siebert, The Peak, Hong Kong; Mr. Hung Hoi, University of Hong Kong; Mrs. Hannah Cheung, Hong Kong Government, und Mr. Lee Wai-yip, Hong Kong.

Die Vorlagen für die Textabbildungen wurden den Archiven von Autor und Verlag entnommen; weitere wurden freundlicherweise von der Hong Kong Tourist Association und dem Portugiesischen Touristikamt, beide in Frankfurt am Main, zur Verfügung gestellt, wofür der Verlag seinen Dank aussprechen möchte. Die Abbildungen auf den Seiten 287 und 291 wurden einem Auktionskatalog von 1987 der Firma Sotheby's Hong Kong Ltd. entnommen.

Die Farbaufnahmen stammen von Michael Friedel, Dietramszell: 4, 5, 6, 10, 11, 15, 21, 28, 31-34; Walter Imber, Günsberg/SO: 1, 3, 7, 8, 9, 13, 14, 16, 17, 18, 22, 25, 26, 29, 30; Mainbild, Frankfurt am Main: Schutzumschlag, 2 (Tiofoto/Per-Olle Stackman), 12 (Alain Evrard); Sabine Thiel-Siling, München: 19, 20; Transglobe, Hamburg (Koene): 23, 24, 27.

Die Pläne und Karten im Text zeichnete Astrid Fischer, München, die Ausfaltkarte am Buchende wurde mit freundlicher Genehmigung des Director of Buildings and Lands, © Hong Kong Government, gedruckt.